创业与就业

主　编　○　彭　萍
副主编　○　张　燕　张　锋　曹　冰

西南财经大学出版社
Southwestern University of Finance & Economics Press

山东省基于"四位一体"理念的创业教育创新实验区系列教材

编 委 会

主　任：季桂起
副主任：相子国　郑晓燕
委　员：（以姓氏笔划为序）
　　　　王艳芹　王　辉　毛丽君　冯天忠
　　　　张玉红　李玉霞　肖风华　杨　颖
　　　　杨淑萍　武　兵　彭　萍

总 序

人才培养质量是大学的生命线，人才培养模式改革是大学发展永恒的主题。作为新建地方性、应用型本科高校，人才培养有什么优势和特色，决定着学校的发展方向、前途和命运。自2007年3月起，德州学院组织全体教授认真学习研究了《教育部、财政部实施高等学校本科教学质量与教学改革工程的意见》和《教育部关于进一步深化本科教学改革，全面提高教学质量的若干意见》两个重要文件，先后出台了《德州学院关于深化教学改革，全面提高教学质量的意见》《德州学院关于人才培养模式改革的实施意见》和《德州学院人才培养模式创新实验区建设与管理办法（试行）》三个执行文件。2009年年初，德州学院决定集全校之力，开展创业型人才培养模式创新实验区建设工作。

德州学院于2011年3月17日制定了《关于培养创新性应用型人才的实施意见》，提出了创新性应用型人才的教育改革思路。2011年10月，德州学院决定以经管类创业教育创新实验区建设为试点，集全校之力，开展创新、创业型人才培养模式改革工作。同时明确了创业教育创新实验区的任务，即扎实开展创业型人才培养模式的理论研究和实践探索，总结培养创新性、应用型人才的经验和教训，为创建山东省应用型人才培养特色名校提供理论支持和工作经验。2012年8月，该实验区——基于"四位一体"理念的创业教育创新实验区，被山东省教育厅评为省级人才培养模式创新实验区。

从国家与山东省经济发展战略来看，急需培养一大批创新性应用型人才。目前，我国经济正在从工业化初期向工业化中后期转变，以培养基础扎实的专业型人才为主要目标的人才培养模式暴露出了不能满足社会多元化需求的缺陷，造成了大量学生的就业困难。人才培养模式的改革，首先，需要转变教育理念。教育不能局限于知识的传授，教师的作用应该是培养学生的自学能力，注重发掘学生的特长，形成良好的个性品质，树立培养学生创新与创业精神的教育理念。其次，要调整培养目标。应该以适应地方经济和社会发展变化的岗位工作需要为导向，把培养目标转向知识面宽、能力强、素质高、适应能力强的复合型人才上来。同时，把质量标准从单纯的学术专业水平标准变成社会适应性标准。最后，要改变培养方式。要与社会对接和交流，要从封闭式走向开放式。同时，应该加快素质教育和能力培养内容与方法的改革，全面提升学生的社会适应能力和不同环境下的应变能力。把学生培养成具有较高的创新意识、长于行动、敢担风险、勇担责任、百折不挠的创新、创业型人才。

人才培养方案的改革是人才培养模式改革的出发首要工作。创新实验区工作小组从经管类人才培养的目标出发，对经管类人才培养的知识结构、能力结构和综合素质三个方面进行了规格设计，针对每一项设计制定了相应的课程、实验、实习实训、专业创新设计、科技文化竞赛等教学环节培养方案，构建形成了以能力为主干、创新为核心、素质、知识、能力和就业和谐统一的理论教学体系、实践教学体系和创新创业教学体系。

人才培养内容与方法的改革是人才培养模式改革的核心内容。创新实验区工作小组提出，要以创业教育创新实验区系列教材编写与使用为突破口，利用3~5年时间，初步实现课堂教学从知识传授向能力培养的转型。这标志着德州学院人才培养模式改革进入核心和攻坚阶段，既是良好的机遇，更面临巨大的挑战。

这套创业教育创新实验区系列教材编写基于以下逻辑过程：德州学院经济管理系率先完成了创新性、应用型人才培养理论教学体系、实践教学体系和创新创业教学体系的框架构建，其中，理论课程内容的创新在理论教学体系改革中居于核心和统领地位。该人才培养内容与方法的创新把专业课程划分为核心课程、主干课程、特色课程三类，分别采取不同的建设方案与建设措施，其中，核心课程建设按照强化专业知识、培养实践能力和提高学生素质的要求，划分为经典课程教材选用、案例与实训教程设计和教师教学指导设计三个环节进行建设。

这套创业教育创新实验区系列教材是在许许多多的人，包括学校教务处、学生处、经管学院教师和部分学生家长的共同努力下完成的，凝聚了大家的智慧和心血。希望这套教材能为新建本科院校的人才培养模式创新工作探索出一条成功的道路。

2014 年 6 月

前 言

高校毕业生创业就业既是社会关注的热点，也是高校的重大任务。就业是民生之本，创业是就业之源，党的十七大明确提出，要积极做好高校毕业生就业工作，促进以创业带动就业。随着我国高等教育的改革和发展，高等教育扩招和社会经济结构的调整给大学生就业带来了全新的挑战。如何解决大学毕业生的就业问题，积极引导他们创业、就业，使他们在激烈的市场竞争中找到立足之地，是市场经济对高等教育提出的新要求。

2009年，德州学院提出创建山东省创业教育创新实验区的目标，并把工商管理专业（创业管理方向）列为综合改革试点专业。同年，德州学院创业型人才培养模式创新实验区成立，2012年8月，本实验区——基于"四位一体"理念的创业教育创新实验区，被山东省教育厅评为省级人才培养模式创新实验区。该实验区由创新创意实验区、产品（创意）研发实验区、创业计划实验区和创业企业孵化区四部分构成，分别承担创新创意识别、新产品研发与制造、实用新型开发与设计、创业企业规划与商业模式开发设计、创业企业开办与孵化等实验任务。

为深入贯彻落实《国家中长期教育改革和发展规划纲要（2010—2020年）》以及《教育部关于全面提高高等教育质量的若干意见》精神，更好地落实国务院办公厅关于《大学生职业发展与就业指导课程教学要求》和教育部关于《普通本科学校创业教育教学基本要求（试行）》通知的要求，推动高等学校创业就业教育科学化、制度化、规范化建设，切实加强普通高等学校创业就业教育工作，帮助大学生解决在择业过程中遇到的困惑，引导大学生规划职业生涯，提升职业素养，掌握求职基本技能，为创业就业做好充分必要的准备，我们编写了本书。

本书的结构设计、案例选择、实训活动等，均把创业就业素质和能力的训练作为主线。在内容安排上，针对在校大学生动手能力差、创业能力欠缺、职业素养水平偏低等现状设计了本章知识点、教学案例、实训活动、深度思考四个模块，旨在强化案例分析、小组讨论、角色扮演、头脑风暴等环节，以实现从知识传授为主向能力培养为主的转变，充分调动学生学习的积极性、主动性和创造性。

本书由彭萍副教授担任主编，负责全书写作框架的拟定、编写小组组织与管理、各章节内容的审核与指导以及全书编纂工作。其他参编人员分工如下：

张锋负责第一章；彭萍、杨照征负责第二章；彭萍、武斌、毛丽君、杨淑萍负责第三章；彭萍、杨颖、李朝辉负责第四章；曹冰负责第五章；张燕负责第六章的编写。

本书可以作为普通高等学校和高职高专院校公共必修课和选修课教学使用，也可以作为高校各专业本科学生自学之参考书。

本书在编写过程中，参阅和借鉴了部分书刊和网络资料，引用了部分文献和案例，谨向这些书刊和网络资料的作者表示最诚挚的谢意！同时，也感谢西南财经大学出版社的大力支持！

由于编写组成员的水平和经验有限，书中不妥之处在所难免，真诚欢迎广大读者和同行给予批评、指导和帮助。

编者

2014 年 10 月

目 录

第一章 就业形势与就业政策 ……………………………………………… (1)
    一、本章知识点 ………………………………………………………… (1)
    二、深度思考 …………………………………………………………… (17)

第二章 职业生涯规划 ………………………………………………………… (19)
    一、本章知识点 ………………………………………………………… (19)
    二、教学案例 …………………………………………………………… (33)
    三、实训活动 …………………………………………………………… (40)
    四、深度思考 …………………………………………………………… (47)

第三章 创业准备 ……………………………………………………………… (55)
    一、本章知识点 ………………………………………………………… (55)
    二、教学案例 …………………………………………………………… (62)
    三、实训活动 …………………………………………………………… (67)
    四、深度思考 …………………………………………………………… (79)

第四章 创业训练 ……………………………………………………………… (82)
    一、本章知识点 ………………………………………………………… (82)
    二、教学案例 …………………………………………………………… (86)
    三、实训活动 …………………………………………………………… (91)
    四、深度思考 …………………………………………………………… (116)

第五章 就业准备 ……………………………………………………………… (119)
    一、本章知识点 ………………………………………………………… (119)
    二、教学案例 …………………………………………………………… (142)

三、实训活动 …………………………………………………………（146）
　　四、深度思考 …………………………………………………………（158）

第六章　就业训练 ……………………………………………………（163）
　　一、本章知识点 ………………………………………………………（163）
　　二、教学案例 …………………………………………………………（183）
　　三、实训活动 …………………………………………………………（188）
　　四、深度思考 …………………………………………………………（192）

第一章　就业形势与就业政策

【学习目标】

通过本章知识点学习，使学生了解我国当前大学生就业现状以及我国当前的就业政策，正确分析当前的就业形势，给自己合理定位，树立良好的心态，为成功就业或创业打下坚实基础。通过深度思考破除旧的就业观念，建立适应时代发展的新的就业观念，从而在求职竞争中成为强者。

一、本章知识点

（一）大学生就业形势

大学毕业生是社会人力资源中最宝贵的一部分，其就业问题已引起了社会的极大关注，激烈的职场竞争所形成的就业难已成为不争的事实。如何在激烈的职场竞争中成为胜者呢？首先要破除旧的就业观念，建立适应时代发展的新的就业观念。只有这样，才能在求职竞争中成为强者。下面从五个方面谈一下大学生怎样树立正确的就业观。

1. 从"精英"向"大众"转变

随着20世纪90年代中后期全国高校扩招规模的逐年加大，全国高等教育入学率居于高位，2005年高等教育入学总人数超过2 300万人，毛入学率达到21%以上，高等教育快速发展，较好地满足了人民群众接受高等教育的愿望。高等教育由精英教育向大众化教育的推进，大学生就业模式必然由精英教育阶段所形成的毕业生就业模式向大众化教育阶段所形成的毕业生就业模式转变。

在精英教育阶段，由于高等教育是稀缺资源，受教育者的地位必然增高，大学生被称为"天之骄子"，就业实行"统包统分"的就业模式。而在高等教育大众化阶段，上大学不再是"千军万马过独木桥"，大学生也不再被称为"天之骄子"，大学生就是普通人，大学毕业生的就业同普通人找工作一样，"双向选择，自主择业"是当前就业的主要形式。社会中的各行各业都需要大学生，既有大学生毕业去当工人，也有大学生毕业去做个体经营，只要是大学生通过诚实劳动来为社会创造价值，来实现自己的价值，就是现在社会所倡导的。劳动者的素质普遍提高了，社会才能更好地发展。

2. 从"城市"向"基层"转变

当前，一方面，高校毕业生就业面临着一些困难和问题。另一方面，广大基层特别是西部地区、艰苦边远地区和艰苦行业以及广大农村还存在人才匮乏的状况。一些县市能提供比城市好得多的工作和待遇，但很多大学生还是不愿意去，认为委屈了自己。实际上，基层的天地广阔，蕴藏着无数的机会，大学生完全可以把到基层就业视为创业的起步、成才的开始，通过了解国情民意，积累经验，增长才干。大学生应该将就业的姿态放低，将人生的目标抬高，在城市就业已趋于饱和的情况下，选择到基层就业是理性的、现实的。从2004年开始，相继开展了服务西部、农村支教、选拔选调生等工作，出台了诸多优惠政策，既拓宽了就业渠道，为学生提供了更多的就业岗位，也对毕业生就业观进行了引导和教育。在服务西部计划和农村支教行动中，涌现了许多优秀的毕业生，得到了社会、单位的一致好评。

3. 从"公有"单位向"非公有"单位转变

在传统的职业观念影响下，人们都希望能够到政府机关、事业单位或国有大企业谋职、发展，不愿意到集体企业或民营企业求职发展。但是，政府机关、科教文卫事业单位、科研院所、大型"三资"企业由于多种原因（如体制原因、产业结构原因、亏损等），吸纳大学毕业生的能力是有限的，很难大量接收大学毕业生就业。

随着改革开放的深入，民营、个体企业单位大量增加，随之带来的是对人才的大量需求。以前大学生担心民营企业规模小，经营管理水平低，个人没有发展前途；怀疑民营企业管理不规范，福利待遇没保障；还害怕民营企业工作不稳定，办公环境差。而现在的民营企业发生了很大变化，特别是沿海发达地区的民营企业发展非常迅速，人才市场薪资调查表明，民营企业的收入水平甚至已和"三资"企业不相上下，民营企业灵活的用人机制和激励手段为人才创造了比在其他单位更好的个人发展空间。随着社会养老保险、失业保险、住房公积金制度的建立和完善，在民企工作也不用担心"四金"缴纳等个人保障问题。

4. 从"专业对口"向"通用人才"转变

很多大学生就业时特别强调要专业对口，认为大学花费了几年时间所学的专业是自己生存之本，如果离开了自己所学的专业而选择其他行业，那就白白浪费了大学的时间，专业情节依然影响着求职的心理。实际上大多数用人单位，招聘人才的标准是：注重应聘者的个人能力和综合素质，至于专业是否完全对口，并不过分计较，现代社会分工越来越细，在校期间所学专业知识与现实需要难以吻合，求职过程中如果过分强调专业对口则难以找到合适的职业，一个具有开拓精神的毕业生，应看重行业的发展前景，并及时调整自己的择业方向，勇于进入与自己相近或相关的行业。

目前我国正处于经济转型、体制转轨时期，随着结构的调整，必然也会使某些行业迅速发展，如第三产业的邮电通信、金融保险、社会服务等，就业人数将会明显增加。由于我们的教育结构不能适应产业结构的调整，也必然会使某些专业的毕业生找不到专业对口的工作。大学教育不仅仅是学习专业的知识和技能，更重要的是培养了大学生的综合素质和综合能力，大学生进入一个新的领域会比没有受过高等教育的人更快更好地融入与适应。

5. 从"打工"向"创业"转变

打工是一种被动的就业行为，而自主创业是给自己"打工"，是一种主动的就业行为。新一代大学生精力旺盛，有着强烈的挑战自我、实现自我的激情，并且没有负担，没有太多牵挂，有较高的文化水平，专业基础扎实，具有创新意识，自主学习知识的能力强，善于接受新知识。

从现阶段的就业形势看，国家宏观政策激励大学生自主创业，社会主义市场体制的建立和市场经济的发展，为广大毕业生的自主创业提供了良好的社会环境。创业——这包含机遇与挑战的字眼，已经成为无数大学生心中的梦想。中国也已经诞生了一大批大学生创业者，而且其中不乏许多非常成功的典范。

（二）导致大学生就业难的现状分析

知识经济时代，知识生产率已逐步替代了劳动生产率，生产知识的经济与用知识生产的经济正在悄然改变着人们的就业方式。"知识就是力量"已被转化了的"知识才是力量"所替代，知识的时效性在快速缩短，20世纪50年代大学生知识能用30年，20世纪90年代大学生知识能用10年，2003年统计，大学生所学知识只能用3年。我国加入世界贸易组织后，这种趋势愈加明显。

大学以基础设施和师资为依托，以大学精神为共同愿景，在识别和提供优势的知识体系中培养专业人才。衡量大学生的综合素质指标之一就是学到了什么、掌握了什么、学会并转化成为自己生存发展的能力是什么。

农业经济时代人们就业靠体力，工业经济时代就业靠技能，知识经济时代人们就业靠知识转化率的高低，大学生在市场中与各群体人在一个平台上竞争岗位，核心竞争力是学得多、学得快、转化率高。当代大学生要学会鉴别知识（哪些是基础知识，哪些是应用知识，哪些是当今世界前沿知识），敢于抛弃知识（筛掉过时知识、垃圾知识），善于转化知识（把握知识点，形成量到质的转变），用智慧统帅知识才能在现实社会中靠自己的实力生活，用自己的能力生存。那么，导致大学生就业难的原因有哪些呢？

1. 环境因素

（1）高校扩招影响

虽然国家已经停止了扩招，但是这几年扩招的影响依然存在。2010年我国高校毕业生为630万，2011年为650万，2012年为669万，2013年为699万，2014年为727万。再来看全国大学生待业的人数：2010年172.4万大学生待业，2011年为180.2万，2012年为191.2万，2013年为165.2万，2014年还是一个不容乐观的未知数。

（2）学生就业渠道不畅

目前的就业渠道无非是学校推荐、熟人介绍、校园和社会的招聘会、人才或就业网站、报考公务员、服务西部等。但是，学校推荐一般是学生干部或成绩突出者才有机会；报考公务员受专业、志趣、是否党员限制，这些只适用于特定人群。对大多数人来说，网站和招聘会才是最主要的就业渠道，但这还不能满足毕业生的需求。

（3）企业用工制度不合理

一些私营企业用工制度极不合理，不但不和员工签订劳动合同，而且社会保险、养老金、公积金等一系列社会福利也不能保证。另外，一些私营企业起薪较低，升幅不大，并伴有苛刻的罚款制度。同时，用人单位还设置经验、性别等障碍拒绝应届毕业生。拒绝的理由有动手能力差、需花费培训费用、稳定性不高，等等。用人单位在招人时追求实用和低成本，存在眼光短视和心态浮躁的情况。

（4）高校专业设置错位

一些大学的专业及课程设置有较大盲目性，专业趋同现象十分严重，造成供给严重大于需求。一些学校仍然沿袭传统的应试教育的教学方式，培养出来的一些学生高分低能。不少学校专业划分过细，难以跟上市场变化的步伐。

一些高职、高专教育专业缺乏特色，培养出来的学生理论功底不系统，应有的动手能力也不强。而用人单位对应聘者的实际操作能力、适应工作环境变化的能力提出了越来越高的要求。

（5）学生缺乏就业培训机会

不少企业拒绝承担大学生就业后的"在岗培训"费用，招聘中普遍要求有"数年工作经验"。事实上，一个理工科毕业的大学生，需要在毕业后的工作岗位经过一定时间的继续学习，才能成为一名合格的工程师。要达到这一要求，费用只能是大学生个人和家庭承担，而如果把"在岗培训"转移到学校里面去完成的话，在时间和金钱上都将是非常不经济的。

(6) 学生仍然期望过高

大学生就业理念也存在一些误区，如"宁到外企做职员，不到中小企业做骨干""创业不如就业"，"就业难不如再考研"等。近八成的用人单位却认为大学生仍存在期望过高的现象，主要表现在薪酬、地域、个人发展机会、职位要求、行业要求、假期要求和专业对口要求等方面。

而不少大学生对此感到很委屈，由于低工资难以满足他的基本生存需要，也往往不能对他形成足够的工作激励，结果必然带来就业的多次选择和用人单位对大学生的戒备心理。

(7) 学生缺乏求职技巧

用人单位表示，部分学生在求职时往往表现得不够自信，过分紧张，回答问题时支支吾吾，表现不出自己的实力。更有一些求职者面试时弄虚作假，企图欺骗蒙混过关，谁知很快就被有经验的用人单位拆穿，不得不再次承受面试失败的惨痛教训，而这样久而久之，用人单位也会觉得大学生不诚信而丧失对其的信心。

(8) 市场对白领需求不足

由于中国国际分工地位处于国际分工的底部，新增加的劳动就业岗位，主要是劳动密集型的就业岗位，使得中国就业上呈现"白领需求不足"的状况，这是中国大学生就业难的主要原因。这一问题的存在，使得中国的大学生就业岗位与扩招之后的庞大毕业生数量之间，形成巨大的落差，而且还将因此降低大学生的谈判地位，引发其他严重问题。

(9) 文科教育质量低下

由于教学内容几乎不针对中国的政治经济现实，学生经过大学数年的学习之后，对于现实社会的状况仍然是十分模糊，这也严重不利于学生的就业。大学扩招过程中，教师的知识结构仍然非常陈旧，授课内容政治化、空洞化。

2. 大学生自身存在的问题

(1) 考证存在盲目性：企业问卷调查显示，企业在选择"看重哪种证书"选项时全部都选为"零"，可见企业对证书的信赖度并没有大学生想象的那么高。原因是，如今证书种类繁多，加上近年来各种培训机构层出不穷，其中又以短期培训和针对应试的居多，企业面对这支日益壮大的"考证大军"产生疑虑——持证人是否真的具有相应能力？因此相比证书，企业更看重个人素质和实际操作能力。

(2) 先就业后择业渐流行：就业态度的变化，能从一个方面反映市场上人才供给的情况。在当前，大学生就业比较困难的情况下，"先就业再择业"的态度成了多数毕业生的首选。

（3）对企业不够了解：大多数大学生并不了解自己想要进入的公司的发展前景、用人制度、企业文化、人际关系等，有一部分学生对以后自己即将在一个什么样的平台上迈出人生第一步只有模糊的概念，甚至根本没有目标。

（4）对薪酬的期望更加现实：学生对于薪酬的看法更加现实了，高校学生期望月薪1 000~4 000元的占总人数的68%左右，其中2 000~3 000元为更多学生接受；2 000~4 000元的期望人数居多；1 000~2 000元及4 000元以上的期望人数较少。

（5）职业规划意识不够强：相比于过去，今天的大学生就业观念已发生了很大的变化，这和我们国家经济发展的趋势、人才市场的逐渐完善、选择多元化的趋势相吻合。很多大学本科在校生对于以后的就业有模糊的打算，还有一些没有做任何的打算，而真正有明确规划的人却只占很少的一部分。

（6）大学生自主创业的现状：大学生对创业的认识不全面，甚至存在明显的缺陷，其中重要的一点就是缺少管理经验，对行业缺少深度认识，对市场和营销缺少深入了解。

（三）就业政策

1. 大学毕业生就业的具体政策，基本上可分为以下几种：

（1）不同培养方式的毕业生的就业政策

目前，我国高校中存在着国家统一招收的学生，企业、公司和地区委托培养的学生，定向培养学生和自费学生四种类型的生源。按照《中国教育改革与发展纲要》的要求，国家任务招收的学生，毕业时仍由国家负责在一定范围内安排就业，实行"供需见面"和在一定范围内"双向选择"的就业办法。

对于委托培养和定向培养的学生，因其入学时是按合同降低分数段入学的，其毕业时，也要履行合同，按协议到委培单位或定向单位去就业。对于企业与学校、企业与企业联合培养的大学生，也要按合同规定去选择就业单位。因特殊原因不能履行合同到原委培、定向或联合培养所规定的单位去就业的学生，必须首先与委培或定向单位了结一切经济关系后，在原委培单位地区选择职业。

对国家计划内招收的自费生，要在其户口所在地区内自主择业。

（2）不同地区来源的毕业生的就业政策

原国家教委规定："各主管毕业生就业部门在安排毕业生时，要充分考虑招生来源等因素，兼顾内地省份、沿海地区和边远省区的需要，可根据实际情况确定一些比例或原则，调控毕业生的流向。"对于来源于边远地区的毕业生，只要是边远省区需要，能做到学以致用的，原则上应回本省区就业。对有特殊困难需要照顾的支边子女，经学校征得边远省区主管部门同意后，可到内地就业。

（3）不同管理体制下的高等学校毕业生的就业政策

就毕业生就业的管理办法而言，不同隶属关系的高等学校的毕业就业办法又有所不同。

①教育部直属高等学校毕业就业办法。教育部直属高等学校是面向全国培养人才的，其毕业生面向全国就业，主要用于加强重点，调剂质量。目前方案的制订，主要由学校根据国家的就业方针政策和社会需求，通过毕业生与用人单位"供需见面、双向选择"提出建议就业方案，报教育部审核后执行。

②国务院有关部委所属高等学校毕业生，主要面向本系统、本行业安排就业。毕业生就业方案的制订办法，各部委不尽一致，大体上可以分为以下两种：一是自上而下下达指导性方案，即国务院有关部委主管毕业生就业部门在国家的就业方针政策指导下，根据本系统及国家重点建设单位和地方的需求情况，提出分专业、分单位的方案下达给学校，由学校采取措施指导毕业生到上述单位就业；二是参照教育部直属高等学校毕业生的就业办法，采取"双向选择"的形式落实就业方案，各部委所属高等学校毕业生就业方案报教育部审核后下达给各高校。

③各省、自治区、直辖市所属高等学校毕业生的就业办法。各省、自治区、直辖市所属高等学校毕业生，主要面向本地区安排就业。国家也可根据需要对某些专业的毕业生进行调剂，以满足中央各业务部门和军队等单位的需要。各省、自治区、直辖市所属高等学校毕业生就业方案，由各省、自治区、直辖市毕业生就业主管部门在国家的就业方针政策指导下，根据本地区实际情况，采取"供需见面、双向选择"的办法落实。

（4）特殊情况的毕业生的就业政策

①本专科毕业生在国家就业方针政策指导下通过"供需见面、双向选择"在一定范围内自主择业；已落实工作单位的毕业生国家负责为其办理就业手续，在规定时间内未落实工作单位的毕业生，学校将档案、户口转回其家庭所在地，由当地毕业生就业指导服务机构帮助推荐就业。

②申请自费出国不参加分配的毕业生，在国家规定期限内提出申请，经学校审核同意，省、市主管部门批准，可作减员处理，不列入分配计划，原则上不再负责派遣。集中派遣时尚未办妥签证手续的毕业生，原则上应将其户口转到家庭所在地。情况特殊者，经学校批准，可在学校内保留户口到该毕业生毕业年度的九月底。

③学校应在派遣前认真负责地对毕业生进行健康检查，不能坚持正常工作的，让

其回家休养。一年内治愈的（须经学校指定县级以上医院证明能坚持正常工作的）可以随下一届毕业生就业；一年后仍未治愈或无用人单位接收的，户口关系和档案材料转至家庭所在地，按社会待业人员办理。毕业生在报到以后患病的，应视为在职人员患病处理，用人单位无权将毕业生退回学校。

④大学肄业的学生由学校发给肄业证书，国家不负责其就业派遣，并将其档案和户口转回其生源所在地自谋职业。

⑤结业生由学校向用人单位一次性推荐或自荐就业，找到工作单位的，可以派遣，但必须在报到证上注明"结业生"字样；在规定时间内无单位接收的，由学校将其档案、户口关系转至家庭所在地（家居农村的保留非农业户口），自谋职业。已被录用的结业生，在国家财政拨款单位就业的，其工资待遇按照国务院有关文件规定，比国家规定的普通高校毕业生工资标准低一级。结业生在一年内补考及格换发毕业证书者，国家承认其毕业资格，工资待遇从补发证书之日起按毕业生对待。

⑥对于残疾毕业生的就业。国家政策规定，对残疾毕业生学校应帮助其就业，确有困难的，按有关规定由生源所在地民政部门安置。必要时，学校可与民政部门联系安排残疾毕业生的工作单位。

⑦按国家计划从应届毕业生中招收录取的研究生，原则上不再办理就业手续。因特殊情况需要工作的，须征得录取院校（单位）同意，然后向学校提出申请，经学校研究并报省毕业生就业主管部门同意后，方可办理有关手续。

⑧享受国家专业奖学金及享受艰苦行业、地区或特殊岗位定向奖学金的毕业生就业政策。享受师范、农林、民族、体育、航海等国家专业奖学金及享受艰苦行业、地区或特殊岗位定向奖学金的毕业生，原则上按国家计划就业，对不服从就业计划自谋职业的，需补缴在校学习期间普通专业的学费并返还定向奖学金、专业奖学金。

⑨来自边远省区毕业生的就业政策。来源于边远省区的本、专科毕业生，只要是边远省区急需的，原则上应回来源省区就业。边远省区特指以下10个省、自治区：内蒙古自治区、黑龙江省、广西壮族自治区、贵州省、云南省、西藏自治区、甘肃省、宁夏回族自治区、青海省、新疆维吾尔自治区。

2. 人事代理制度

（1）人事代理，在我国是指在社会主义市场经济条件下，经组织人事部门批准或授权指定的人才服务机构，受单位和个人委托，运用社会化服务方式和现代化手段，按指定的法律和政策规定，为其代办的有关人事业务。简单地说，就是把"单位人"变成"社会人"，实现人事关系管理与人员使用分离，即单位管用人，而一些具体的人事管理工作，如档案管理、计算工龄、评定职称、社会保险等，由人才交流中心代管。

1995年12月人事部正式提出推行人事代理制，使之规范化、法制化。预示着人事代理将促进人才产业化，最终使人事管理变成一种公众服务。

（2）人事代理的内容

目前，全国各地人事代理发展迅速，代理内容不断丰富，代理形式趋于多样化，概括起来主要包括四个方面：

①围绕人事档案管理进行的低层次的人事代理，包括：存放或转递人事关系、调整档案工资、评定专业技术职称、办理因私因公出国政审、出具各种人事证明等。

②围绕社会保障进行的新形式的人事代理，包括：失业保险、养老保险、医疗保险等。

③围绕人力资源开发进行的深层次代理，包括：人才招聘、人才测评；人事诊断、人才考核和人才发展规划。

④围绕信息咨询进行的服务性代理，包括：发布人才供求信息、代发招聘广告和公司形象设计、工薪制度咨询、就业指导、职业咨询等。

人事代理的对象、规模也不断扩大。人事代理最初的服务对象大都是三资企业、民办科技企业、乡镇企业和非国有单位，现已发展到代理一部分国有企事业单位。

（3）人事代理发展的三个方向

①主动开拓，变坐等上门为主动上门，变我要代理什么就代理什么为用户需要代理什么就代理什么，变仅靠自身力量代理为借助专家、科研单位、高等院校等社会各类力量代理。

②寻找好拓展代理的主渠道，要从实际出发，从代理的质量和效果出发。实力强的代理机构要面对各类企业、跨国公司、大型企业、事业单位，也可从新增人员的代理做起，逐步扩大人事代理的影响和示范效应。所有人事代理机构都要面向多种所有制经济，面向流动人员，面向社会各界，扩大代理范围，丰富代理内容，增强代理功能。

③依靠提高专业化、法制化水平和服务质量，推进人事代理。要认真学习和掌握适合我国国情的人才测评、人才设计等现代人才技术，不断改进和完善人事代理运作方式，满腔热情为用户服务，同时严格按照国家法规办事，维护资产所有者在用人方面的权利和企业用人自主权。

3. 大学生志愿服务西部计划国家政策支持

（1）志愿者补贴、保险。志愿者服务期间中央财政给予必要的生活补贴（含交通补贴、人身意外伤害保险和住院医疗保险）。其中生活补助每月600元/人，每年7 200元/人（在西藏服务的，每月800元/人，每年9 600元/人），按月发放；交通补贴按志愿者入学前户籍所在省省会城市和服务省省会城市之间的距离划分为不同的等级确定（入学前户籍所在地或服务地为西藏、新疆、内蒙古的，另行确定），按年发放。志愿者的有关补贴由全国项目办通过青年志愿卡按时统一划拨；志愿者保险由全国项目办统一指定险种、保额，由各服务省项目办负责具体办理。

（2）服务期间，计算工龄，党团关系转至服务单位。本人要求户口和档案保留在学校的，按规定保留两年，在此期间，档案管理机构对保管其档案免收服务费用；本人要求将户口转回入学前户籍所在地的，公安机关按照规定为其办理落户手续，人事、教育部门所属人才交流机构负责办理相关手续，人事部门所属人才交流服务机构免费提供人事代理服务。服务期满落实工作单位后，公安机关按有关规定办理户口迁移手续。

（3）服务期间，可兼职或专职担任所在乡镇团委副书记、学校及其他服务单位的管理职务。

（4）服务期满1年考核合格，报考研究生的，总分加10分；各高校出台的政策如优惠于此政策则参照高校政策；同等条件下，优先录取。

（5）服务期满1年考核合格的，可以应届高校毕业生身份报考国家机关公务员；报考中央国家机关和东、中部地区公务员的，同等条件下，优先录取；报考西部地区公务员的，笔试总分加5分。

（6）服务期满，对志愿者作出鉴定，存入本人档案；考核合格的，颁发证书，作为志愿者服务经历和就业、创业的证明。

（7）服务单位应向志愿者提供住宿等必要的生活条件；在录用党政机关公务员和新增国有企事业单位专业技术人员、管理人员时优先录用、招聘志愿者。

（8）服务期为1年、服务期满考核合格的，授予中国青年志愿服务铜奖奖章；服务期为2年、服务期满考核合格的，授予中国青年志愿服务银奖奖章；表现优秀的授予中国青年志愿服务金奖奖章；表现特别优秀的推荐参加中国青年五四奖章、中国十大杰出青年、中国十大杰出青年志愿者、国际青少年消除贫困奖等评选。

（9）服务期间，户口和档案保留在毕业高校，免收服务费用。服务期满后，学校再发放派遣证。

（10）服务期间，享受往返于入学前户籍所在地与服务地之间每年4次火车硬座票半价优惠。

（11）对于上学期间办理助学贷款，服务期间还贷确有困难的，各高校应积极协调银行等有关方面，为其展期还贷提供帮助。

（12）有条件的高校可拿出部分奖学金用于鼓励和引导大学毕业生到西部基层开展

志愿服务。

4. "三支一扶"政策

（1）指导思想

实施高校毕业生"三支一扶"计划，要以邓小平理论和"三个代表"重要思想为指导，全面落实科学发展观和中央关于做好大学生志愿服务西部、服务基层工作的重要指示精神，引导和鼓励高校毕业生到西部去、到基层去、到祖国最需要的地方去，经受锻炼，健康成长，为促进农村基层教育、农业、卫生、扶贫等社会事业的发展、建设社会主义新农村和构建社会主义和谐社会做出贡献。

（2）组织招募

按照公开招募、自愿报名、组织选拔、统一派遣的方式，从2006年开始连续5年，每年招募2万名高校毕业生，主要安排到乡镇从事支教、支农、支医和扶贫工作。

（3）服务期间的管理

各地及有关部门要高度重视，积极制定和完善有关政策规定，切实做好"三支一扶"大学生的管理服务工作。

①户档管理。服务期间，"三支一扶"大学生户口应统一由省级工作协调管理办公室指定的有关机构管理，也可根据本人意愿将户口转回入学前户籍所在地，公安机关应按规定为其办理落户手续。人事档案原则上统一转至服务单位所在地的县级政府人事部门，党团组织关系转至服务单位。对服务期间积极要求入党的，由乡镇一级党组织按规定程序办理。

②日常管理。服务单位要负责为"三支一扶"大学生安排工作岗位，提供必要的生活条件，承担其日常管理工作，并根据工作需要积极为其提供业务培训机会。团县委要在每个接收"三支一扶"大学生的乡镇择优选拔1~2名条件适宜的大学生兼任乡镇团委副书记，并负责协调落实相关任职程序。领导小组成员单位及协调管理办公室要引导并教育"三支一扶"大学生遵纪守法，服从分配，虚心学习，联系群众，自觉遵守服务单位的各项规章制度，接受服务单位的管理，充分运用掌握的知识和技能为基层群众服务。

③考核管理。县级政府人事部门负责"三支一扶"大学生年度考核和服务期满考核工作，凡兼任乡镇团委副书记的大学生，由团县委会同乡镇党委负责考核其担任团干部期间的工作情况，并将考核材料汇总报送县级政府人事部门，考核情况存入本人档案，并报省级工作协调管理办公室备案。服务期满考核合格的，经省级工作协调管理办公室审核，颁发由人事部统一印制的《高校毕业生到农村基层服务证书》，作为服务期满后享受相关就业优惠政策的依据。"三支一扶"大学生应按照规定期限完成服务

工作，由于身体状况等特殊原因不能继续服务的，须经省级工作协调管理办公室批准，并履行有关手续。

④经费保障。"三支一扶"计划服务期限一般为 2~3 年，工作期间给予一定的生活、交通补贴，统一办理人身意外伤害保险和住院医疗保险。上述费用及所需工作管理经费，由地方财政安排专项经费予以支付。中央财政将通过不断加大转移支付力度予以支持。

（4）服务期满后的相关政策及就业推荐

各地及有关部门要重视和做好服务期满"三支一扶"大学生的就业工作，采取多种形式，开辟多种渠道，积极为其就业创造条件。

①各级人事、教育、财政、农业、卫生、扶贫、团委等部门要积极制定优惠政策，鼓励服务期满的"三支一扶"大学生扎根基层。原服务单位有职位空缺需补充人员时，应优先考虑接收服务期满考核合格的"三支一扶"大学生。县、乡各类事业单位，有职位空缺需补充人员时，也应拿出一定职位专门吸纳这部分毕业生。服务期满自主创业的，可享受行政事业性收费减免、小额贷款担保和贴息等有关政策。应届毕业生自愿到国家需要的艰苦地区、艰苦行业基层工作，服务达到国家规定年限，并符合相应条件的，可享受国家助学贷款代偿政策，具体办法另行制定。

②服务期满考核合格的"三支一扶"大学生，报考党政机关公务员的，可以通过适当增加分数以及其他优惠政策，优先录用。到西部地区和艰苦边远地区服务 2 年以上，服务期满后 3 年内报考硕士研究生的，初试总分加 10 分，同等条件下优先录取。对于已被录取为研究生的应届高校毕业生参加"三支一扶"项目的，学校应为其保留学籍。

③各级人事、教育、农业、卫生、扶贫等部门要制定切实有效措施，采取多种手段，充分挖掘本系统就业岗位，积极吸纳"三支一扶"大学生进入本系统工作。各级人事部门要为"三支一扶"大学生建立专门的人才库，广泛收集各类用人单位的岗位需求信息，动员各类用人单位接收"三支一扶"大学生，有针对性地提供就业指导和推荐，帮助其落实就业单位。

④服务期满考核合格的"三支一扶"大学生，根据本人意愿可以回到原籍或到其他地区工作，凡落实了接收单位的，接收单位所在地区应准予落户。进入国有企事业单位的，由接收单位按照所任职务比照同等条件人员确定其职务工资标准；其服务期限，计算为工龄。在今后晋升中高级职称时，同等条件下优先评定。

本章知识拓展

【当前我国的就业形势】

当前我国的就业形势可概括为：一个主要矛盾、三个基本特征、一个焦点。

一个主要矛盾：劳动者充分就业的需求与劳动力总量过大素质不相适应的矛盾。

三个基本特征：1. 总量矛盾和结构矛盾同时并有

      2. 城镇和农村就业问题同时出现

      3. 新生劳动力就业和下岗失业人员再就业相互交织

一个焦点：集中在下岗失业人员再就业问题上。

【大学生就业形势】

1. 我国高等教育跃居世界第一位

联合国教科文组织发表的《世界高等教育发展与趋势》综合报告指出，中国高校在校生人数在过去很短的时间里翻了一番，2001年高等教育规模跃居世界第一。报告说，紧随其后的是美国、印度、俄罗斯和日本。这是中国首次在教育规模上超过美国。

2. 与此同时，人才需求下降

企业单位——减员增效；政府机关——精简机构；事业单位——下岗分流。

3. 我国大学生就业形势

高校毕业生人数增加：

表1-1

时间	人数（万人）
2005年	338
2006年	413
2007年	500
2008年	559
2009年	611
2010年	630
2011年	650
2012年	669
2013年	699
2014年	727

结构性矛盾更加突出：

地区经济发展不平衡；

大学生能力和培养方向与社会需求之间存在明显差异；

高校专业设置不适应市场需求：文科类特别是外经贸易类专业和高职高专类就业困难加大；

信息不对称导致"人不知其位，位不得其人"。

就业竞争更加激烈：

用人单位在招聘时更加强调工作经验；

下岗企业白领进入就业市场，冲击毕业生就业；

非主流就业渠道竞争激烈，一部分学生开始挤向非主流就业渠道，如考研、考公务员、出国等，报考的毕业生人数连创新高；

出现了本科毕业生争高职甚至中职生岗位的现象；

毕业生期望值居高不下：

大学毕业生的预期收入与用人单位提供的工资之间存在匹配上的困难；

大学毕业生80%以上目标集中在经济发达地区的大城市、大企业、大公司或公立学校；

有些大学生宁愿等待，也不愿到欠发达地区，到企业工作。

【大学毕业生就业难原因分析】

有效需求不足，劳动力供大于求；社会保障不到位，难以优化配置；供求信息不对称，求职难寻其位；盲目人才高消费，适者被阻门外；人才生产未接轨，供求关系失调；知识能力不适应，思想准备不够。

不了解就业形势与政策；等、靠、要的思想严重；心理准备不充分（苦闷压抑的孤独心理，眼高手低的自傲心理）。

陈旧的就业观念（过分强调专业对口；不考虑专业对口及个人特长，病急乱投医；希望一步到位）。

知识能力准备不足；专业能力不扎实；专业技能不熟练；人际交往能力缺乏；表达（口头、书面）能力缺乏。

【影响学生就业难的三个关键因素】

现在的就业形势比较严峻，学生就业压力比较大。面对这种状况，如果作为一个学生个体来说，他是会受到影响的。但换个角度来看，受到影响的只是一部分人，对相当一些人影响并不大。就业压力或就业难是一个永恒的话题，也是永远会有的。即使在过去高度供不应求的就业形势下，有一些学生就业也难。我觉得应该确立一种积极进取的心态，无论总体就业多难，但是有实力的毕业生也能找到工作或者创业。

影响学生就业难的因素有三个关键点：

1. 第一个因素是定位

学生究竟要找什么样的工作？在这点上，定位会影响到相当一部分人能不能找到工作。比如我们的学生所读的院校名气不大，学历也不太高，能力也不是很强，但是求职时却对薪资、对单位等要求较高，这就难以实现，必然会导致学生待业。定位是影响学生就业的一个很重要的因素，当就业形势严峻，压力较大的时候，我们的定位就要客观一点，做出适当的调整，这对每个学生都非常关键。

现在职业规划当中，很多时候会对学生有一种误导，就是给学生们过早地制定了一个职业点，比如根据你的个性、特征等来评定你适合做什么，过早给学生定了一个框框，告诉学生就这个职业最适合他，这就对学生造成了束缚。其实人的这种个性的东西是不断变化的，比如讲我的兴趣、我的能力，甚至我的价值取向，它是随着外部环境的变化和自己的学习、自己的体会不断调整的。

个人将来的发展并不是由现在我做了一个测试、一个测评就决定的。有少部分人从小确定自己的方向，一生就这么发展下去而取得成功，但这不是多数，多数人实际上是从事了自己不喜欢的工作，也能取得成功。这部分实际上占的比重是较大的。在职业指导方面，过早给学生一个具体职业，这既有有利的方面，同时也带来一定的弊端。不利的方面往往会大于有利的方面。

人的兴趣、人的能力、人的价值取向对大学生而言，它还处在一个形成期。

2. 第二个因素是就业竞争力

面对严峻的就业形势，学生必须提升自己的就业竞争能力，这才是最主要的。然而竞争能力是什么？实际上就是适应企业需要的能力。能力是决定学生能不能就业的一个关键焦点。孔子讲"不患无位，患所以立"，就是说不要发愁没有职位，愁的是你没有从事这个职位的能力。为什么无论竞争压力多大，就业多难，有的学生依然能够拿好几个证书，核心问题还是要提升自己能力。

很多学生把自己的思维都局限在课堂上和书本上，对于社会职业的需求状况不了解，等到毕业的时候再去了解是非常不利的。现在"教育发展纲要"也明确提出要培养学生适应社会的能力，而且要把这种培养适应社会的能力作为衡量教育的根本标准。也就是说在校期间培养自己适应社会的能力和本领，这是当务之急，是一个根本性的问题。所以说这就需要学生努力地从课堂上、从书本里解放出来，多一点机会和时间接触社会、接触职业。

3. 第三个因素是心态

心态主要反映在就业面试环节，有时候心理素质弱的人，求职时会有心理障碍，临场发挥不是很好。打个比方，我们学生到一个单位面试，聊天时发现面试者有清华的、北大的，都是知名高校，而他是独立学院的，这样他在心理上就会败下阵来，觉得自己比别人差。实际上有时候这种求职环节心理因素也是直接影响面试成败的。再者，面试时面试官会问一些问题，经常会遇到自己不会答或是答不好的问题，这都是正常的，然而有的学生心理素质不好，他怕答错了对方就否定他了，整个思维情绪可能就乱了，这些心态心理也会直接影响他的求职面试结果。在求职方面，学生应该有一种自信、积极的心态。

定位、能力是一个长期积累的过程，像面试，求职心态及求职方法等是在校期间需要锻炼学习的，要在实战当中多锻炼，在课堂上有些东西是学习不到、实践不到的。要多从实践实战中取得经验，同时要学会总结。

【国家关于大学生的就业政策】

1. 国家对大学生就业的基本思路是"管而不包、加强指导、重在服务"。
2. 基本机制是"不包分配、竞争上岗、择优录用"。
3. 基本形式是"国家宏观调控、学校和各级政府推荐、学生和用人单位双向选择"。
4. 新的就业制度是"市场导向、政府宏观调控、学校推荐、毕业生与用人单位双向选择"。
5. 鼓励高校毕业生到基层、到中西部地区就业。
6. 鼓励高校毕业生应征入伍服义务兵役。
7. 积极聘用高校优秀毕业生参与国家和地方重大科研项目。
8. 鼓励和支持高校毕业生到中小企业就业和自主创业。
9. 强化对困难家庭高校毕业生的就业援助。

【大学毕业生如何成功就业】

1. 正视现实，理性对待。
2. 树立信心，从容面对。
3. 调整心态，勇敢应对。
4. 加强职业规划，提升职业素养。
5. 完善自我，不断进步。
6. 认真准备，积极行动。

二、深度思考

追寻明天的奶酪[①]

张文峰

我想当我的文字出现在这本书上的时候，不管是前一页的校友还是后一页的校友，找的工作都要比我好，找工作的经历都要比我累比我辛苦。每个毕业生都逃避不了这个酸甜苦辣并存的过程，考研者亦不例外。

求职的经历始于心态，后发于行动。大三上学期，因为和师兄师姐经常聊天，受其影响，萌生了求职的念头，开始考虑求职方向，开始学习如何写简历，如何回答人力资源主管的提问，如何着装，如何展现自己。期间，遇到了很多困惑。我经常上网，收集信息，看人才市场的招聘信息、人力资源资讯等。这种懵懂的求职心态持续了半年，我一无所获。大三下学期开学，我依然没有找到自己的方向，焦虑的心情越来越重。在这样的情景下，我加入了考研的队伍，给自己找点事情来做吧。我一边备战考研，一边继续关注求职。大四开学，我忽然以一种异常平静的心态开始了大学最后一年的生活。我发觉其实很多时候我们都处于担心的状态，早上担心下午，下午担心晚上，晚上担心明天，而真正到了这个时候，我们则不担心了。所以，我变得很坦然，反正风雨要来是迟早的事。由于心态趋向理智，我开始慢慢放弃考研，转向考公务员。到了大四下学期，由于先前的一切努力均没有收获，我背起行囊，开始异地求职。

今天，当我回忆起这段激情燃烧的岁月，感觉有太多太多的话可以说可以写，下面择其要点，和大家一起分享。

第一，好好跟自己聊聊。我们都很忙，很少有时间静静地想想自己。为了工作，我们紧紧地盯住外面的一举一动。很多时候，我们做一件事情，到最后没成，不是过程的问题，而是开始的问题。如果最初没有想清楚，一旦遇到困难，我们就不会坚韧，不会全力以赴。关于自己，我们有太多的要去想，比如优势和劣势，梦想，掌握的资源，待人处世，等等，还有证明自己某个方面的具体事例。有人说自己适合做老师，那么，你通过什么方式证明自己适合做老师呢？了解自己不要寄希望于所谓的性格测试，那测不出自己的真正潜力和实力。如果你对自己负责，那么，请好好跟自己聊聊。

[①] 江西师范大学就业指导处. 江西师范大学毕业生成功就业案例 [EB/OL]. [2008-09-12]. http://jy.jxnu.edu.cn/bjyview.asp? id=924.

第二，好好跟周围的人聊聊，如领导、老师、师兄师姐、同学。这让我很清楚地了解到了当前的就业环境，行业的发展现状等重要信息。

第三，跟挑战说"NO PROBLEM（没问题）"。我的专业是对外汉语，要学好英语和汉语。我选择做外贸，能用得上的是英语，可我英语并不是很好，六级未过，怎么办？我选择了充电。我一边找工作一边学英语，投入了很多时间和精力。我们一直都把找工作当成了仅仅是找工作的过程，其实，这个过程应该被当成是一个提高自己、壮大自己的过程，发现不足，马上采取行动弥补。这也是现在职业精神里很提倡的执行力。我有个朋友，找工作时发现自己专业知识严重不足，便马上停止求职，进入一家职业培训机构强化专业知识，两个月后，他顺利进入华为。在找外贸工作的过程中，我也遇到了很多强劲的对手，很多是科班出身，也有英语专业的，他们的英语都比我出色，我深感压力巨大。但是不管对手如何，每次面试，我都尽量做到沉稳，尽量展示自己对这份工作的执著和热爱。鉴于自己的水平不高，我在找工作的时候并没有要求公司是国企，规模有多大，待遇有多高，更多的是突出自己的热情和踏实肯干的一面。如果没有机会，其他的一切都免谈。外出求职，会遇到很多意想不到的困难，要有吃苦的准备。

第四，品德。也许有人会说在此时此景下谈这个话题有些老套，如果这样想，我想跟你说你错了。我们在校园里体会不到市场经济活动中道德的重要性。就从外贸行业来说，以前做外贸的没几个不发的，可现在不同了，没几个发了。为什么？随着互联网的发展，信息高度发达，市场变得透明了，任何信息都处于对比中。以前，以欺骗和隐瞒的方式接一个订单，给对方报出高的价格，也许能瞒住别人，可今天不行了。在透明的商业信息面前，你可以尽情地选择物美价廉的产品。同样，在互联网的帮助下，越来越多的生意在网上成交。大家来自不同的国度，不同的肤色和种族。我的同行说，找客户很难，要花很多时间和感情培养客户。在这个竞争激烈淘汰残酷的社会，坚韧忠诚等个体素质很重要，同时，合作和牺牲精神也很重要。

找工作是件很幸福的事情，因为这其中充满了变数，也就充满了幸运，风险和机遇同在！在这条路上，没有人牵着你的手领着你走，在蜕变的时候，更多是自己给自己呐喊。我们始终要深信一点，我们终究会成为这个社会的主角。为了这一天，我们要学会等待和忍受煎熬。

接到学院的通知，我当时很惊讶，在几百个同学当中，我是很普通的一员。说到找工作的经验，我没有成功的经验可谈，只有一些深刻的教训而已。同时也要感谢这些教训，让我更加清楚地认识了现实和理想的距离。上面说的可能大家都想到了，只是没有形成文字而已，那我今天就代你们把心里的话写出来吧。

第二章　职业生涯规划

【学习目标】

通过本章知识点学习，使学生了解职业生涯设计规划的意义及理论；通过课堂讨论及案例分析，使学生正确地认知自我，认真思考自己上大学的目的，构思自我的大学生活及就业出路；通过开展"职业锚"自我测试，为学生职业生涯规划与选择提供参考，鼓励学生充分发掘自身潜能，增强发展的目的性与计划性；通过撰写职业生涯规划书，使学生掌握职业生涯规划的基本方法和技巧；通过深度思考增强学生对职业生涯规划重要性的认识。

一、本章知识点

（一）职业生涯

1. 认识职业世界

（1）职业概述

①职业的概念。

职位：是和分配给个人的一系列具体任务直接相关的。职位和参与工作的个人相对应，有多少参与工作的个人，就有多少个职位。

工作：是由一系列相似的职位所组成的一个特定的专业领域。

在中文里，从词义学的角度分析，"职业"一词是由"职"和"业"两字组合而成。"职"字包含着责任、工作中所担当的任务等意思；"业"字含有行业、业务、失业等意思。

《现代汉语词典》将职业解释为个人在社会中所从事的作为主要生活来源的工作。

职业有四方面的含义：

第一，与人类的需求和职业结构相关，强调社会分工；

第二，与职业的内在属性相关，强调利用专门的知识和技能；

第三，与社会伦理相关，强调创造物质财富和精神财富，获得合理报酬；

第四，与个人生活相关，强调物质生活来源，并涉及满足精神生活。

（2）职业的基本特征

①产业性：一个国家，一个社会，就大的方面可以分为三类产业。第一产业和第二产业都是物质生产部门，第三产业虽然并不生产物质财富，但却是社会物质生产和人民生活必不可少的部门。在传统农业社会，农业人口比重最大；在工业化社会，工业领域中的职业数量和就业人口显著增加；在科学技术高度发达和经济发展迅速的社会，第三产业职业数量和就业人口显著增加。

②行业性：行业是根据生产工作单位所生产的物品或提供服务的人不同而划分的，它按企业、事业单位、机关团体和个体从业人员所从事的生产或其他社会经济活动性质的同一性来分类。某行业的职业内部，其劳动条件、工作对象、生产工具、操作内容是相同或相近的。由于环境的同一，人们就会形成同一的行为模式，有共同的语言习惯和道德规范。不同职业间存在着很大的差异，劳动条件、工作对象、工作性质等都不相同。随着社会的进步和发展，新的职业（如经纪人等）将会不断涌现，各种职业间的差异也会不断变化。

③职位性：所谓职位是一定的职权和相应责任的集合体。职权和责任是组成职位的两个基本要素。职权相同，责任一致，就是同一职位。在职业分类中每一种职业都含有职位的特性。从社会需要角度来看，职业并没有高低贵贱之分，但是，现实生活中由于对从事职业的素质要求不同以及人们对职业的看法或舆论的评价不同，职业便有了层次之分，这种职业的不同层次往往是由不同职业体力、脑力劳动的付出、收入水平、工作任务的轻重、社会声望、权力地位等因素决定的。

④组群性：无论以何种依据来划分，职业都带有组群特点。如科学研究人员中包括哲学、社会学、经济学、理学、工学、医学等，再如咨询服务事业包括科技咨询工作者、心理咨询工作者、职业咨询工作者等。

⑤时空性：随着社会的发展和进步，职业变化迅速，除了弃旧更新外，同一种职业的活动内容和方式也会发生变化，所以职业的划分带有明显的时代性，不同时代有不同的热门职业。我国曾出现过的"当兵热"、"从政热"，以及后来的"下海热"、"外企热"等，都反映出特定时期人们对某种职业的热衷程度。

2. 职业分类

（1）职业分类的概念

所谓职业分类，是采用一定的标准和方法，根据一定的分类原则，对从业人员所从事的各种专门化的社会职业所进行的全面系统的划分与归类，它是一个国家薪酬产业结构概念和进行产业结构、产业组织及产业政策研究的基础。

（2）国外的职业分类

①按脑力劳动和体力劳动的性质、层次进行分类

如美国的职业分类方法之一是把工作人员分为两大类：一类为白领工作人员，另一类为蓝领工作人员，即通常所讲的白领与蓝领阶层。

白领工作人员包括：a. 专业性和科技性的工作，如会计、建筑师、计算机专家、工程师、法官、医生、教师、牧师、社会科学家、作家等。b. 农场以外的经理和行政管理人员。c. 销售人员。d. 办公室工作人员。

蓝领工作人员包括：a. 手工艺及类似工人，如木匠、砖瓦匠、建造保养油漆工等。b. 运输装置机工。c. 农场以外的工人。如饲养人员、建筑工人、垃圾工、伐木工等。d. 服务性行业工人，如清扫服务工、农场工人、私人服务人员等。这种分类概括简要，但明显表现出职业的等级性。

②按心理的个别差异进行分类。

如美国著名的职业指导专家约翰·L. 霍兰创立的人格——职业类型匹配理论，把人格类型划分为六种：现实型、研究型、艺术型、社会型、企业型和传统型。对应这几种人格类型，把职业划分为六大类型。这种分类，把个性心理特征与职业类型二者统一起来，便于实现职业指导，可促成人们在有乐趣的职业指导环境中学习和工作，如企业型的可去做厂长、经理，艺术型的可去做乐队指挥、音乐教师，研究型的可去做科学家、工程技术人员等。从业者在心理上得到满足，充分发挥其创造性进而提高工作效率。但在择业或实施职业指导时，必须采取严格准确的心理测试。况且人的个性心理特征和职业都是发展变化的，也很难用固定格式把人与职业匹配起来。

③依据各个职业的主要职责或从事的工作进行分类。

这种分类方法较为普遍，以两种代表示例。

国际标准职业分类把职业由粗至细分为四个层次，即 8 个大类、83 个小类、284 个细类、1 506 个职业项目，总共列出职业 1 881 个。其中 8 个大类是：a. 专家、技术人员及有关工作者；b. 政府官员和企业经理；c. 事务工作者和有关工作者；d. 销售工作者；e. 服务工作者；f. 农业、牧业、林业工作者及渔民、猎人；g. 生产和有关工作者、运输设备操作者和劳动者；h. 不能按职业分类的劳动者。这种分类方法便于提高国际间职业统计资料的可比性和国际交流。

加拿大《职业岗位分类词典》把分属于国民经济中主要行业的职业划分为 23 个主类，主类下分 81 个子类，489 个细类，7 200 多个职业。此种分类对每种职业都有定义，逐一说明了各种职业的内容及从业人员在普通教育程度、职业培训、能力倾向、兴趣、性格以及体质等方面的要求，有较大的参考价值。

(3) 国内的职业分类

①《职业分类大典》将我国的所有职业分为 8 个大类：国家机关、党群组织工作

人员；企事业单位管理人员；各类专业技术人员；办事人员和有关人员；商业与服务业人员；生产人员、运输人员和有关人员；军队；不便分类的其他劳动者。

②《国民经济行业分类和代码》按其所属行业将其国民经济行业划分为13个门类：农、林、牧、渔、水利业；工业；地质普查和勘探业；建筑业；交通运输业；邮电通信业；房地产管理、公用事业、居民服务咨询服务业；卫生、体育和社会福利事业；教育、文化艺术和广播电视业；科学研究和综合技术服务业；金融、保险业；国家机关、党政机关和社会团体；其他行业。

我国将职业划分为1 838个。目前国家职业标准的制定，以及相应的职业资格认证考核活动均以此为限进行。

3. 劳动准入和执业资格制度促进职业的规范化

（1）就业准入制度及意义

就业准入制度是指根据《中华人民共和国劳动法》和《中华人民共和国职业教育法》的有关规定，对从事技术复杂、通用性广，涉及国家财产、人民生命安全和消费者利益的职业的劳动者，必须经过培训，并取得相应的职业资格证书后，方可就业上岗的制度。

实施就业准入制度，既是经济社会的需要，也是合理开发和配置我国劳动力资源的战略举措。其目的就是要促进劳动者改善素质结构和提高素质水平，从而促进劳动者就业和再就业能力的提高。

实行就业准入控制，推行职业资格证书制度，一是可以规范劳动力市场建设，为劳动力就业创造平等竞争的就业环境；二是可以实现劳动力资源合理开发和配置，并使其纳入良性发展轨道；三是可以促进劳动者主动提高自身的技术业务素质，使我国的就业从安置型就业转为依靠素质就业，达到使劳动者尽快就业和稳定就业的目的。

（2）职业资格证书制度

职业资格是对从事某一职业所必备的学识、技术和能力的基本要求。职业资格包括从业资格和执业资格。从业资格是指从事某一专业学识、技术和能力的起点标准。执业资格是指政府对某些责任较大，社会通用性强，关系公共利益的专业实行准入控制，是依法独立开业和从事某一特定专业学识、技术和能力必备标准。

职业资格证书是表明劳动者具有从事某一职业所必备的学识和技能的证明。它是劳动者求职、任职、开业的资格凭证，是用人单位招聘、录用劳动者的主要依据，也是境外就业、对外劳务合作人员办理技能水平公证的有效证件。

职业资格证书制度是国际上通行的一种对技术技能人才的资格认证制度，是我国劳动就业制度的一项重要内容，也是一种特殊形式的国家考试制度。职业资格证书制度主要内容是指按照国家制度的职业技能标准或任职资格条件，通过政府认定的考核鉴定机构，对劳动者的技能水平或职业资格进行客观公正、科学规范的评价和鉴定，对合格者授予相应的国家职业资格证书的政策规定和实施办法。

4. 职业生涯概念

生涯是生活中各种事件的演练方向和历程，它综合了个人一生中各种职业和生活角色，由此表现出个人独特的自我发展形态。

生涯由三个层面构成：

①时间，即个人的年龄或生命的过程。

②经历，即个人一生所扮演各种不同的角色。

③为个人所扮演的各种角色投入的程度。

从经济的观点来看，职业生涯就是个人在人生中所经历的一系列职位和角色，它们和个人的职业发展过程相联系，是个人接受培训教育以及职业发展所形成的结果。

职业生涯是指一个人一生所有和工作职业相联系的行为与活动以及相关的态度、价值观、愿望等的连续性经历的过程。

职业生涯是一个动态的过程，是指一个人一生在职业岗位上所度过的、与工作活动相关的连续经历，并不包含在职业上成功与失败或进步快与慢的含义。也就是说，不论职位高低，不论成功与否，每个工作着的人都有自己的职业生涯。

职业生涯是人一生中最重要的历程，对人生价值起着决定性作用。

（二）职业生涯规划

1. 职业生涯规划理论

（1）背景和产生

职业生涯规划又称职业生涯设计，是由早期职业辅导运动发展起来的，职业辅导起源于美国 20 世纪中叶。舒伯发展了金斯博格的理论，提出个人生涯发展的五个时期（成长、探索、建立、维持和衰退），将职业辅导发展为生涯辅导。

（2）职业生涯规划的涵义

职业生涯规划就是对个人一生职业发展道路的设想和规划。

开展职业生涯规划的目的就是协助个人达到和实现个人目标，帮助个人真正了解自己，知道自己以后职业发展方向，并在评估内外环境优劣、限制等基础上，设计出合理可行的、适合自己的职业生涯发展规划。

职业生涯规划是一项系统工程，主要取决于两个方面：一是社会发展的客观需要，特别是社会职业的现实要求；二是大学生自身的实际情况。

（3）职业生涯规划的相关理论

①国外学者的职业生涯理论

帕森斯的职业——人匹配论：明确阐明职业选择的三大要素和条件：第一，应该清楚地了解自己的态度、能力、兴趣、智谋、局限和其他特征。第二，应清楚地了解职业选择成功的条件，所需知识，在不同职业工作岗位上所占有的优势、不利和补偿、机会和前途。第三，上述两个条件的平衡。帕森斯的理论内涵即是在清楚认识、了解个人的主观条件和社会职业岗位需求条件的基础上，进行职业生涯规划。

职业——人匹配，分为两种类型：A. 条件匹配。即所需专门技术和专业知识的职业与掌握该种特殊技能和专业知识的择业者相匹配；或者脏、累、险劳动条件很差的职业，需要吃苦耐劳、体格健壮的劳动者与之相匹配。B. 特长匹配。即某些职业需要具有一定的特长，如具有敏感、易动感情、不守常规、有独创性、个性强、理想主义等人格特性的人，宜于从事审美性、自我情感表达的艺术创作类型的职业。

金斯伯格的职业发展论：美国学者金斯伯格（Bli. Ginzberg）认为，青年的职业成熟程度分为三个阶段：A. 空想期，实际是人的儿童时期。以儿童对成人后干某种工作的幻想为特征。这种职业想象往往是儿童的模仿行为。B. 尝试期，也称试验期或暂定期。从10岁至12岁之间开始，到16岁至18岁之间结束。这一时期青年人所依据的是自己主观的兴趣、智力、价值观，并依据这些主观范畴调节职业选择目标。C. 现实期。一般从16岁至18岁之间开始，是将主观选择与个人客观条件、外界客观条件（环境）、社会需要相结合的正式职业选择决策阶段。这种承认客观、从现实出发的选择是一种折中和调适。

萨帕的职业发展论：美国心理学家萨帕（D. E. Super）提出了关于人的职业心理与职业行为成熟化过程的理论。他认为：A. 个人的职业是由其父母的社会经济地位、个人智力与人格，以及其机遇所决定的。B. 人的发展过程可以通过指导更好地进行。C. 职业发展过程是"自我"概念（对自己的认识）的形成、发展和完成的过程，这是一种折中调和的过程。D. 工作与生活的满足感，都与个人的才能、兴趣、人格特质、价值观有联系。这一理论构成职业指导的理论依据。

蒂德曼职业发展论：美国学者蒂德曼（D. V. Tiedeman）认为，职业选择作为一种过程，是在工作中通过鉴别和综合来建立职业同一性的过程。鉴别与综合的决策过程包括两个阶段：第一阶段为"期望与预后"，包括四个步骤：探索、成形、选择、澄清。第二阶段为"完成和调整"，包括三个步骤：就职，即将选择付诸实行；重新形成，即从事工作后出现自我感，与团体相互影响；综合，即个人达到了解自我，也被他人看做是成功的，达到平衡。

霍兰德人与职业匹配论：人与职业匹配理论是一种依据人格特征及能力特点等条件，寻找其有与之对应因素的职业类别进行配合的职业指导理论。这是职业指导的经典理论。职业指导就是要帮助个人寻找与其特性一致的职业，以达到人与职业之间的匹配。匹配过程包括三个步骤：A. 分析个人情况，包括常规性身体和体质检查、能力测验（尤其是职业能力测验）、职业兴趣分析、人格测验，以及有关的被指导者家庭文化背景、父母职业、经济收入、学业成绩、闲暇兴趣等。B. 因素分析。分析职业对人的要求，包括各种职业（职位、职务）的不同工作内容、不同职业对人的不同条件的要求等。C. 个人特征与职业因素相匹配。

美国学者帕森斯（Parsons）和威廉姆斯（Williamson）便是这种理论的早期倡导者。早期的人职匹配理论提出了需要匹配的思想，但是，他们却没有阐述如何匹配是最合适的。美国著名的职业指导专家、霍普金斯大学心理学教授约翰·霍兰德（John Holland）进一步完善了人职匹配理论，并提出了一套集理论和操作于一体的技术，其理论产生了较广泛的社会影响。

霍兰德匹配理论的特点在于以下几个方面：首先，该理论不是泛泛地谈人和职业的匹配，而是将职业和人分成不同的类型，从而为匹配奠定了基础；其次，该理论不仅仅是理论，而且有具体的测量方法，有操作性的指标和工具，使匹配的理论和实际操作相结合；最后，该操作工具集兴趣、能力于一体，具有很强的科学性和预测性。他的六种职业类型是：现实型（R）。有运动机械操作的能力，喜欢机械、工具、植物或动物，偏好户外活动。传统型（C）。喜欢从事资料工作，有写作或数理分析的能力，能够听从指示，完成琐细的工作。企业型（E）。喜欢和人群互动，自信、有说服力、领导力，追求政治和经济上的成就。研究型（I）。喜欢观察、学习、研究、分析、评估和解决问题。艺术型（A）。有艺术、直觉、创造的能力，喜欢运用想象力和创造力，在自由的环境中工作。社会型（S）。擅长和人相处，喜欢教导、帮助、启发或训练别人。这六种职业兴趣类型之间的关系可用模型示意图表示，如图2-1所示。

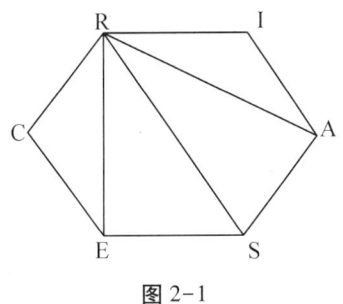

图2-1

这个六边形的涵义是：人的职业兴趣可以分成六个大的职业领域；这六个职业领

域之间有关系，有的职业兴趣之间联系比较紧密，有的联系比较松散，比如现实型和研究型联系比较紧密，而现实型与社会型就比较远，现实型喜欢和物打交道，而社会型喜欢和人打交道；人的职业兴趣可以是多种兴趣的组合，比如一个人喜欢研究，但研究的是社会问题，他可能就是一个社会科学研究人员，社会科学研究人员便是研究型和社会型的组合。该理论的主要特点是比较注重人的分类和职业的分类，并主要以心理特性为核心，将二者和谐地匹配起来，在职业生涯辅导中具有较强的指导意义。

职业选择论：职业选择是就业的微观决策行为，它决定着人的职业生涯，对人的一生各个方面有着重要影响。

②我国的职业生涯理论研究

人的职业生涯也可以根据其不同的工作经历划分为几个不同的时段，每一个时段都会遇到不同的职业障碍和职业困惑，同时，也会呈现出不同的职业特点和职业心态。在这里我们根据个人工作年限的不同，将职业人划分为四个不同的时段，他们依次是：0时段、2~3时段、5~8时段、10时段。

0时段的职业人，是指刚刚走出校门，踏上工作岗位或寻找工作岗位的人。由于缺乏社会工作经验，在工作技能方面只是完成理论上的积累，他们不但受到同时毕业大学生的竞争压力，还面临其他有一点工作经验人的冲击，所以，他们处于职业场的最底层，如果长期找不到合适的工作，他们就可能因为生计而去随意选择一份暂时的工作，从而以一个较为失败的开始进入职场竞争当中，这很不利于自己以后事业的发展。具体说来有如下几点：A. 经验缺乏，社会压力和自身经济压力较大，其结果是找不到工作，一毕业就失业；B. 一些毕业生也面临着选择大企业做一般职员还是进入小公司做领导的困惑，结果是找不到真正适合自己发展的工作；C. 在是否出国以及出国读什么学校和专业的问题上显得非常的盲目。

2~3时段的职业人，是指工作了两年以上六年以内的人，或者是指在职业场上开始慎重考虑自己的发展问题的人。他们至少已经知道了一些职业的游戏规则，懂得了一些社会的生存之道。所以，重新选择是他们走向事业成功的关键所在。一般说来，他们会遇到以下两个方面的问题：首先，2~3时段的职业人，大都是因为在毕业当初没有正确地选择好自己的工作，在职业场上拼搏2~3年以后就越来越不满意，他们的心态是，急于想跳槽，从而找到自己合适的机会。其次，他们中间也有许多人由于对工作的不满意，也就没有兴趣去做好，从而被公司解雇，面临失业的危险。

5~8时段的职业人，是指工作在六年以上十年以内的职业人。他们主要面临两个方面的压力：一是由于公司裁员、转制、资产重组等非主观的原因被裁员，从而面临失业的危险，也有的是因为自身的知识更新没有跟上时代的发展而被裁掉，落入失业的泥潭。另一个是由于在原公司工作不顺心，或是上司的为难或是在本公司的事业发展到了某一个不可逾越的瓶颈而急于跳槽。要解决这两个方面的问题：一是在自己的工作中保持一定的知识更新，不断地进行自我的充电，不至于到了非主观性失业的时候措手不及，找不到出路和方向。二是如果发现自己在原公司的事业发展遇到不可改变的障碍就必须当机立断，勇于跳槽，重新选择自己的事业平台，不可优柔寡断错失良机。这一时段的职业人是创业的绝好机会，要勇于探索，自己做自己的老板。

10时段的职业人，是指工作在十年以上的职业人。一般来说他们已经是整个社会的领导者，占据着重要的领导岗位，事业有成，金钱对他们来说已经不是考虑的首要问题，他们更加关注的是他们的自我价值能否实现的问题，也就是自己能否从自己的工作中找到一种成就感，或者说他们会将自己的职业发展方向与自己的某种理想更为现实而迫切地联系起来，如果不满意他们就会很茫然，甚至是很痛苦。当然，这个时段的职业人，还面临另外一个重要的问题：那就是怎样维护自己现有的地位的问题，毕竟"长江后浪推前浪"，后来者的威胁不可小觑。如果维护不好现有的成果，将可能有失业的危险。所以，这个时段的职业人一般会遇到以下两方面的问题：首先，事业有成，但与自己的人生理想相差甚远，从现有的工作中找不到成就感，急于跳槽，重新实现自己的人生价值；其次，年龄的劣势突现，思想可能开始趋于保守，受到职场上新生力量的挑战，可能有失业的危险。

无论是国外学者关于职业生涯的理论，还是我国学者的职业生涯理论研究，都集中提出了一个重要的课题，那就是成功的人生是需要设计规划的，个人的职业生涯尤其需要设计规划，而且是愈早愈好。

2. 职业兴趣及"职业锚"理论

（1）兴趣与职业

兴趣是人的认识需要的心理表现，它是人对某些事物优先给予注意，并带有积极的情绪色彩。兴趣进一步发展为从事实际活动的需要时，就变成了爱好。

一个人如果能根据自己的爱好去选择职业，他的主动性将会得到充分发挥。即使十分疲劳和辛苦，也总是兴致勃勃，心情愉快；即使困难重重也绝不灰心丧气，而能想尽办法，百折不挠的去克服它。在选择职业生涯时，不仅需要知道自己有能力从事什么样的工作，也需要知道自己对哪类工作感兴趣。只有将能力和兴趣结合起来考虑，才更有可能取得职业生涯的成功。兴趣是成功的一个重要的推动力，它能将你的潜能最大限度地调动起来使你长期专注于某一方向，做出艰苦的努力，取得令人瞩目的成绩。

（2）职业锚理论

职业锚的概念是由美国埃德加·施恩（Edgar Schein）教授提出的，他认为职业规划实际上是一个持续不断的探索过程。在这一过程中，每个人都在根据自己的天资、能力、动机、需要、态度和价值观等慢慢地形成较为明晰的与职业有关的自我概念。施恩还说，随着一个人对自己越来越了解，这个人就会越来越明显地形成一个占主要地位的职业锚。

所谓职业锚就是指当一个人不得不做出选择的时候，无论如何都不会放弃的职业中的至关重要的东西或价值观。职业锚实际上就是人们选择和发展自己的职业时所围绕的中心。施恩指出，对职业锚提前进行预测是很困难的，因为一个人的职业锚是在不断发生着变化的，它实际上是在一个不断探索的过程中所产生的动态结果。个人过去的所有工作经历、兴趣、资质等才会集合成一个富有意义的模式（或职业锚），这个模式或职业锚会告诉此人，对他或她个人来说，到底什么东西是最重要的。

1978年，施恩开始在"职业动力论"研究中使用"职业锚"的概念，此概念有助于职业工作者进行职业定位。所谓职业锚，包括：①自省的动机需要：以实际情境中的自我测试和自我诊断以及他人的反馈为基础。②自省的才干和能力：以个人工作环境中的实际成功为基础。③自省的态度和价值观：以自我与雇佣组织和工作环境的准则和价值观之间的实际遭遇为基础。

按照施恩的观点，职业方向的选择、职业生涯成功的定义也与职业锚密切相关。因此职业生涯开发与管理的一项重要工作是帮助企业员工确定职业锚。

3. 职业生涯规划对大学生发展的意义

大学生正处于个体职业生涯的探索阶段，在这一阶段进行职业生涯规划对大学生以后的职业生涯发展有着十分重要的意义。大学生从跨入校门开始就应该确立自己未来的职业生涯目标，时刻关注职业内涵的发展与变化，了解社会对职业的需求，参照社会对人才的素质要求，不断修订自己的职业生涯规划内容，调整自己的发展目标，在动态和多样性中实现发展目标。简单地讲，大学生职业生涯规划的意义主要有以下几点：

（1）适应社会发展的需要

适应社会发展，它包含以下几层：①要从社会发展的角度来设计职业生涯；②要能够了解社会职业变化的方向和趋势，以便适应急速变化的社会，从而在飞速发展的社会里更好更快地成长；③社会发展的需要决定着个人生涯发展的目标和方向。

适应社会发展需要，具体来说有以下几点：①勇敢接受社会的挑战：21世纪人类面临科学技术加速发展和社会急剧变化的挑战，是科技创新与不同领域融合的时代，知识的数量将变得难以用时间来估算。职业生涯规划将成为这个快速变化的社会一个格外重要的课题，并将增添大学生们接受社会挑战的勇气。②促进大学生更快地成长：科技的加速发展，必然引发社会经济的变革，以知识为基础的形态正在逐步形成。大学生具有获取新知识、新技术的有利条件和环境，而职业生涯规划将进一步重视和强调大学生对未来发展的适应性，从而促使大学生更快更好地成长。③激励大学生对职业能力的追求：知识经济改变社会的产业结构，促使人们的工作世界发生根本变化，社会职业的内涵和人们从事职业的方式也将有所变化。职业生涯规划，可以有效地激励大学生不断培养其职业能力，以适应未来职业的变化和发展。④实现职业生涯发展目标：由于职业生涯规划是从未来和发展的角度来看待人的一生，因此它要求大学生能够通过职业生涯规划适应社会的快速变迁，适应社会职业变化的方向，更好地规划和实现自己的职业生涯发展的目标。

（2）促使大学生获得事业成功

①认识自我：职业生涯规划可以使大学生充分地认识自我。认识自我，是获得成功的前提，通过认识自我，可以更好并及早地规划好自己的职业生涯，不断开发自己的潜能，创造成功的人生。

②客观地分析环境：职业生涯规划，可以帮助大学生们客观地分析社会环境，体察变化的条件和因素，并帮助其克服因环境变化而导致的心理失衡，克服职业生涯发展困难，勇敢地面对社会竞争环境的挑战。

③正确地选择职业：虽然社会发展带来职业生涯、选择的多重性因素，但是一个人所选择的一种社会职业又具有相对的稳定性，要想获得职业的良好发展，正确的选择职业就显得十分重要，职业生涯规划可以帮助大学生及早地对自己的职业发展定位，并沿着一条正确的自我发展的职业道路，到达成功的彼岸。

④树立明确的发展目标：研究表明，一个有目标意识的人，获得成功的可能性远远高于目标意识不明确的人。这是因为，树立了明确的目标，才能朝着目标方向努力，才能有意识地为他的目标收集积累素材、创造条件，并使自我的行为和态度观念符合自己制定的目标。

⑤加速自我完善：在职业生涯设计中，大学生的自我完善也包括实现人的现代化。个人要与社会相适应，就必须在人生态度、情感方式、思维方式、行为模式、价值取向和知识能力结构诸多方面完成向现代文明素质的转化，从而走向成功。

（3）实现终身学习的机制

①学会学习：学会学习是职业生涯规划中个体学习能力的发展目标。在这里，学习是个体为了提高生活质量，实现人的价值追求的途径。

②学会做事：学会做事是职业生涯规划中个体适应社会各种岗位工作能力的发展目标。

③学会合作：学会合作是职业生涯规划中个体合作精神的发展目标。

④学会发展：学会发展是职业生涯规划中个体学会适应和改变自己自下而上生活环境的发展目标。

4. 大学生职业生涯规划

（1）大学生职业生涯规划的主要内容

职业生涯规划也称为职业生涯设计或职业设计，是指个人结合自身情况、当前的机遇和挑战，为自己确立职业方向、明确职业目标、选择职业道路、制订教育发展道路而确定的行动时间和行动方案。职业生涯规划的类型分为短期规划、中期规划、长期规划和人生规划。

短期规划：指2年内的规划，主要是确定近期的目标，规划近期该完成的任务。

中期规划：2~5年的职业目标和任务。

长期目标：一般是指5~10年的规划，主要是设定长远的发展目标。

人生规划：指整个人生的规划，主要是设定人生总体的发展目标和计划。

一般来说，对大学生来讲，职业生涯规划主要是指短期和中期规划，也就是对自己大学学习生活及毕业后5年内的发展计划。

大学生职业生涯规划一般应包括以下六方面的内容：一是自我职业性格分析；二是确定职业目标；三是确定成功标准；四是制订职业发展道路计划；五是明确需要进行的培训和准备；六是列出大概的时间安排。

（2）大学生职业生涯规划的步骤

①确定志向：志向是事业成功的基本前提，没有志向，事业的成功也就无从谈起。立志是人生的起跑点，反映着一个人的理想、胸怀、情趣和价值观，影响着一个人的奋斗目标及成就。

②设定职业生涯目标：这是职业生涯规划的核心。一个人事业的成败，很大程度上取决于有无正确适当的目标。抉择是以自己的最佳才能、最优性格、最大兴趣、最有利的环境等条件为依据的。通常目标分短期目标、中期目标和人生目标。

③生涯机会的评估：主要分析内外环境因素对自己生涯发展的影响，在复杂的环境中趋利避害，使生涯规划具有实际意义。环境因素评估主要包括：组织环境（组织发展战略、人力资源需求、晋升发展机会）；社会环境（社会道德风尚、舆论环境）；经济环境（宏观经济状况，行业经济政策）。

④自我评估：通过自我分析，认识自己，了解自己。通常自我评估包括自己的兴

趣、特长、性格、学识、技能、智商、情商以及组织管理、协调、活动能力等。

⑤制订职业生涯路线：是走行政管理路线，向行政方面发展；还是走专业技术路线，向业务方面发展等。要注意，发展路线不同，对其要求也就不同。

⑥职业的选择：分析自我、了解自己、分析环境、了解社会职业，使自己的性格、兴趣、特长与职业相吻合。

⑦制订行动计划与措施：行动，是指落实目标的具体措施，主要包括工作、训练、教育、轮岗等方面的措施。

⑧评估与回馈：要使生涯规划行之有效，就须不断对生涯规划进行评估与修订。

本章知识拓展

【职业辨认】

1. 是否具有以下特征：
①目的性，即职业以获得现金或实物等报酬为目的。
②社会性，即职业是从业人员在特定社会生活环境中所从事的一种与其他社会成员相互关联、相互服务的社会活动。
③稳定性，即职业在一定的历史时期内形成，并具有较长的生命周期。
④规范性，即职业必须符合国家法律和社会道德规范。
⑤群体性，即职业必须具有一定的从业人数。

2. 是否具备以下要素：
①职业名称。
②工作的对象、内容、劳动方式和场所。
③承担职业所需要的资格和能力。
④工作取得的各种报酬。
⑤在工作中存在与部门和社会成员的人际关系。

【职业、工种、岗位辨析】

职业是具有一定特征的社会工作类别，它是一种或一组特定工作的统称。我们以往经常使用"工种"、"岗位"等概念，实质上就是将职业按不同需要或要求进行的具体划分。一般情况下，一个职业包括一个或几个工种，一个工种又包括一个或几个岗位。因此，职业与工种之间是一个包含与被包含的关系，其间有着密切的内在联系。

例如焊工职业就包含"电焊工"、"气焊工"等12个工种。

工种是根据劳动管理的需要，按照生产劳动的性质、工艺技术的特征或者服务活动的特点而划分的工作种类。目前大多数工种是以企业的专业分工和劳动组织的基本情况为依据，从企业生产技术和劳动管理的普遍水平出发，为适应合理组织劳动分工的需要，根据工作岗位的稳定程度和工作量的饱满程度，结合技术发展和劳动组织改善等方面的因素进行划分的。

岗位是企业根据生产的实际需要而设置的工作位置。企业根据劳动岗位的特点对上岗人员提出综合要求形成岗位规范，它构成企业劳动管理的基础。

【职业资格证书与学历证书】

职业资格证书是对从事某一职业所必备的学识、技术和能力的基本要求，反映了劳动者为适应职业劳动需要而运用特定的知识、技术和技能的能力。与学历文凭不同，学历文凭主要反映学生学习的经历，是文化理论知识水平的证明。职业资格与职业劳动的具体要求密切结合，更直接更准确地反映了特定职业的实际工作标准和操作规范，以及劳动者从事该职业所达到的实际工作能力水平。

【热门职业资格认证】

1. 信息技术（IT）认证

信息技术企业专业技术认证是由微软、思科等信息技术企业颁发的、证明获得某种专业IT技能的国际通用的职业证书。目前在我国开办的IT认证考试主要有：微软认证专家（MCP）、微软系统工程师认证（MCSE）、微软数据管理员认证（MCDBA）、微软软件开发专家认证（MCSD）、思科网络工程师认证（CCNA）、思科网络设计师认证（CCDA）。

我国也开设了计算机专业技术资格和水平考试，明确规定获得计算机专业资格需要通过国家统一组织的考试。

2. 英语认证

英语认证，例如，托福、雅思等。托福考试是由美国教育测验服务社在全世界举办的一种针对母语非英语的人进行的为国际学生到美国、加拿大或者英语国家留学提供检验英语能力的考试。雅思是由剑桥大学地方考试委员会、澳大利亚高校国际开发署及英国文化委员会共同举办的国际英语水平考试，是为到英语主导教学语言国家的高等教育机构就读而设的语言测试制度，也用于测试赴英语母语国家（主要指英联邦国家）定居人士的英语水平。

3. 综合能力认证

项目管理专业人员资格认证（PMP），打造项目经理人之"金饭碗"；

公共管理硕士专业学位（MPA），继工商管理硕士（MBA）之后，正日益成为当前国内各界人士关注的焦点；

秘书认证，资格考试主要进行秘书知识和秘书技能两门测试，涉外秘书另外还要参加外语测试；

公关员职业资格认证，资格鉴定的内容包括公共关系基础知识、接待与礼仪、新闻与信息传播、调研与评估、专题活动策划与组织、危机管理与技巧和公共关系管理与咨询等；

外销员资格考试，面向社会，被人们称为"入世驾照"考试。

医药认证。目前，医药界最热门的考试有执业医师考试、执业助理医师考试、执业药师考试、护士执业考试；另外，还有一些比较专业的国际考试，例如国际针灸专业人员水平考试、国际中医专业人员水平考试、国际中医按摩推拿、中医骨伤专业人员水平考试等。

4. 其他

注册会计师、公务员、法律职业资格、经济专业技术资格等认证考试。

二、 教学案例

案例一　四只长大的、爱吃苹果的毛毛虫各自去森林找苹果吃……[①]

第一只毛毛虫根本就不知道这是一棵苹果树，没有目的，不知终点；没想过什么是生命的意义，为什么而活着。

第二只毛毛虫知道这是一棵苹果树，找到了一个大苹果就扑上去大吃一顿，但它发现要是选择另外一个分枝，它就能得到一个大得多的苹果。

第三只毛毛虫知道自己想要的就是大苹果，并制订了一个完美的计划，最后，这只毛毛虫应该会有一个很好的结局，但是真实的情况往往是，因为毛毛虫的爬行相当缓慢，当它抵达时，苹果不是被别的虫捷足先登，就是已熟透而烂掉了。

第四只毛毛虫做事有自己的规划。它的目标并不是一个大苹果，而是一朵含苞待

[①] 作者不详. 五条毛毛虫的故事 [J]. 课外阅读，2008（3）：12-13.

放的苹果花。它计算着自己的行程,结果它如愿以偿,得到了一个又大又甜的苹果,从此过着幸福快乐的日子。

【分析与点评】

第一只毛毛虫毫无目标,一生盲目,是一只没有自己人生规划的糊涂虫,不知道自己想要什么。遗憾的是,我们大部分的人都像第一只毛毛虫那样活着。

第二只毛毛虫虽然知道自己想要什么,但不知道该怎么去得到苹果,在习惯的正确标准指导下,做出了一些看似正确却使它渐渐远离苹果的选择。而曾几何时,正确的选择离它又是那么近。

第三只毛毛虫有非常清晰的人生规划和正确的选择,但目标过于远大行动过于缓慢,成功对它来说,已是明日黄花,机会、成功不等人。

第四只毛毛虫不仅知道自己想要什么,也知道如何去得到自己的苹果,以及得到苹果应该需要什么条件,然后制订清晰实际的计划,在望远镜的指引下,一步步实现自己的理想。

案例二　名人的职业生涯规划[①]

一个美国小伙子立志做一名优秀的商人。中学毕业后考入麻省理工学院,他没有去读贸易专业,而是选择了工科中最普通的基础专业——机械专业。大学毕业后,这位小伙子没有马上投入商海,而是考入芝加哥大学,攻读为期三年的经济学硕士学位。更加出人意料的是,获得硕士学位后,他还是没有从事商业活动,而是考了公务员。在政府部门工作了五年后,他辞职下海经商。又过了两年,他开办了自己的商贸公司。20年后,他的公司资产从最初的20万美元发展到2亿美元。这位小伙子就是美国知名企业家比尔·拉福。

比尔·拉福把他的成功归功于他父亲的指导:他们共同制订了一个重要的生涯规划并选择了合适的职业生涯路线:

工科学习(4年)(工学学士)→经济学学习(3年)(经济学硕士)→政府部门工作(5年)(锻炼处世能力,建立广泛的人际关系)→大公司工作(2年)(熟悉商务环境)→开自己的公司→事业成功。

第一阶段:工科学习。

中学时代,比尔·拉福就立志经商。他的父亲是洛克菲勒集团的一名高级职员,

[①] 作者不详. 比尔·拉福的职业生涯规划［EB/OL］.［2012-12-20］. http://myjob.dlmu.edu.cn/news/13240.html.

他发现儿子有商业天赋，机敏果断，敢于创新，但经历的磨难太少，没有经验，更缺乏必要的知识。于是，父子俩进行了一次长谈，并描绘出职业生涯的蓝图。因此升学时比尔·拉福没有像其他人一样直接去读贸易专业，而是选择了工科中最基础最普通的机械制造专业。

收获：比尔·拉福在麻省理工学院的四年，除了本专业，还广泛接触了其他课程，如化工、建筑、电子等，这些知识在他后来的商业活动中发挥了举足轻重的作用。工科学习不仅是知识技能的培养，而且能帮助他建立一套严谨求实的思维体系、清楚的推理分析能力、脚踏实地的工作态度，这些正是经商所需要的。

第二阶段：经济学学习。

大学毕业后，比尔·拉福没有立即进入商海而是考进芝加哥大学，开始了为期三年的经济学硕士课程。

收获：比尔·拉福掌握了经济学的基本知识，搞清了影响商业活动的众多因素，还认真学习了有关法律和微观经济活动的管理知识。几年下来，他对会计、财务管理也较为精通，在知识上已完全具备了经商的素质。

第三阶段：政府部门工作。

比尔·拉福拿到经济学硕士学位后考取了公务员，在政府部门工作了五年。在环境的压迫下比尔·拉福养成了强烈的自我保护意识，由稚嫩的热血青年成长为一名老成、处变不惊的公务员，并结识了各界人士，建立起一套关系网络，为后来的发展提供了大量的信息和便利条件。

收获：经商必须有很强的人际交往能力，要想在商业上获得成功，必须深知处世规则，善于与人交往，建立诚信合作关系。这种开拓人际关系的能力只有在社会工作中才能得到提高。

第四阶段：通用公司锻炼。

五年的政府工作结束之后，比尔·拉福完全具备了成功商人所需的各种素质，于是辞职下海，去了通用公司。

收获：在国际著名的通用公司进行锻炼，比尔·拉福不仅为实践所学的理论找到了一个强大平台，而且学习到了丰富的管理经验，完成了原始的资本积累。这也是大学生创业应该借鉴的地方，除了激情还应该考虑到更多的现实。

第五阶段：自创公司，大展拳脚。

两年后，他已熟练掌握了商情与商务技巧，便婉言谢绝了通用公司的高薪挽留，开办了拉福商贸公司，开始了梦寐以求的商人生涯，实现多年前的计划。

收获：比尔·拉福的准备工作，几乎考虑到了每个细节。拉福公司的成长速度出奇的快，二十年后，拉福公司的资产从最初的 20 万美元发展为 2 亿美元，而比尔·拉福本人也成为一个奇迹。

【分析与点评】

工科学习：做商贸必须具备一定的专业知识。在商品贸易中，工业品占绝对多数，不了解产品的性能、生产制造情况，就很难保证在贸易中获得收益。工科学习不仅是知识技能的培养，而且能建立一套严谨求实的思维体系。清楚的推理分析能力，脚踏实地的工作态度，正是经商所需要的。

经济学学习：在市场经济下，一切经济活动都通过商业活动来实现，不了解经济规律，不学习经济学知识，就很难在商场立足。

通用公司锻炼：通过各种学习获得足够的知识，但知识要通过实践的锻炼才能转化为技能。

自创公司，大展拳脚：时机成熟后，应果断决策，切忌浪费时间，应抓住契机实现计划。

比尔·拉福的生涯规划目标明确、脉络清晰，步骤合理，符合职业生涯规划的特性和原则。他充分考虑了个人素质和环境特点，着重职业技能的培养，在他坚持不懈的努力下，理想终于变为现实。也许他的这套生涯方案并不完全适合你，但是却带给你一个重要的信息：人生是可以设计的！只要你有信心、恒心加上科学的规划和设计，案例的主角也许就是明天的你。

【经典名言】

> 在职业生涯发展的道路上，重要的不是你现在所处的位置，而是迈出下一步的方向。
>
> 成功的人和不成功的人就差一点点：成功的人可以无数次修改方法，但绝不轻易放弃目标；不成功的人总改目标，就是不改方法。

案例三　她为什么频频跳槽？[①]

吴女士，24 岁，毕业于某重点大学，本科学历，工作年限两年左右，先后跳槽五

[①] 作者不详. 职业规划案例 [EB/OL]. [2010-7-16] http：//wenku. baidu. com/view/60cc25ec0975f46527d3e15f. html？rl=regok.

次之多，行业涉及房地产、化妆品、教育咨询、传媒等，所从事的具体工作也有服务、营销、策划、编辑等。吴女士在大学所学的专业为国际贸易，但她的长项却比较倾向于中文，写作能力和口头表达能力均非常优秀。在校期间，一直担任教授助理，并且独自寻找了一个加盟项目，在家乡担任整个城市的代理商，先期运作比较成功。因为这些经历，吴女士在毕业时对自己的期望较高，不甘心在大公司从底层做起，而是想进入一家规模不大但是有发展前途的公司，可以一开始就受重视，以最快的速度成长，然后再自己创业。以下是吴女士的工作简历：

2001年9月—2002年1月，某知名房地产公司，任物业主任，主要工作职责就是处理投诉之类的事宜。工作非常的清闲稳定，福利待遇也比较让人满意。但是吴女士认为该工作没有挑战性，并且发展空间很小。

2002年1月—2002年6月，某合资化妆品公司，任品牌经理。该公司老板在招聘时对吴女士极为器重，吴女士认为自己进入该公司后可以大施拳脚。开始时，吴女士信心百倍，编写了整套的企业文书、招商方案、对外合同，与客户谈判等。但她渐渐发现，老板的经商风格非常保守、吝啬，谈判往往因为极小的折扣或非常少的利益分配而耽搁下来，甚至不欢而散。并且所有的产品都是在作坊式的小型加工厂里贴牌生产，产品质量得不到保障。本来是想与公司一起成长的吴女士觉得前途渺茫，不顾老板的挽留，毅然辞职。

2002年6月—2002年9月，某台资教育机构，主要销售知名英语教材。该公司有点类似于保险公司，非常注重对员工的培训，甚至用独特的企业文化实现对员工思想的控制。有点理想主义的吴女士正是被该公司表面上热情奋进的氛围所吸引，接受了这份没有底薪只有提成的工作。可以说，吴女士在这间公司工作非常出色，身为新人的她第一周的业绩就高居榜首，深受上司的器重和同事的欢迎。但工作一段时间以后，这里高负荷的运作让她的身体严重透支，难以继续支撑下去，并从上司对其他业绩较差员工的冷酷态度上对公司的企业文化产生了质疑，最终在上司和同事的一片惋惜声中离开了该公司。

2002年9月—2003年3月，某咨询策划公司，任销售公关经理、编辑。在该公司工作期间，吴女士编写了四本营销方面的书籍，策划了一些与报社等其他媒体的合作项目，招聘并培训了多名业务员。以往的工作波折、轻率的跳槽经历造成的"后遗症"在此时慢慢表现出来，吴女士发觉自己变得越来越害怕与客户进行沟通，在公司内部召开业务会议时，她可以很轻松地指导业务员解决工作中遇到的难题，自己却不愿意或者说恐惧与客户交流，有时候她逼着自己去面对客户，事实上也发挥得很好。这种恐惧感，或者说是交流的障碍，让吴女士非常困扰，却又难以克服。她向老板提出不想再从事营销工作，但有重要项目的时候，老板还是要委派吴女士。由于无法调整好自己的心态，吴女士又一次选择了辞职。

2003年3月以后,吴女士在一家杂志社担任记者。和先前的辗转奔波和业绩压力相比,这里的环境轻松了很多,也让吴女士从紧张的心理状态中解放了出来。但这份工作真的能让吴女士找到一种归属感吗?

回想两年左右的从业经历,常让吴女士觉得有很多的困惑和迷茫,比起刚毕业的时候,她甚至更找不到自己的发展方向。从一开始全心希望去做一份有挑战性的工作,对营销有着满腔的热情和向往,到后来对营销的恐惧、抗拒、厌恶,吴女士到现在都解释不了自己的心理变化,也不知道该如何去调整。吴女士的性格具有两面性,在一个活跃的集体里她会非常活跃,在一个安静的集体里她会比别人更沉闷;在上司及同事的器重、鼓励下,她会工作得非常出色;而如果她觉得自己不受重视,她可能会很快地意志消沉,直至选择逃避。她本不喜欢太过安逸的工作,为了挑战自己、提升自己,她换了一份又一份的工作,却感觉自己好像还在原地,目前的状况让她失去了方向,不知道该何去何从。

【分析与点评】

专家分析

南方人才市场测评中心的专家对吴女士进行了"NEW16PF 人格测评",并和她进行了比较深入的交谈。不难发现,吴女士频频跳槽的经历与她本人的性格特点有很大的关系。

吴女士的想象力极强,使她具有很浓的"完美主义"倾向,这让她可能在就业选择时过高估计自己,对工作盲目乐观。而一旦实际的工作情况不如她想象的那么顺利、没有很多展示自己的机会、不能深受上司的器重和同事的欢迎时,她就会很快的失望,并且很难继续适应下去,而是把希望寄托在下一份工作上。同时,吴女士具有较强的敏感性,导致她的情绪易受外界环境因素和他人的影响,可能上司或者同事给她某项意见,只是针对工作而言,却会被她看成是否定她的一种信号,以至产生抑郁、烦恼,想要逃避。

另一方面,吴女士的规范性很差,不喜欢被一些循规蹈矩的行为准则所束缚,这在中国目前的企业环境中难以适应,也是她频繁跳槽的一个重要原因。

从测评结果分析吴女士的基本特质:

综合素质比较强,心理素质良好,性格外向,比较活泼,善于与人交往,有较强的人际活动能力;自信、主动,有自己的想法,并希望去实现,但目标不太清晰,想法较多,因而可能耐心不足;喜好灵活、变化,情绪较易受环境的影响。

建议吴女士可以从事培训讲师、营销策划、记者、人力资源等方面的工作,也可以选择自行创业,避免一些比较细致、琐碎、事务性强的工作,同时进一步明确个人目标和发展机会,以便在各种选择中做出更明智的决策。

针对像吴女士这样的频繁跳槽者来说,专家认为:在职业生涯的前期,变动频繁问题不是很大。但是每次变动都应该给跳槽者带来不同的经验,跳槽者都应该学习到一定的东西,也就是说,回头来看,在那些看似杂乱的变动中,应该有一条清晰的轨迹。在做变动时,不要轻率下决定,要经过全面的考虑。建议为自己设计一个职业规划,从现在开始到30岁。设定每阶段的目标,这样在换工作时应该会少一些盲目。

相关建议

毕业3年以下的人,跳槽特别频繁,上面这位吴女士的例子比较典型,刚刚毕业两年,却已经换了5家单位。为何这些人如此频繁地跳槽?大多是患上了以下一个或几个"病症",难以克服。

好高骛远症:没想到现实的工作总是一些琐碎小事,甚至还要受气,于是感觉乏味、厌恶。

自以为是症:对自己估计过高,对工作总有破坏性的意见,而没有建设性的意见,结果往往是脱离实际。

工作焦虑症:急于在领导和同事面前做出成绩,过分苛求自己,经常处于焦虑之中,导致心情不佳。

交际恐惧症:很清高。不愿意"奉承"领导,不愿意"讨好"同事,不愿意"取悦"客户,不能结交新朋友,只守住一份怀念,寂寞孤独。

高压恐惧症:在学校时"舒服"惯了,工作后对于每天打卡上班、加班加点的工作极不适应,加上其他的压力,于是感觉度日如年。

繁华失落症:看到城市繁华的景色,感受着富人丰富的物质,甚至看到某些同事的潇洒生活,再想到自己眼下菲薄的薪水、脏乱的小屋和粗糙的生活,于是产生失落感。

人才的合理流动可以极大地激发人的创造力,促进人的解放,同时也可以使社会资源得到更合理的配置。但是,面对这样一群稚气未脱的"老跳",必须对他们的就业观进行一定的修正,否则会误导更多的年轻人。

【案例思考】

1. 职业生涯规划应规划什么?
2. 如何进行职业生涯规划?

三、实训活动

（一）实训目标

1. 通过"职业锚"自我测试，为学生职业生涯规划与选择提供参考，鼓励学生充分发掘自身潜能，增强发展的目的性与计划性。

2. 通过撰写职业生涯规划书，使学生掌握职业生涯规划的基本方法和技巧。

（二）实训活动

实训活动一　职业锚测评

下面给出了四十个问题，根据你的实际情况，从1~6中选择一个数字，数字越大，表示这种描述越符合你的情况。例如，"我梦想成为公司的总裁"，你可做出如下选择：

选1代表这种描述完全不符合你的想法；

选2或选3代表你偶尔（或者有时）这么想；

选4或选5代表你经常（或者频繁）这么想；

选6代表这种描述完全符合你的日常想法。

职业锚测评题目

01. 我希望做我擅长的工作，这样我的内行建议可以不断被采纳。

02. 当我整合并管理其他人的工作时，我非常有成就感。

03. 我希望我的工作能让我用自己的方式，按自己的计划去开展。

04. 对我而言，安定与稳定比自由和自主更重要。

05. 我一直在寻找可以让我创立自己事业（公司）的创意（点子）。

06. 我认为只有对社会做出真正贡献的职业才算是成功的职业。

07. 在工作中，我希望去解决那些有挑战性的问题，并且胜出。

08. 我宁愿离开公司，也不愿从事需要个人和家庭做出一定牺牲的工作。

09. 将我的技术和专业水平发展到一个更具有竞争力的层次是成功职业的必要条件。

10. 我希望能够管理一个大公司（组织），我的决策将会影响许多人。

11. 如果职业允许自由地决定自己的工作内容、计划、过程时，我会非常满意。

12. 如果工作的结果使我丧失了自己在组织中的安全稳定感，我宁愿离开这个工作岗位。

13. 对我而言，创办自己的公司比在其他的公司中争取一个高的管理位置更有意义。

14. 我的职业满足来自于我可以用自己的才能去为他人提供服务。

15. 我认为职业的成就感来自于克服自己面临的非常有挑战性的困难。

16. 我希望我的职业能够兼顾个人、家庭和工作的需要。

17. 对我而言，在我喜欢的专业领域内做资深专家比做总经理更具有吸引力。

18. 只有在我成为公司的总经理后，我才认为我的职业人生是成功的。

19. 成功的职业应该允许我有完全的自主与自由。

20. 我愿意在能给我安全感、稳定感的公司中工作。

21. 当通过自己的努力或想法完成工作时，我的工作成就感最强。

22. 对我而言，利用自己的才能使这个世界变得更适合生活或居住，比争取一个高的管理职位更重要。

23. 当我解决了看上去不可能解决的问题，或者在必输无疑的竞赛中胜出，我会非常有成就感。

24. 我认为只有很好地平衡了个人、家庭、职业三者的关系，生活才能算是成功的。

25. 我宁愿离开公司，也不愿频繁接受那些不属于我专业领域的工作。

26. 对我而言，做一个全面管理者比在我喜欢的专业领域内做资深专家更有吸引力。

27. 对我而言，用我自己的方式不受约束地完成工作，比安全、稳定更加重要。

28. 只有当我的收入和工作有保障时，我才会对工作感到满意。

29. 在我职业生涯中，如果我能成功地创造或实现完全属于自己的产品或点子，我会感到非常成功。

30. 我希望从事对人类和社会真正有贡献的工作。

31. 我希望工作中有很多机会，可以不断挑战我解决问题的能力（或竞争力）。

32. 能很好地平衡个人生活与工作，比达到一个管理职位更重要。

33. 如果在工作中能经常用到我特别的技巧和才能，我会感到特别满意。

34. 我宁愿离开公司，也不愿意接受让我离开全面管理的工作。

35. 我宁愿离开公司，不愿意接受约束我自由和自主控制权的工作。

36. 我希望有一份让我有安全感和稳定感的工作。

37. 我梦想着创造属于自己的事业。

38. 如果工作限制了我为他人提供帮助和服务，我宁愿离开公司。

39. 去解决那些几乎无法解决的难题，比获得一个高的管理职位更有意义。

40. 我一直在寻找一份能够最大程度的减少个人和家庭之间冲突的工作。

计分方法

在40题中挑出三个你得分最高的项目（如果得分相同，你挑出最感兴趣的项目），在每个项目得分的后面，再加4分（例如，第40题，得了6分，则该题应当加4分，变为10分）。将每一题的分数填入下面的空白表格（计分表）中，然后按照"列"进行分数累加得到一个部分，将每列总分除以5得到每列的平均分，填入表格。记住：在计算平均分和总分前，不要忘记将最符合你日常想法的三项，额外加上4分。

表 2-1　　　　　　　　　　职业锚测评计分表

类型	TF	GM	AU	SE	EC	SV	CH	LS
加分项	1	2	3	4	5	6	7	8
	9	10	11	12	13	14	15	16
	17	18	19	20	21	22	23	24
	25	26	27	28	29	30	31	32
	33	34	35	36	37	38	39	40
总分								
平均分								

职业锚可分为八大类：

技术职能型（TF）：对工作有专长和强烈兴趣，注重工作的专业化，对总经理工作缺乏热情，典型工作为技术主管和职能部门经理。

管理能力型（GM）：精力充沛，喜欢挑战有压力的工作，适合公司高管。

自主独立型（AU）：喜欢能发挥所长、自主性高的工作，适合教师、咨询顾问、研发人员。

安全稳定型（SE）：喜欢稳定、可测的工作，适合银行职员、公务员。

创造型（EC）：喜欢不断有新的挑战目标，渴望变化，适合创新型的工作，如企业家等。

服务型（SV）：喜欢从事有明显社会意义的工作，得到他人的承认或认可，适合医护、社工。

挑战型（CH）：喜欢有难度的工作，能不断挑战自我，适合特种兵、专家等。

生活型（LS）：强调工作和家庭的和谐，适合时间灵活的工作人士。

实训活动二　撰写职业生涯规划书

1. 大学生职业生涯规划书的基本内容

大学生职业生涯规划书的基本内容主要包括：①自我认识；②环境分析；③职业目标与路径设计；④具体行动计划；⑤评估与调整；⑥结束语。

2. 职业生涯规划书设计制作的基本要求

（1）资料翔实，步骤齐全

收集资料有多种途径，可以通过人物访谈、从报刊图书中摘抄、上网下载等方式获取资料，要尽可能注明资料的出处，并多运用图表数据来说明问题，以提高资料来源的可信度和说服力。步骤主要分为四步：第一步分析需求，分析条件及目标设定；第二步分析阻碍和可行性研究；第三步设计方案和提升（改变）计划；第四步制订详细的实施计划和措施。

（2）论证有据，分析到位

要了解有关的测评理论及知识，认真审视并思考自己的测评报告并对照自我认识与测评结果的异同，分析与测评结果形成差距的原因，从而确定自我评估结果，达到"知己"；要理清自己所处的地理环境（包括居住的地方、喜欢的地方、亲朋的意见等），明确自己最大的兴趣是什么、最喜欢与之共事的人的类型、最重视的价值与目标、最喜欢的工作条件是什么，再通过目前环境评估（社会影响、家庭影响、学校因素、就业形势等）和当前社会环境分析（组织环境分析、技术的发展、经济的兴衰、政策法规的影响等）来确定自己的职业方向，做到有理有据，层层深入。

（3）言简意赅、结构紧凑，重点突出、逻辑严密

语言朴实简洁，用词精练准确，行文流畅，条理清楚，这是最基本的写作要求。撰写时还应密切注意整篇文章的结构和重心所在。职业生涯规划书一般包含对职业规划的认识、对自我的剖析、对所学专业的认识、对职业方向的探索、确定目标及制订计划五个方面的内容。在对这些内容进行分析阐述时，必须紧紧围绕职业目标这条主线来展开，从而体现文章论述的逻辑性和连贯性。要将重点放在自我评估、环境评估、目标实施上。职业生涯规划是对自己将来的规划，这个规划只有建立在对自我和职业的充分认识的基础上才能体现出它的科学性和可行性。

（4）目标明确，合理适中

撰写职业生涯规划书应围绕论述的中心展开，职业生涯目标不能过于理想化，应"择己所爱"、"择己所长"、"择世所需"、"择己所利"。职业生涯规划书撰写是否成功，在很大程度上取决于有无正确适当、切实可行的目标。

(5) 分解合理，组合科学，措施具体

目标分解、实现路径选择要有理论依据，而且备用路径之间要有内在联系性。目标组合要注意时间上的并进、连续，功能上的因果、互补作用，全方位的组合要涵盖职业生涯、家庭生活、个人事务等方面。

(6) 格式清晰，图文并茂。

3. 职业生涯规划书基本格式

第一部分 认识自我

结合相关的职业生涯规划测评报告对自己进行全方位、多角度的分析。

(1) 个人基本情况

(2) 职业兴趣——喜欢干什么？在我的职业生涯规划测评报告中，职业兴趣最强的两类兴趣是什么，最弱的兴趣是什么？我的职业兴趣的特点、职业兴趣喜欢和对应的工作，应避免的一些工作。

(3) 性格特征——适合干什么？我的职业生涯规划测评报告显示……我的性格特征情况是……（从四个维度进行分析）

(4) 职业价值观——最看重什么？我的职业生涯规划测评报告结果显示前三项是××取向，××取向。我的具体情况是……

(5) 职业能力（技能）——能够干什么？我的职业生涯规划测评报告结果显示我的学习风格是××类型，我最擅长的技能是：××，我最薄弱的技能是：××。

自我分析小结：我的职业兴趣、性格特征、职业价值观、学习风格和技能的优劣势，所对应的岗位特质，适宜和不适宜的工作等。

第二部分 环境分析

(1) 外部环境分析

参考职业生涯规划测评报告建议，对影响职业选择的相关外部环境和目标职业进行系统的分析。

①家庭环境：如经济状况、家人期望、家族文化以及对本人的影响等。

②学校环境：如学校特色、专业学习、实践经验等（简要综合分析）。

③社会环境：如就业形势、就业政策、竞争对手等（简要综合分析）。

(2) 目标职业分析

①行业分析：如××行业现状及发展趋势，人岗匹配分析。

②目标职业分析：如目标职业的工作内容、工作要求、类型、地域、发展前景、人岗匹配分析等，目标职业一般分几个选项来分析。

环境分析小结。

第三部分 职业目标与路径设计

（1）职业目标的确定

根据自我分析和环境分析，得出我的职业生涯目标的三个选项：生涯目标（一），生涯目标（二），生涯目标（三），为选择最佳的职业生涯目标，制作决策平衡单。

结论：根据决策平衡单，职业生涯目标××得分最高，我的职业目标是——将来从事××行业的××职业。

表 2-2　　　　　　　　　　平衡单分析法（举例）

（一）考虑因素

考虑方向	考公务员	国内读研究生	国外读 MBA
优点	满意的工作收入 铁饭碗 工作稳定轻松，工作压力较小 一劳永逸	和国内产业发展不会脱节 能建立人际关系网 较高文凭 日后工作升迁较容易	圆一个国外留学的梦 增广见闻、丰富人生 英文能力提高 日后工作升迁较容易 激发潜力 旅游
缺点	铁饭碗会生锈，容易产生厌倦 不容易专业化，而且无法想象自己会做一辈子	课业压力大 没有收入	课业压力大 语言、文化较不适应
其他	爸妈支持	男朋友的期望（男朋友也是研究生并已工作）	工作两年有积蓄，但不是很足够

（二）决策平衡单

表 2-3

考虑项目 （加权范围1~5倍）	第一方案 （考公务员）		第二方案 （国内读研）		第三方案 （出国留学）	
	得（+）	失（-）	得（+）	失（-）	得（+）	失（-）
1. 适合自己的能力		4	5		6	
2. 适合自己的兴趣		3	4		8	
3. 符合自己的价值观	5		3		7	
4. 满足自己的自尊心		2	3		7	
5. 较高的社会地位		5	3		6	
6. 带给家人声望	2		1		2	
7. 符合自己理想的生活形态	3		5			3

表2-3(续)

考虑项目 (加权范围1~5倍)	第一方案 (考公务员) 得(+)	第一方案 (考公务员) 失(-)	第二方案 (国内读研) 得(+)	第二方案 (国内读研) 失(-)	第三方案 (出国留学) 得(+)	第三方案 (出国留学) 失(-)
8. 优厚的经济报酬	7			1		8
9. 足够的社会资源	2		8			1
10. 适合个人目前处境	5		2		1	
11. 有利择偶以建立家庭	7		5			5
12. 未来有发展性		5	5		8	
合计	31	19	44	1	45	17
得失差数	12		43		28	

说明：①每个项目的得分或失分，可以根据该方案具有的优势（得分）、缺点（失分）来回答，计分范围1~10分。

②每个项目的重要性因人、因时、因地不同。对于此刻的你，可以根据考虑项目的重要性与迫切性，给他们乘上权数（加权范围1~5倍）。

最后，合计每个方案的优点总分和缺点总分，正负相加，算出客观的得失差数。

（2）职业目标的分解与组合

把职业目标分成三个规划期，即：近期规划、中期规划和远期规划，并对各个规划期及其要实现的目标进行分解。

①短期目标（大学阶段）：20××年—20××年，达到××总目标。

②中期目标：20××年—20××年（毕业后五年），达到××总目标。

③长期目标：20××年—20××年计划（毕业后十年或以上计划），达到××总目标（如退休时要达到……）。

（3）职业发展的策略路径

职业发展策略：进入××类型的组织（到××地区发展）。

职业发展路径：走专家路线（管理路线或自主创业等）。

具体路径：××员——初级××——中级××——高级××（专业技术类）。

第四部分 具体行动计划

（1）短期目标的具体实施计划

要求分大一、大二、大三、大四四个学年来写，含每学年的分目标、策略或措施。如大一应在专业学习、职业技能培养、职业素质提升、职业实践方面怎么样，大二应该怎么样，大三、大四应怎么样等。一般大一以适应大学生活为主，大二以专业学习和掌握职业技能为主，等等。

（2）中期目标的具体实施计划

毕业后第一年要……第二年要……或在××方面要达到……目标等。

包含职场适应、三脉积累（知脉、人脉、金脉）、岗位转换及升迁等内容。

（3）长期目标的具体实施计划

如毕业十年要达到……毕业二十年要达到……

包含事业发展，工作、生活关系，健康，心灵成长，子女教育，慈善等内容。

第五部分 评估调整

职业生涯规划是一个动态的过程，必须根据实施结果的情况以及变化情况进行及时的评估与修正。

（1）评估的内容

①职业目标评估。是否需要重新选择职业？假如一直……那么我将……

②职业路径评估。是否需要调整发展方向？当出现……的时候，我就……

③实施策略评估。是否需要改变行动策略？如果……我就……

④其他因素评估。身体、家庭、经济状况以及机遇、意外情况的及时评估。

（2）评估的时间

在一般情况下，我定期（半年或一年）评估规划；

当出现特殊情况时，我会随时评估并进行相应的调整。

（3）规划调整的原则

第六部分　结束语

四、 深度思考

规划好你的职业生涯①

早在大学四年级，小杨就到一家软件公司实习了，实习薪水2 000多元。临近毕业时，一家生产型公司的老总给他打了个电话，想请他帮忙建设企业网络，他们正在投资六千万建设厂房和办公大楼，小杨欣然应允。

随后，小杨就帮忙负责设计网络、招标、采购设备。该生产型公司的老总非常器重小杨，小杨也觉得非常充实、愉快。随后，小杨就没去原来的软件公司实习，而是

---

① 作者不详. 职业规划案例［EB/OL］.［2010-7-16］http：//wenku. baidu. com/view/60cc25ec0975f46527d3e15f. html? rl＝regok.

留在了生产型公司实习。尽管实习费不高,但工作比较充实,是负责弱电工程(网络、电话、监控、有线电视)的具体实施。

当时,小杨就立志将来做一个首席信息官(CIO),要为这家公司的信息化建设做出点成绩。后来,小杨满腔热情地报名参加了"助理企业信息管理师"考试,并拿到了证书。毕业后,很自然地就留在了这家公司。

经过两年的锻炼,小杨渐渐成了IT部门的骨干,相当于IT部门的主管。尽管部门的人不多,但工作比较充实。小杨的日常工作主要负责维护弱电系统、网络维护、电脑维修、软件安装以及有关信息化项目的鉴定验收资料(是一个市级项目,主要是来验收公司的智能设备)。偶尔,还给老总做个演讲文件等。但是,至今没有实施过任何信息系统。

公司的一个副总曾对小杨说,他很看重小杨。

又过了两年,小杨慢慢就觉得心里有些不平衡了:现在公司的信息化一直没有新进展,缺乏锻炼机会。另外,作为传统企业的IT部门,虽然干了不少事,可薪水不高,远没有一些软件公司的工资高。

小杨很困惑,目前,IT部门的职能就是维护系统和网络,仅仅是"修理工"的角色。想提高技术吧,缺少实践机会;想深入行业中,涉足管理,使IT部门日后成为信息化实施的主导吧,又觉得没有那个能力,特别是,信息化战略规划一般是由专业咨询公司才能做的工作,IT部门怎么能做得好呢?

当前,小杨遇到了一个跳槽的机会,有一家软件公司要"挖"他,想让他做一些具体的软件开发工作,薪水比现在要高。

小杨很困惑,到底是去,还是留?如果留下,是不是一辈子就干"修理工"的活儿呢?如果跳槽,又背离了自己朝"企业信息化"发展的初衷。

一般,IT部门在企业中的地位,往往决定了该部门人员的职业发展走向。一些信息化做得好的企业,IT部门的地位相对较高,IT人员的发展前景比较好。相反,信息化起步比较晚的企业,IT人员的职业前景相对黯淡。

IT人员该如何规划自己的职业发展方向呢?面对当前的困惑以及外界的诱惑,小杨是去,还是留?

点评:

跳出目标看方向

在合适的时机为自己规划未来发展的方向,能够让自己既能安心在目前所在岗位上积累学习,又能促使个人的职业发展曲线保持上升的发展趋势。

从职业发展周期来看,毕业四年的小杨,此时正处在一个自我反省与客观环境评价进行对比的"矛盾动荡期"。一方面，经过几年的积累和学习后，自己是否获得了一定的能力和经验；另一方面，企业所提供的机会和资源是否能够满足自己发展的需要？在对两方面比较与评价之后来思考个人未来的职业发展方向。

小杨从大学毕业就有了自己明确的目标——成为企业的首席信息官，并且为这个目标不断的努力。这和那些只求在公司中有"一口饭吃"，谋得"一官半职"就满足的人相比，他有着更清楚的奋斗目标，因此，他才会陷入到"痛苦的抉择"中。

但是，由于小杨狭隘地理解了"目标"和职业发展之间的差别，小杨才会陷入到过于具体且狭窄的目标中，反而缺乏客观地评价自己与外部环境的能力。

这一点，很大程度上与不清楚职业发展规划的含义和发展规律有关，只是粗浅地将"目标=方向"，才导致"抉择"的问题。

从三个方面做职业规划

"职业发展规划"在规划什么（what）？在何种时机下进行规划（when）？应该如何来进行规划（how）？这是所有与小杨有着类似困惑的人们所首先要回答的问题。

对自己进行"职业发展规划"，应该规划什么？

首先，规划的对象是自己，就是要让自己获得最大的发展。但是由于人们往往受到当前条件和价值观的影响，所谓的"最大发展"是会呈现出阶段性的差异。

这就说明，人不可能对自己的规划在一夜之间一蹴而就，这里的规划其实包含了"长期计划与阶段反省"的含义在里面。

第二，要清楚"两种目标"。即规划自己的外在职业生涯目标和内在职业生涯目标。所谓外在职业生涯目标，指未来期望的职务目标、工作内容、工作环境、经济收入、工作地点等。所谓内在职业生涯目标，指要求未来具备的观念、能力、成果、心理素质、知识体系等。

而外在目标是内在目标的表现形式，内在目标才是职业发展规划的核心内容。如果仅仅注重外在职业生涯目标的设计，那么在为之努力的过程中，往往容易迷失方向，出现急于求成、急功近利的行为。

第三，要进行"两类规划"，即人生规划和目标规划。所谓人生规划，就是要大概为自己的生命设计一个"活法"，扮演什么社会角色，这个规划的意义不在于去做什么，而是要成为什么样的人，在哪个年龄阶段去做哪些事情。

所谓目标规划，指要在自己职业生涯中设计阶段的目标，一般以3~5年为一个周期，要把这个时间内要实现的状态，以具体的行为方式表达出来。

人生规划是我们所有行为的最终要义，不管我们在做什么从事什么职业，最终要体现在自己在社会中扮演什么角色、体现出什么样的价值。而目标的规划，则让我们从"遥远"的规划中看到希望，知道自己怎么样一步步达到最后的目标。

选择合适的规划时机

接下来，在什么时候进行规划？"想什么时候规划就什么时候规划"的想法是错误的。

因为我们对自己进行职业规划是需要一定的条件和基础的。太早，我们不清楚自己真正的价值、兴趣和优势所在；太晚，则可能错过了最佳的积累时期。

由于每个人所处的发展阶段、环境、个人条件不同，不可能存在统一的最佳规划时间，但是每个人可以根据一定的原则来选择现在是否是规划自己职业发展的最佳时机。

第一，是否缺乏"合度"？即你与这家企业、与你所在的岗位是否"合得来"？如果企业的发展战略重点已经将你的自身优势排除在外，你就需要考虑未来的发展；如果你对目前的岗位不适应、不喜欢，你也需要重新规划自己的未来了。

第二，是否缺乏"深度"？即便你与企业、所在岗位有较高的"合度"，但是你发现你所在岗位的技能对于你来说已经没有可以学习的技能了，也就是你只在输出而没有输入了，你就需要考虑自己未来的问题了。

第三，是否缺乏"广度"？根据你对公司文化和价值的判断，自己是否有希望从事与自己所在岗位相关性的工作？或者对于自己来讲，是否有兴趣从事这些相关的工作？当你在一家公司的发展区间受到了限制的时候，你要小心自己在公司的发展可能具有威胁。

总之，在合适的时机为自己规划未来发展的方向，能够让自己既能安心在目前所在岗位上积累学习，最大限度地创造价值并实现自己的价值，避免盲目跳槽，同时又能促使个人的职业发展曲线保持上升的发展趋势。

四步规划职业发展

如何进行职业发展的规划？美国学者罗宾斯（S. Robins）博士将职业生涯分为五阶段——探索期、建立期、职业中期、职业后期、衰退期。在每个发展阶段，职业发展规划的侧重和要点有所差异。

结合小杨的情况，我们重点介绍人们在建立期进行职业发展规划的方法。该阶段的特点是，已经完成了从学生时代到企业员工的过渡，开始从学习阶段进入到进步提升阶段，为下一个全面掌握阶段打基础。对其进行规划的方法分为三步走：

第一，选择方向。在综合了个人经历、志向、兴趣等内容的基础上提炼出个人所需要努力的方向。例如小杨要在3~5年的时间内，从事与IT有关业务的管理性质的工作，能够独立运作项目。

第二，条件分析。自身尚不具备哪些能力？目前最大的优势和资源有哪些？现在尚缺哪些条件？例如对于小杨来讲，要成为一位具有高级管理能力的首席信息官，目前尚不具备任何优势资源。因此他必须通过技术锻炼和管理经历的积累获得这种资源。

在目前有了基本管理经验的基础之上（优势），尚缺乏较强的管理素质和战略眼光，在沟通能力和专业技术方面欠缺（劣势），现在要正确判断 B 公司是否真的没有提供个人发展的机会（是否尚缺条件）？这家公司能否为自己提供弥补不足的机会（是否是机会）？

第三，目标分解。将职业发展方向细化到每一年的工作目标中，具体可以从内在和外在的发展目标进行计划，例如一年内完成哪类项目、做到什么职位、年薪计划（外在目标），如何培养自己的沟通能力、掌握哪些技能、锻炼哪些素质（内在目标）等。

第四，实施计划。在实施的过程中以及阶段目标实施结束后，要进行第五步的阶段总结。

当然，职业生涯的发展并不像一根被压紧的弹簧，只需要自然扩展就可以了。它的目的不是束缚人们，而是有意识地指导人们的行为。

因此，人对自己的认识和对目标的认识，也是可以左右摇摆的。而且可以在各种经历的尝试中，发现自己真正的兴趣所在。这样，人们的职业生涯就可以进入到一个新的阶段。

30 岁以后，转行成本有多高[①]

今年 35 岁的刘煜维在中国人民大学新闻系毕业后，赶上了媒体的黄金就业热潮，可是在 5 年后他发现自己升迁机会为零，还面临职场的严酷竞争，于是改行在广告公司担任文案、公关公司担任公关，甚至还自己开公司卖过减肥茶，平均每年换一个工作，但是他发现自己的职业生涯始终无法向上攀升。32 岁那年，他利用业余时间重返校园，学习心理咨询，希望能培养一个可供发挥的第二专长，但是面对心理咨询目前看似有趋势实则迷雾茫茫的前景，心里难免忧虑。今年他就要满 36 岁了，相较于职场上已经有些成就的大学同学，他心里自问，这条转行的路真的对了吗？如果不是，已奔不惑之年的自己岂不是一事无成？看着与自己同龄却入心理咨询行当多年俨然是前辈的"老师"，心里不免有一丝隐忧：这么大了，如果发现这又不是我要的，该怎么办？

[①] 作者不详. 职业规划案例 [EB/OL]. [2010-7-16] http://wenku.baidu.com/view/60cc25ec0975f46527d3e15f.html?rl=regok.

而立之年转行的理由

这是一个自我追寻的时代，转行的理由也与上个时代迥然不同。工作不仅是赚钱温饱的工具，更隐含了自我实现的意义。据无忧工作网（51iob.com）去年的一份工作满意度调查显示，有60%以上的白领一族不满意目前的工作，其中有一半以上渴望转业，主要原因是"人际关系复杂"或是"没有发展前途"，最大的困难是"不知道转行做什么"与"应该怎样转可以减少成本"。

出现这样的现象其实一点也不意外。就业难、持续读研、读博使得大学生进入职场的年龄后延，加上高学历的竞争需求，很多人26岁左右才真正进入社会。加上几年的职场摸索期，平均两到三年、转换两到三个工作之后，才能逐渐掌握人生的方向。因此以前说30而立，以现在的标准来看，30岁，才是职业生涯刚要起步的时候，30之前都是在摸索与尝试而已。但现实是，30多岁的人，个个都张大眼睛观望：哪一个行业薪水高？哪一种职务升迁快？30而立，"应该"有点地位和成绩了。同学聚会的时候，那个过去成绩不如自己的同学，已经出国培训数次、又要面临升迁了，而自己还没有摸索出人生方向，心情就格外沉重。

"从零开始"是最难迈开的一步

美国哈佛大学的一项研究表明，转业的幅度愈大，转换的学习期会拉得愈长，时间成本愈高，所需要的心理准备与经济准备也要越充足。大幅度转业的人，因为要进入过去不熟悉的领域，通常要经历一段重新学习和过渡适应期，一旦决定失误，可能会丧失原有的职位、收入、甚至往常的家庭地位。这是每一个决心要转行的人必须面临的"职场黑暗期"。以前在朗讯从事技术工作的韩利在他36岁时被裁员，于是他决定重新出发——转行！他属于被迫转行，后来进入一家网络公司从事融资方面的工作，转行之前，他有半年时间待业在家，也找不到合适的工作和职位，在网络公司给他发出录取通知书（offer）之前，是他人生中最低谷的日子。"如果转行没有成功，我可能就无颜面对家人了！"他说。

而30岁左右的人，学历越高，进入职场越久，拥有了一些不大不小的成就，就越容易被社会期待与旁人眼光的羁绊而裹足不前，处在转业的青黄地带，前途茫茫、恐惧的内心感受不是外人能够体会的。"当原本比你差很多的同学、朋友一个接一个都有了成就，我却还不知道自己的出路在哪？"韩利一语道出大多数人转行过程中最大的恐惧——害怕被人嘲笑、焦虑一事无成。

重新开始的确需要勇气，而30岁比其他年龄的人幸运的，就是重新开始并不算晚，转业成功的韩利就很乐观地认为，30岁是把握勇气的最后时机。"想想看，等我有了孩子后，生活的负担和转换的风险与投资都相对升高，到时候就算想换行，也会因为经济与现实条件而放弃。"

下一份工作藏在现有职业里

那么，到底如何避免"从零开始"这一步，把上述转行的成本与风险降到最低？

答案是：提早开始工作。其实说穿了，就是你自己的所有兴趣都与过去的经历有关。了解自己很重要，上大学时就该多通过打工、实习的机会，及早发现自己的兴趣，作为选择工作的依据，这可以减少将来因为发现兴趣，再做转换所产生的损失与风险。

而对于已经毕业数年，仍然在寻找自己方向的职场人士，专家的建议是可以"从现有的工作派生新的技能"。中国台湾104人力银行专家丘文仁以自己职场数度转业的经验为例：一开始的时候，她在麦肯广告担任执行创意总监的秘书，发现这不是自己长久想从事的工作，却还不知道下一步在哪里，但是她发现行销很有趣，因此把重点放在跨部门的学习。两年的时间内，她凭借秘书的翻译需要，大量向行销部门请教，观察、参与公司大小事务，无形中累积了很多行销技能，也种下了日后在镇金店担任行销专员的种子。广告公司的全方位经验，也成为她在104担任行销总监的基础。"一般人都有一个错误的观念，以为兴趣都是从天上掉下来的，其实下一份工作，可能就藏在现在的工作里。"这种平滑的重心移转过程，也减低了大换轨所带来的巨幅损失。读过前通用电气公司（GE）总裁杰克·韦尔奇的畅销书《赢》的人可能还都记得他对"骑驴找马"者的建议：我们几乎不可能知道哪份工作会把你带到哪里。所以，如果你要找到合适的工作，你就必须先接受第一份工作，了解你喜欢和不喜欢的地方、拿手及不拿手的部分，然后骑驴找马，直到寻找到合意的工作为止。

很多成功人士看来都在有意无意之中运用了韦尔奇的格言，回顾他们30岁的转职经验，多是运用既有专业的优势，发展更多横向的可能性，作为跨领域的延伸。比如当红的节目主持人王小丫，七年前是个不起眼的农业节目的主持人，在她人生而立的时候，把握了妙语如珠的演讲与主持专长，凭借《开心词典》节目一跃成为家喻户晓的娱乐节目主持人，进而跃升经济栏目主持人；同样以本业专长涉足荧屏的，还有名主持人敬一丹，她原本在学校任教，在教师的舞台一直没有突出的表现，却在而立之年，把握专长优势，另创人生的高峰。

通过参与社会活动发现自己

也许，看了以上的文字，你依然在"换与不换"之间徘徊，那么多兼一份或几份工作是一个折中的选择。毕竟，通过转换工作来达到挖掘兴趣、改变职场方向的目的，风险未免太高。多兼职可以做到进可攻退可守，因为谁也不知道哪一天转行的时机成熟，哪一份工作会成为你的努力方向。当然，如果你已经心有所属，大胆行动便是解决之道。

另外，上课进修，参与社会活动，也是而立之龄的人自我发现的渠道。38 岁的叶霞目前在在一家婴儿保健品公司做销售经理，在客户和员工面前侃侃而谈的她，原本正业是一家国营电厂的职工，当初只是利用闲暇时间推销产品以挣点零用钱，没想到却越推销越有感觉，公司希望她能够专职来搞销售，并为新来的员工做培训。后来，电厂停业，她下岗了，就干脆把重心完全转移到推销婴儿保健品上，目前叶霞一个月有 5 000 元以上的收入，超过原本工资数倍。"信心和热情是会被激发的，我从来没有想过会以销售为业，很多事你不试就不会知道原来你是有兴趣的，这些兴趣关键时刻也可以成为你的职业选择。"

第三章 创业准备

【学习目标】

通过本章知识点的学习，使学生了解自身的创业条件，明确创业意识与创业精神的内容，掌握创业必备的基本知识；通过教学案例及实训活动，培养学生的团队精神和创新意识；通过测评学生性格、兴趣和能力，明确创业方向，加快创业角色融入；培养学生把握市场机会的能力，掌握沟通与合作技巧等；通过深度思考使学生充分做好创业前的准备。

一、本章知识点

（一）创业思维

1. 创业思维的概念

创业思维的品质：独立性、变通性、思维的精密性、思维的创造性。

2. 创业思维的特点

（1）善于发现和寻求创新机会的来源；

（2）独立进取的创新思维；

（3）走出去寻找有价值的创新。

3. 创业创新思维的障碍

（1）经验定势：直线思维导致的思维障碍。养成了直线型思维习惯，就不善于从侧面、反面或迂回地去思考问题，难免会陷入思维的误区。

（2）从众定势：求同心理导致的思维障碍。

（3）权威定势：缺乏自信导致的思维障碍。

（4）规则定势：教条主义导致的思维障碍。

（5）思维定势：简单思维形成的思维障碍。在环境不变的条件下，定势使人能够应用已掌握的方法迅速解决问题。而在情境发生变化时，它则会妨碍人采用新的方法。

消极的思维定势是束缚创造性思维的枷锁。

（6）书本定势：铅字拜物教导致的思维障碍。

（7）自我定势：因过度自信或自卑导致的障碍。

（8）非理性定势：因丧失理智导致的心理障碍。

4. 创业高效思维的基本方法

（1）逐步接近法：经过简单的步骤来解答难题；把问题划分为几个部分，从而使问题的解决变得容易。耐心地一次研究一个问题或一个侧面，通过其中的逻辑联系找到你需要的答案；从问题中归纳出简明的"如果—那么"的关系，从而得到结论。

（2）图表解析法：画出简图、表格、图解以及其他形象化的图形，来启发、帮助你思考。

（3）重新表述法：以你自己的语言、表达方式将问题或中间结论加以重新表述、等值变化（推论），使你对问题理解得更清楚，使结论的获得更容易。

（4）分割限定法：通过某些简化的推论或直接抛开无关因素、不可能的因素以及方向，来缩小问题的范围，就像放一个篱笆在问题的周围，使它同无关因素隔开，使其范围得到限定，问题的解答自然变得更加清晰、容易。

（5）充分列举法：简明地但不能有遗漏地列举出所有你在寻找答案时应当加以考虑的各种方案、各种可能性、各种情况、各种安排、各种组合等。

（6）系列连环法：把各种可选择的方案以及可能派生出来的方案按一定的逻辑关系整理出来，或按时间的序列，或按空间的序列，或按其他的某种关系，画出树形的图解或其他形式，使其系统、全面、连环起来，以便于去追踪、考察、说明所有已知的、看起来有可能的办法和答案。

（7）异常跳跃法：遇到异常的情况，或走不通的路，或路太"漫长"，应及时停下来，重新考虑你的整个思路；跳跃到完全不同的思路、完全不同的观点或方法上去重新开始思考；扩大视野；把那些不寻常的、奇特的思路也包括进去。有时要借助于创造性的思维、形象思维的跳跃来达到目的。

（二）创业方向选择

1. 把握创业商机、确定创业方向

（1）从生产专长出发（懂行）：我会做什么，我就创办什么企业。

（2）从顾客需要出发（满足市场需求）：市场需要什么，我就创办什么企业。

（3）既从生产专长出发又从顾客需要出发：市场需要的，同时是我也会做的，我就创办什么企业。

2. 确定创业方向的原则

（1）选择自己所熟悉的行业；

（2）选择自身有竞争优势的项目；

（3）选择自己非常熟悉的产品或服务；

（4）眼光超前，选择有发展潜力的、能够不断创新的事业；

（5）量力而行。

3. 选择创业方向的方法

（1）传统行业与新经济的结合：这需要从企业的行业边界定位来说明。对于创业者来讲，选择行业和定位非常重要，它决定了企业的非正常回报。企业很容易界定自己所属的行业，而这种界定往往从产品或服务本身界定。仔细观察市场，我们会发现，现代行业的边界越来越模糊，新鲜的商业模式总是跨行业的。

（2）将行业分解或融合：传统的波特五力[①]总是被变成相互博弈的关系。这就意味着，一个力的提升就是另一个力的损失，比如供应商议价能力的提升就是行业营利性的损失，替代品的威胁就是行业营利性的损失。从企业层面来看，没有一个企业能够独立改变行业结构，能够提高行业的营利性。因此，创新应该从竞争与合作来考虑，跳出传统的竞争与博弈关系。在竞争定位领域，传统理论强调取舍，非此即彼。从创新角度来看，如何打破低成本和差异化的取舍，找到两者之间的融合，意义重大。其实，很多行业都处于合久必分、分久必合的状态。当产品服务功能性受到限制时，行业的整合空间就比较大。反之，当行业完成整合之后，又会出现分离趋势。

（3）把非主流变成主流：对目标客户的思考也极其重要。而针对目标客户的服务都是满足目标客户特性的需要，却放弃了其他非目标客户群体。当产品服务功能过剩时，如果将产品复杂的功能简化、降低成本，从而可以把对价格较敏感的用户拉过来，或者把原来不用的用户吸引来。这必将催生两种立足市场：低端客户市场和非客户市场。同时，这种立足市场还会把一个商业模式从非主流带入主流，甚至会对主流的竞争对手造成很大颠覆。

（4）体验式经济：体验经济是从产品服务层面走向体验层面，用体验经济的思维重新思考过去的产品服务经济。在体验经济概念里，产品和服务可以一样，但体验一定是千变万化的。在这里，消费者会定义自己的需求，他们不处于价值链的末端，而是从尾端转变为参与到整个价值的创造过程中来。体验经济最重要的一点是价值的共同创造，原来的商业模式是封闭的，企业替用户创造价值，而体验经济时代，企业要

---

① 波特五力模型认为行业中存在着决定竞争规模和程度的五种力量综合起来影响着产业的吸引力。五种力量分别为进入壁垒、替代品威胁、买方议价能力、卖方议价能力以及现存竞争者之间的竞争。

在整个商业模式里构建开放空间，让用户参与创造。这会对多数商业模式造成巨大变革。

(三) 创业机会识别

1. 机会的来源与类型

从产品市场角度来看，机会来源主要有：

（1）新技术的发明所带来的新产品及新的信息。

（2）信息不对称导致的市场低效率。

（3）政治因素、规章制度的变动带来的相关资源使用上的成本收益的变动。

按照机会的来源和发展程度划分，机会可以分为以下四种类型：

（1）市场需求未识别且资源和能力不确定（问题及其解决方法都未知）。

（2）市场需求已识别但资源和能力不确定（问题已知，但其解决方法仍未知）。

（3）市场需求未识别但资源和能力已确定（问题未知，但可获得解决方法）。

（4）市场需求已识别且资源和能力已确定（问题及其解决方法都已知）。

2. 创业机会的特征与类型

创业机会的一般特征包括潜在的赢利性、创业机会需要具体的商业行为来实现、创业机会的潜在价值能够不断开发和提升。其核心特征表现为具有商业价值的创意。有商业价值的创意有两个特性：有用性及可行性。

创业机会的类型可以从市场和产品（服务）两个层面划分为多种类型。市场层面的创业机会可以分为面向现有市场的创业机会、面向空白市场的创业机会和面向全新市场的创业机会。产品（服务）层面的创业机会具体分为提供现有产品的创业机会、提供改进产品的创业机会和提供全新产品的创业机会。

3. 创业机会的来源

技术变革、政府政策变化、社会和人口因素的变化、市场需求变革是构成创业机会的主要来源。

4. 影响机会识别的关键因素

创业者成功识别机会取决于创业者的四类关键因素：一是实践与创业经验；二是创业者的个人素质；三是社会关系网络；四是创造性。

5. 识别创业机会的一般过程

创业机会的识别分为五大步骤：

第一步，判断新产品或服务将如何为购买者创造价值及使用新产品或服务的潜在障碍。

第二步，分析产品在目标市场投放的技术风险、财务风险并进行机会之窗分析。

第三步，在产品的制造过程中是否能保证足够的生产批量和可以接受的产品质量。

第四步，估算新产品项目的初始投资额，使用何种融资渠道。

第五步，在更大范围内考虑风险程度以及如何控制和管理那些风险因素。

这一过程可以概括成三个阶段：机会的搜寻、机会的识别、机会的评价。

6. 识别创业机会的行为技巧

如果想知道掌握机会的简便方法，可以考虑从"低科技"中搜寻机会、在大企业无暇顾及的缝隙中寻找机会、在变化中抓住机会、追求"负面"就会找到机会、整合资源创造机会。

本章知识拓展

【创业思维决定你能否成功】

1. 创办人缺少必要的经营企业的经验

现代的创业者办企业尤其不可缺少的是当地的市场感觉和管理经验。

2. 思维受限制，不能立足长远，总想快点赚钱，寻找短平快项目

有的人嫌赚钱时间太长看不到希望或者急功近利，办企业更想立竿见影，马上就能赢利，却不愿承担1~2年的创业亏损期。不少人到外地创业，还没有把当地市场情况摸清楚，就贸然投进去，做到一定时候才发现问题，但是抽身已经来不及了，现在我国的经济增长相对平稳，尤其在传统产业很少有暴发的机会，只能靠时间积累财富。

3. 在创业初期，财务上没有遵循审慎原则

创业初期，创业者大多比较冒险，因为对业务前景过于乐观，没有预留足够的准备资金，在生意不顺利时，财务上往往面临资金周转不灵的问题。

4. 单纯以为商业经营万事不求人，而独在小楼自成一体

这样的经营很难能获得会计师、律师、商业顾问的专业知识与经验，企业只能在低水平层次上经营，不能充分利用政府的优惠政策、合法避税，有时还有意无意触犯法律，反而留下法律上的后遗症。

5. 只注重硬件的投入，在软件上舍不得投资

现在开办的许多服务场所设备、装修都不错，但感觉服务质量、人员素质、管理水平却不高。

6. 没有考虑当地文化的背景

我国的整体市场是由一个个区隔市场组成的，如何获得尽可能多的区隔市场、适

合更多当地的需求以及面对各层次员工的雇用和管理都是要面对的课题，这可比在当地的经营环境更为复杂。

7. 企业的经营理念不清晰

有人可能认为1~2个人的小企业、小餐馆不需要经营理念、哲学，认为那些东西太高了，谈企业文化是大企业的事情，只有紧跟着市场流行变化走才比较实惠。这种想法不能算错，从商业生态的角度上讲，各种各样的企业都有其生存的必要，所以，如果创业经营相对有特点和特色，肯定会更容易获得顾客的认同。

【怎样选择创业的方向】

选择创业的方向就是要确定创业干什么，即选择什么行业或项目作为自己的创业方向。在众多的社会行业中，究竟选择哪一个行业作为自己一显身手的领域呢？应根据什么来确定自己的创业目标呢？

1. 大型不如小型

大型项目运行后，单位成本低，技术基础强，容易形成支柱产业。但资金需求大，管理经营难度大。而一般的投资者，哪怕你已经是百万富翁，只要是做民间性质的投资，就宜选择投资小、见效快，技术难度系数低的投资方向。近年来，发展最快的民间投资项目种类千差万别，经营方式无奇不有，但上千万的大项目却是寥若晨星。

2. 重工不如轻工

重工业是国民经济发展的基石，轻工业却是发展的龙头。重工业投资周期长，回收慢，一般不是民间资本角逐的领域，而是国有企业的一统天下。无论是生产加工，还是流通贸易，经营轻工产品尤其是消费品，风险小、投资强度、难度小，容易在短期内见效，因此特别适合于民间资本。

3. 用品不如食品

民以食为天，中国人有闻名世界的饮食文化。千家万户的一日三餐，逢年过节，婚丧嫁娶都离不开吃，因此食品市场是十分庞大而持久不衰的，而且政府除了技术监督、卫生管理外，对食品的规模、品种、布局、结构，一般不予干涉。食品业投资可大可小，切入容易，选择余地大。

4. 男人不如女人

西方商界有句口头禅：做女人的生意，掏女人的腰包。市场调查早已表明，社会购买力70%以上是掌握在女人手中。女人不但执掌着大部分中国家庭的"财政大权"，而且相当部分商品是由女人直接消费的。高档时装、鞋帽、名贵首饰、化妆品，无不是女人的世界。所以，你若在消费品领域投资，无论是生产还是销售，把你的客户定向女人，就会发现更多的机会。

5. 大人不如孩子

小孩代表未来，独生子女在中国已成为一种独特的文化现象，因此中国的儿童消费品市场是很有特色的。在零售食品、用品方面，很大一部分是儿童消费品的市场。儿童消费品市场弹性大，随机购买力强，加上容易受广告、情绪、环境的影响，向这种市场投资，是一种富有生命的选择。尤其要看到，在中国，满足了小孩的需求，在很大程度就是满足了他们父母的需求。

6. 综合不如专业

品种丰富，大众买卖，这已经是一般投资者的思维定势。大而全、小而全的经营，是计划经济中上下认同的模式。市场经济是综合化发展的，不过这更多的是一种宏观的态势和整体格局，在微观领域往往要靠专业化取胜。专业化生产和流通容易形成技术和批量经营的市场特色，这样厂商有竞争的环境，用户有较大的选择余地。

7. 内地不如沿海

内地有资源，投资市场潜力大，但沿海投资环境好，信息灵敏，交通方便，资金流通性强，市场活跃。近年来，我国东南沿海已形成投资"热带"，机会多，资金容易找到项目，可以说是天时、地利、人和兼而有之。因此，资金投向着眼沿海，成功的可能性要大一些。当然内地也有不少投资机会，但没有投资大气候，成功概率比沿海地区低得多。

8. 新建不如租赁

购买设备，招聘员工，这是投资者的项目上马后相继要做的事情。但投资不一定都要从头开始。经济发展到一定阶段，有许多投资项目可以利用现成的人才、设备、厂房、门面甚至管理机构等，从而缩短投资周期，节省资金。有统计资料表明，对现有项目进行技术经济改造，比完全的新建项目资金消耗要减少 1/3，原材料和时间消耗要节约 1/2。实现这种效果的有效投资方式就是租赁。可通过向技术、设备、建筑物等经济资源的所有者交付一定的租金，取得这些资源条件的经营管理权。

二、教学案例

缺乏准备一路坎坷 大学生创业离现实还有多远[①]

创业受挫，俩大学生资金套牢

23岁的王飞今年大学毕业后准备创业，他看好杂粮窝窝头市场。在家人资助下，他投资近20万元，在郑州市北郊建了一家食品厂，专门生产、销售杂粮窝窝头。

王飞曾满怀信心，"我要向三全、思念一样做品牌！将来在北方百万人口以上的城市包括北京在内都要建分厂……"带着这样的憧憬，王飞注册商标、改造厂房、做宣传、雇人员，颇有当"老板"的气势。

但是，由于一没经验、二没人脉，加上给销售商的返点不高，王飞的窝窝头每天只能卖300袋左右，而维持工厂运转的基本销售数量就得1 000袋。

"现在已经坚持不下去了，所有的资金都用完了，我有点想放弃了。"王飞说。

无独有偶，另外一位创业大学生徐志军也遇到了问题，他的遭遇更令人同情。

8月底，正在寻找项目的徐志军看到了一则转让启事，一对中年夫妇经营中的纯水站要转让，看到水站似乎有钱可赚，冲动的徐志军把母亲辛苦做豆腐拼凑的2万元钱交给了这对夫妻，而在此之后，夫妻俩再也不见踪影。"没有想到他们是骗我的，现在只剩了满屋的空桶，根本没有人要水。"

……

这种事情屡见不鲜，涉世未深的大学生创业者，刚刚迈出事业的第一步就遇上了一道道"坎"。

【专家视角】

缺乏实力搞"低价充量"会吃亏

有实力才有资格以低价取胜。营销专家窦惠忠（中国国情研究会企业发展研究中心研究员、河南省营销协会专家委员会委员）认为，王飞的这个食品厂采取的销售模式，是典型的"低价充量"模式。这种做法适合于资金雄厚的大公司，通过低价运行、

[①] 作者不详. 专家把脉大学生创业："借力生财"学会夹缝中生存［EB/OL］.［2007-9-19］http://www.chinanews.com/edu/qzjy/news/2007/09-19/1030994.shtml.

大量的宣传来占领市场。最后，通过占有高的市场销售份额，以高销售量来弥补低价、低利润的损失，最终达到赢利的目的。

"如果企业没有足够的资金来倒贴的话，那么往往就会在销售量提高之前陷入资金无法运转的状况，王飞就是个典型的例子。"窦惠忠说，像这样没有足够储备资金的小企业，首先要解决的是生存下去的问题。一开始就应该采取特色主打，用高利润弥补销售量的不足带来的损失。

销售环节没有给予足够重视

中国大学生创业网总裁赵长升给出的意见是：要赢利，首先要搞清楚我生产的产品卖给谁。确定了消费群体后，要快速低成本地到达那个群体。

王飞说，他的销售方法是每天上午去跑业务，推销产品，但成功率往往只有十几分之一。目前王飞的销售点只有不到50家，几乎全部集中在金水区的各销售网点。

"销售才是企业生产的最终目的，销售环节对于企业来说非常重要，只有销售才有利润才能生存。可以看出，你现在最薄弱的就是销售团队，另外对于群体的定位不准确也是销售没有指向、盲目的重要原因。"赵长升指出了王飞的缺点，赵长升说，王飞首先要做的是开源节流，减少一切不必要开支，平时更要精打细算过日子。

创业要学会"借钱"、"借势"发展

对于大学生创业者的"冲动"，赵长升给出了这样的建议："刚步入社会的大学毕业生，要学会'借力生财'，巧妙地'借'别人的优势来发展自己，一是'借'钱，二是'借'势。"

"借钱"就是利用国家针对大学生创业的各项优惠政策来弥补资金不足的问题。"大学生创业可以获得政府的贷款帮助、政策帮助，如果利用得当，完全可以省去不少投资成本，避免日后流动资金缺乏。"

"借势"就是利用社会群体关注大学生创业的机会，来宣传自己、宣传企业，达到扩大产品知名度的宣传效果。"像王飞这个产品，可以在包装上标志大学生创业，由于人们对于大学生的信任和支持，就会吸引部分顾客留意，进而达到促进销售的目的，如果再进一步，也许还能打出'大学生'的品牌。"

窦惠忠表示，小企业不要刻意追求品牌，要多跑市场，扩大销售点，慢慢地量上来了，再根据情况树立品牌形象。另外还要扩大自己的利润空间，适当扩大利润，并且让利给零售商，让零售商愿意卖你的产品。"要学会夹缝中生存，而不是好高骛远打品牌。"

"对于王飞，我的建议是一定要挺过去，可以利用资金合作或者渠道合作的方式把厂子的销售撑起来，或者寻找专业的销售团队帮忙打开市场，只要没有放弃，你就仍然走在通往成功的路上！"雷太需给王飞和与他有同样经历的大学生创业者这样的建议。

找准项目不轻言放弃

雷太需也是一位大学生创业者，在郑州市政通路附近开办了一家咖啡屋，从大二开始创业当老板，他从一无所有发展到成功的餐饮老板，其中的经历同样坎坷。"不同的是，我现在坚持过来了。"雷太需说。

1999年，刚上大一的雷太需去北京游玩的时候发现了一种面向学生和低消费群体的"小咖啡吧"，回到郑州后，他利用课余时间进行摸底，对潜在的消费者做了细致的问卷调查。

2000年，家人支持了5万元，加上辅导员、同学、好朋友零零星星的资助，雷太需凑够了开店所需的10万元，成了老板。在第一个店装修期间，为了省下资金，大冬天采购装修原材料的他舍不得坐公交车，不管去建材批发市场还是进货筹备，他都是骑着自行车来回奔波。2003年毕业前，他还清了所有借款，并掘得了人生的第一桶金。

然而，第二次投资却让他"血本无归"。2003年，雷太需发现工人路与汝河路交叉口附近，一处六层民房的位置很好，就将赚得的10多万元悉数投到了第二家店，但想不到的事情发生了，开业不到两个月，一个大大的"拆"字无情地写在了咖啡吧的外墙上，10多万元打了水漂。

"我算是有经验的人了，对于王飞和徐志军的情况，我特别能理解他们的心态，大学生创业最大的优势是激情、最大的劣势是缺乏社会经验。"经历了挫折，再次白手起家重新创业的雷太需，对于"失败"的理解很独特："失败是零，成功是一，你经历的失败越多，将来成功这个'一'后面的零越多，成功的价值也就越大。"

"如今就业形势越来越紧张，大学生创业是社会的主流趋势，在选择项目时，一定要明白自己喜欢干什么，同时不要轻言放弃。"雷太需说。

【分析与点评】

社会中创业失败者比比皆是，这是大学生不敢创业的重要原因，但大可不必因噎废食。大学生可以从失败的创业事例中吸取经验教训，使自己在创业路上少走弯路。

对于涉世未深的大学生来说，也许他们的专业知识是过关的，但是，其组织能力、管理能力、市场开拓能力则是普遍较为欠缺的，而这又是自主创业者所必需的。经过市场残酷的历练，只有少数人才能取得自主创业的成功。

对于首次创业的大学生来说，一步到位，并不见得就是一件好事，它意味着大量资金的注入，意味着风险的提高。一方面大学生创业更应从小投入、小规模做起，这样"学费"交得才更少些，学起来才更轻松些；另一方面，创业大学生要有经受市场残酷历练的心理准备，创业前要慎重，创业时要稳重。

王飞和徐志军目前的状况正是他们步入社会以来遇到的最大坎坷。坚持下去，也许很难，但选择放弃，就等于提前画上了失败的句号。

创业为何这样难

1999年郑州市应届大学毕业生是5万余人，注册的公司只有2家。六年过去了，大学生注册的公司只有50家，与30万人的毕业生大军相比简直是凤毛麟角。

"大学生创业难在资金少，对市场把握不准。"郑州大学的应届大学生林军这样说。

的确，应试教育下，中国大学生出了高中进大学，学校只是在大学毕业前进行突击就业培训，这种培训不过是临"急"抱佛脚，指导一些应聘技巧等，大学生缺少自主创业的基础，很少会想到自主创业。

国内第一本大学生创业专著《大学生创业》主编汪歆萍认为，当前，对大学生进行系统的创业教育不够，即使开设创业教育，也不全面、不系统。

相对于欧美比较成熟的市场环境，中国的创业者肩上的负荷更重。整个社会处于转型期，创业所需要的各种服务还不完善，律师事务所在转型改造，会计事务所在进行制度性的建设，融资和金融环境处在调整阶段，让一个20多岁的年轻人面对这么复杂的社会问题，很不现实。

创业前要慎思

创业前要认真思考、反复评估、考虑成熟再行动。除了要有足够的资源准备外，心理准备最重要。以下几个方面问题，值得好好思考。

第一，我为什么要创业？是否有足够的决心？愿意承担风险吗？过去的利益是否舍得放弃？

第二，我是否具备创业者应有的能力与素质？是否能承受挫折？是否具有综合全面的素质，还是有专项技术特长？

第三，我创业成功的核心资源优势是什么？我具备的条件是：足够的资本？行业经验？客户资源？技术创新？商业运作能力？与即将面对的竞争对手相比是否有明显的优势？

第四，是否有足够的耐心与耐力渡过创业期的消耗，估计通过多长时间走过创业瓶颈阶段，自己有多长时间的准备。

第五，创业最大的风险是什么？最坏的结果是什么？我是否能承受？不要只想到乐观的一方面，对风险一定要有充分的心理准备；否则，一碰到现实状况与想象不一样，就会造成信心动摇。

回答清楚以上问题之后，再决定是否创业也不迟。很多创业者的失败，都是由于创业前心理准备不够，匆匆忙忙进行创业，最后失败得一塌糊涂，假如准备不足，条件不具备，晚一点创业也不迟。

创业要有充分准备

"眼高手低，纸上谈兵，是一些大学生创业者的典型特点，由于经验、管理能力不足，缺乏从职业角度整合资源，大学生在创业中屡屡碰壁。"郑州轻工业学院学生处处长胡恩立认为，好高骛远、资金渠道不畅通、缺乏财务税法和市场经济等相关知识及经验是学生创业的"软肋"。

郑州某大学就业指导中心的韩老师认为，要想提高大学生自主创业的成功率，学校应该在大学课堂上开设创业课，对大学生进行创业培训，加强创业训练。例如，要对个人的创业条件进行分析，准确定位，是"给别人打工"，还是定位在"给自己打工"。同时看自己是否具备未来的老板气质和心理素质，比如承担风险的能力、创新的能力、决策的能力和领导能力。还要做好市场调查和分析，准确掌握市场信息，做好市场预测，建立经营思路，设计市场进入策略，对经营项目的投资、筹资、成本、收益等做出可信的测算，学会常用的财务管理知识。

"一般来说，大学一年级时，年轻人就应接受职业价值观方面的教育，开始了解自己的兴趣、特长和专业背景，为今后选择创业、确定职业目标奠定基础。"韩老师介绍，大二、大三的学生应通过参加社会实践和实习活动，对专业的社会需求和发展前景深入了解，根据实践中自我适应程度的反馈信息，反思和调整自己的职业取向，初步确定与自己能力相吻合的职业选择。如果选择的职业需要更高一级的学位，那么就应当确定读研究生；大四的时候就要确定自己的就业或创业目标，做出职业生涯规划，并开始付诸实施。

大学生创业需要社会关注

从就业政策上来讲，国家对大学生自主创业还是很支持的，目前主要以减免一些行政费用为主，比如，国家工商总局规定，高校毕业生从事个体经营的，1年内免交5种行政费用。其实，学生刚进入一个行业，更需要有关的行业主管部门、行业专家给予指导，比如行业协会可以指导学生需要办哪些手续；进入了这个行业后，还需要业务上的指导。

"大学生创业最好能够将自己所学专业与创业项目相结合。"韩老师提醒大学生，优惠政策有了，还要选对行业。很多大学生认为，自己所学专业的行业在市场上已经饱和了，其实随着社会需求的细分，同样的专业也许能发掘出不同的创业内容。大学生要善于观察，或者还可以在正式创业前先小数额进行一些投资，甚至进入别人的企业"卧底打工"取得直接经验，少走弯路。

【案例思考】

1. 大学生创业应做好哪些准备？
2. 如何选择创业方向？
3. 怎样发现与识别创业机会？

三、实训活动

实训活动一　创业思维实训

创业思维实训目标

1. 让学生了解自身的创业条件。
2. 明确创业意识与创业精神所包含的内容。
3. 训练学生的团队精神和创新意识。
4. 通过课后作业有目的地提高学生的市场意识。

创业思维实训内容

本次实训课以"测试你是否适合创业"为开始，逐步引入大学生创业所应具备的创业意识和创业精神，并通过人椅排座和疯狂的设计两个活动，对大学生的组织意识、管理意思、创新意识、竞争意识以及团队合作、诚信守法、坚持不懈等精神进行训练，同时通过以"假如你要在上学期间开一个淘宝网店"为题目的课后作业来增强学生的市场竞争意识。

创业思维实训方法

本课程充分利用探究法、实验法、讨论法等教学手段，不断加深学生对创业意识和创业精神的认识，以达到拓展学生创业思维和提高学生综合素质的目的。

创业思维实训要求

（一）实训整体活动要求

1. 课程开始的测试环节，需要全体学生在第一意识的条件下完成对个人创业思维的整体评价，从而正确引出创业意识和创业精神的内容。

2. 针对创新意识的实训活动内容，需要采取随机的方式抽取一名同学担当领导者（即创业者），并根据实训的要求选拔出本组的同学（即员工）开展活动。

3. 实训活动要以安全为前提，以时间为准绳，最大限度地让同学们明确具备各种创业精神和创业意识对开展创业工作的必要性。

4. 每个实训活动结束，任课教师要进行小结，以提高学生对相应创业意识和创业精神的理解与把握。

（二）具体活动要求

1. 人椅排座活动要求

（1）根据活动场地的具体情况选择参加人数；

（2）活动人数从 4 人开始，逐渐增加人数，直至活动小组的全体人员参加为止；

（3）活动以两组先后进行为宜，一组在活动中，另外一组可以负责相应的安全保护工作；

（4）活动最后可以组织全班同学共同完成这个游戏，体现团结合作的重要意义。

2. 疯狂的设计活动要求

（1）活动事先需要准备好相应的英文字母和英文单词卡片；

（2）参加活动的团队可以按照抽签的顺序，最大限度地利用人体摆出各种字母或单词的样子；

（3）活动以两组同时进行为宜，另选出 5 人的评审组按照创意性、完整性、合理性和辨识度、完成时间长短对双方进行评议。

创业思维实训流程

第一节：50 分钟。

（一）进行"你是否适合创业"测试（提升学生对创业意识和创业精神的认识和理解）

活动时间：10 分钟左右。

活动地点：教室内。

参加人员：全体学生。

活动步骤：

（1）任课教师向全体学生逐项公布 25 道测试题，全体学生结合第一反应对问题做出判断，并确定结果"是"或"否"；

（2）待 25 个问题全部回答完毕后，给学生 1 分钟的时间让他们算出自己的得分；

（3）任课教师公布参考性结论，学生对自己的创业意识和创业精神进行自我判断；

（4）任课教师结合学生们的结果指出创业所需的创业意识和创业精神（学生要有创业的风险意识、管理意识、创新意识、竞争意识、可持续发展意识、战略意识、市场意识、守本意识、资本运营意识和组织再造等方面的意识，更要有勇于创新、敢当风险、团结合作、诚信守法、坚持不懈等方面的创业精神。）。

（二）人椅排座活动（培养学生组织意识、管理意识，以及团队合作和互相信任的能力）

活动时间：40 分钟左右。

活动地点：教室前方空场。

参加人员：2~4 组，每组 15~25 名学生。

活动步骤：

（1）随机抽取两名同学作为两个团队的负责人，组建自己的活动团队；

（2）每个负责人以背对同学的方式，以坐标为点，交叉着选出相应人数的同学组建团队已备开展活动；

（3）活动开始时，团队成员先从 4 个人开始，按照要求围成一圈，每位同学都将自己的双手放在前面的同学的肩上；

（4）听到负责人的指令后，每位同学都应该徐徐坐在后面同学的大腿上，待全体成员座好后，统一喊出"我创业、我快乐"的口号，以示活动结束；

（5）随后依次进行 5 个人、6 个人等的活动，直至全组成员均参加为止；

（6）各小组负责人对活动开展情况做最后陈述；

（7）待多个小组活动结束后，以时间判断各组的成绩，用时少的获胜，用时最多的一组要接受相应的惩罚。

第二节：50 分钟。

（三）疯狂的设计活动（培养学生的创新意识和竞争意识，以及勇于创新、敢当风险的能力）

活动时间：40 分钟左右。

活动地点：教室前方空场。

参加人员：2~4 组，每组 15~25 名学生。

活动步骤：

（1）随机抽取两名同学作为两个团队的负责人，组建自己的活动团队。

（2）选取5名同学组成评审组，对活动过程及结果进行评审。

（3）每个负责人以背对同学的方式，以坐标为点，交叉着选出相应人数的同学组建团队以备开展活动。

（4）各组负责人分别到指定位置抽取事先准备好的字母卡，并组织本团队成员以最快的方式组成相应的字母。完毕后，再到指定位置抽取事先准备好的单词卡，以最快的方式组织自己的团队完成身体拼写。

（5）各小组完成活动后，负责人对活动的开展情况做最后陈述。

（6）评审组按照创意性、完整性、合理性和辨识度、完成时间长短对各活动小组进行综合评议，拼写准确且用时最短的一方获胜，失败方要接受惩罚。

（四）活动总结

活动时间：6分钟左右。

教师利用这个时间对活动的开展情况进行总结点评，并指出活动中存在的问题和影响学生今后创业的不利因素，进一步指导学生从自身条件出发，加强对个人创业意识和创业精神的培养。

（五）布置课后作业（培养学生的市场竞争意识）

活动时间：4分钟。

活动地点：校园及周边商铺。

参加人员：全体学生。

活动要求：

（1）全体同学利用半天的课余时间，开展一次"假如你要在上学期间开一个淘宝网店"为题目的市场分析调研活动。

（2）市场调研的结果要符合你所具有的创业意识特征，开办的网店要符合个人的资金实力，并具有较强的竞争力，可以产生尽可能多的经济效益。

实训活动二 创业方向选择实训

创业方向选择实训目标

1. 通过测评学生性格、兴趣和能力，明确创业方向。

2. 加快创业角色融入，培养创业情感，为后续创业训练建立基础。

3. 测试学生感受职场工作环境的能力，将游戏中的体悟抽象与迁移到学习、生活和工作中，可使学生触类旁通，全面提高自己的职业核心能力。

创业方向选择实训内容

本次实训包括两项活动，活动一是自我测评，即对学生的一般学习能力倾向、言语能力倾向等九项能力进行评定，分别计算出自评等级，了解创业能力，明确适合自己的创业方向。活动二是年月日排序体验，测试参与者的非语言沟通能力、信任、包容能力和心理承受能力等，提出对改善自己职业核心能力的思路。

创业方向选择实训方法

自我测评、游戏体验。

创业方向选择实训要求

（一）实训整体活动要求

1. 本次实训第一项活动以个人为单位，提交测试表；第二项活动采取分组比赛，每组 20 人。

2. 各团队必须按照教师指令完成活动，遵守活动规则。

3. 活动开展过程中各团队在各自指定区域活动，务必做到语言、行为文明。

（二）具体活动要求

1. 自我测评要求

（1）真实选择题目选项。

（2）以最初的反应为准。

2. 年月日排序要求

（1）学生需准备身份证、学生证等能够表明出生年月的证件。

（2）20 人为一组，每两组互相监督完成规定要求。

创业方向选择实训流程

第一节：30 分钟。

0~5 分钟：测试前准备，教师向学生说明此次测试的目的、要求，发放测试表。

6~20 分钟：学生实名自测答题，自我评定等级。

21~25 分钟：给出部分职业所需的最低能力标准值，学生对照参考，确定适合自己的创业方向。

26~30 分钟：按照学生最终确定的结果归类创业方向。

第二节：60 分钟。

0~5 分钟：组织学生分组，为学生指定活动范围，解释活动规则。

6~50 分钟：每两组进行比赛，每组 20 人左右，大家站在一个狭小得只能脚挨脚站立的范围内，一字排列，要求大家在不出声的情况下，按照各自出生的年月日从大到小依次从左至右排列，中间任何一人出声、脚离开方框或排错顺序，所有人就必须回到原始队形重新开始。

其他组为监督人员，参与活动学生需上交表明出生年月的证件给监督员。

之后每两组轮流参与和监督，直至所有小组均参与此活动。

51~60分钟：教师总结点评。

场地要求：可容纳40~120人的教室。

适宜授课人数：40~120人。

创业方向选择实训所需材料

1. 测试表

本测试把人的职业能力倾向分为九种，每种能力由一组题目反映。测试时，请仔细阅读题目，采取"五等评分法"对自己的能力进行评定，然后分别计算出自评等级。

（一）一般学习能力倾向（G）

表3-1

	弱1	较弱2	一般3	较强4	强5
1. 快而容易地学习新内容					
2. 快而正确地理解数学题目					
3. 对课文的字、词、段落篇章的理解、分析和综合能力					
4. 对学习过的材料的记忆能力					

（二）言语能力倾向（V）

表3-2

	弱1	较弱2	一般3	较强4	强5
1. 善于表达自己的观点					
2. 阅读速度和理解能力					
3. 掌握词汇量的程度					
4. 你的语文成绩					

（三）算数能力倾向（N）

表 3-3

	弱 1	较弱 2	一般 3	较强 4	强 5
1. 做出精确测算					
2. 笔算能力					
3. 口算能力					
4. 你的数学成绩					

（四）空间判断能力倾向（S）

表 3-4

	弱 1	较弱 2	一般 3	较强 4	强 5
1. 解决立体几何方面的习题					
2. 画三维度的立体图形					
3. 想象盒子展开后的平面图					
4. 想象三维度的物体					

（五）形态知觉能力倾向（P）

表 3-5

	弱 1	较弱 2	一般 3	较强 4	强 5
1. 发觉相似图形中的细微差别					
2. 识别物体的形状差异					
3. 注意物体的细节部分					
4. 观察物体的图案是否正确					

（六）书写知觉（Q）

表 3-6

	弱 1	较弱 2	一般 3	较强 4	强 5
1. 快而准地抄写资料（如姓名、日期、电话号码等）					
2. 发现错别字					
3. 发现计算错误					
4. 能很快查找编码卡片					

（七）眼手运动协调能力倾向（K）

表 3-7

	弱 1	较弱 2	一般 3	较强 4	强 5
1. 玩电子游戏					
2. 打篮球、排球、足球一类运动					
3. 打乒乓球、羽毛球					
4. 打字能力					

（八）手指灵巧度（F）

表 3-8

	弱 1	较弱 2	一般 3	较强 4	强 5
1. 灵巧地使用很小的工具					
2. 穿针眼、编织等使用手指的活动					
3. 用手指做一件小工艺品					
4. 使用计算器的灵巧程度					

（九）手腕灵巧度（M）

表 3-9

	弱 1	较弱 2	一般 3	较强 4	强 5
1. 用手把东西分类					
2. 在推拉东西时手的灵活度					
3. 很快地削水果					
4. 灵活地使用手工工具					

计分方法：选"强"得 5 分，"较强"得 4 分，"一般"得 3 分，"较弱"得 2 分，"弱"得 1 分。得出总分后，用总分÷4＝自评等级。将等级填入下表。

表 3-10

能力倾向	自评等级	能力倾向	自评等级	能力倾向	自评等级
G		S		K	
V		P		F	
N		Q		M	

2. 身份证或学生证

创业方向选择实训需要提供身份证或学生证。

实训活动三　创业机会识别实训

创业机会实训目标

1. 训练学生把握市场机会的能力。
2. 训练学生掌握沟通与合作的技巧。
3. 训练学生掌握基本的簿记方法。
4. 训练学生管理企业流动资金的能力。
5. 训练学生拟定生产计划和财务计划的方法，以及如何制定最佳现金使用计划。

创业机会实训内容

本次实训是一种场景模拟，是对未来创业者开展创业培训的补充。通过实训活动使学员了解创办和经营一家成功企业的真实场景。实训过程是给学员提供经营一家企业的机会，让他们在经营过程中模拟生产者、销售者和顾客，模拟过程中需要制订计划和做出各种决策，并且应对上述计划和决策带来的后果。

创业机会实训方法

教师引导、场景模拟、活动训练、能力提升。

创业机会实训要求

（一）实训整体活动要求

1. 本次实训采取分组角色扮演方式，按每组15人分组，各组再分成红、黄、蓝3支队，每队5人。
2. 实训课程开始前需准备好相应道具。
3. 各团队必须按照教师指令和时间要求完成各项活动，按规定进行讨论并提交各项材料。
4. 活动开展过程中各团队在各自指定区域活动，务必做到语言、行为文明。

（二）具体活动要求

1. 各队需对活动过程进行详细记录。
2. 游戏结束后进行问题讨论。
3. 各队需撰写游戏心得并提交。

创业机会实训流程

第一节：50分钟。

0~20分钟：实训准备，教师向学生说明此次实训的目的、要求，组织各队学生分成红绿蓝三组，确定每个学生在组内的角色：总经理、会计、出纳、采购员、质检员，并分发道具。明确老师扮演的角色：银行经理、李玉、张刚、赊销市场、借钱的亲戚、零售商的顾客。为学生指定活动范围，分发实训道具。

20~25分钟：各组从张刚的批发店购买原材料，每份40货币单位，货到付款。

25~40分钟：各组生产帽子。同时还使用场景卡，从第三周开始一直用下去。如果哪个小组按照场景卡出借资金，该组就要推动轮转。

40~50分钟：各组向李玉出售其产品。李玉为每个有质量保证的产品付80货币单位的现金。

制作标准帽子的说明：
将一张A4的纸平均分成4等份成为A6尺寸的纸，将每张A6的纸底边折起2厘米，两边相接，一边塞进折叠部分中。

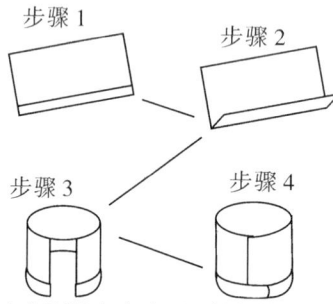

步骤1　步骤2
步骤3　步骤4

注意：由扮演制造商的小组去张刚批发店购买原材料并制作成标准帽子或旅游帽。购买和制作价值将打入原材料以便在出售成品时获利。

第二节：50分钟。

0~10分钟：各组收回所有欠款。

10~20分钟：各组订计划。

20~30分钟：周六是购物日，所有东西都从诚信超市购买。

30~40分钟：各组总结并讨论。

40~50分钟：各组代表发言，教师点评。

场地要求：可活动桌椅的教室。

适宜授课人数：以45人为最佳，如果人数较多，需要配备助手。

创业机会实训所需材料

1. 道具超市（可以用超市宣传彩页代替）

2. 道具银行（可以用纸箱手工制作）

3. 道具张刚批发店（可以用纸箱手工制作）

4. 道具李玉收购点（可以用纸箱手工制作）

5. 道具储蓄盒（可以用纸箱手工制作）

6. 道具钞票（可以用银行点钞代替）

7. 购物记录卡片

8. 场景卡片

9. 转盘（纸板制作）

10. 企业周期图

企业周期图

	星期一 购买	星期二 制作/场景	星期三 销售	星期四 回收货款/偿还贷款	星期五 计划	星期六 支出	星期日 休息
第一周				1 从银行贷款	2 企业|支出|储蓄	3	4
第二周	5 ——单位	6 ——单位 ——单位	7	8	9 企业|支出|储蓄	10	11
第三周	12 ——单位	13	14	15	16 企业|支出|储蓄	17	18
第四周	19 ——单位	20 ——单位 ——单位	21	22	23 企业|支出|储蓄	24	25
第五周	26 ——单位	27 ——单位 ——单位	28	29 偿还银行贷款	30 现金总额____ 扣除（资产净值）储蓄____ 本月总收入____		
	总销售：单位____		金额____				

图 3-1

11. 簿记表

表 3-11　　　　　　　　　　　　　　　　　　　　　　　　　　　　　　单位：元

日期	项目	发票号	现金			银行存款			销售收入	成本	人工成本
			流入	流出	结余	存入	取出	结余			

12. 企业记账表

表 3-12　　　　　　　　　　　　　　　　　　　　　　　　　　　　　单位：元

日期	摘要	发票号	现金 流入	现金 流出	现金 结余	银行存款 存入	银行存款 取出	银行存款 结余	销售收入	材料成本	人工成本	其他费用
1	贷款		160		160							
3	购物			30	130							30
3	储蓄			10	120	10		10				
5	购材料			120	0					120		
7	销售		240		240				240			
	合计		400	160	240	10		10	240	120	30	

13. A4 纸若干张（根据人数准备）

14. 计时器

创业机会实训评判各组表现的标准

　　1. 资金使用是否符合角色要求

　　2. 企业计划完成情况

　　3. 利润多少

　　4. 记账情况

四、深度思考

创业也是一种职业[①]

在这个风起云涌的"创"时代。大学生创业更是聚拢了大众的关注。很多人在"创"的浪潮中掘到了人生第一桶金,但更多人却被一个浪打没了影儿。即使是这样,却仍有着无数的创业英雄朝着自己的梦想而努力。创业草根化了、通俗化了;创业,再也不是遥不可及的代名词,创业资金可以是一千万元,也可以是五千元;创业团队可以是一百个人,也可以是三五个人。专家提醒我们,面对零距离的创业之路,每一双脚都可以迈上去吗?

如果说创业是无数人心中美丽、神圣的梦,那么人们通常忽略了黎明到来前的黑暗,以及创业之路的艰辛和阻挠。大学生创业,风险究竟有多大?什么样的创业之路才是最适合大学生的呢?

试问中国大学生,适合创业有几人?

对于当前的中国大学生而言,绝大部分并不适合创业。单从创业者应该具备的能力和素质上来看,对大学生就是一个根本性的挑战。

一般创业能力主要是指创业者的专长和经验,如市场调查、技术专长、企业管理、识人用人、财务管理、公共关系、市场营销、开发开拓、冒险避险等。而创业者所应当具备的能力和素质,见仁见智,众说不一。有人概括为"十大素质",包括:欲望、忍耐、眼界、明势、敏感、人脉、谋略、胆量、豁达、自省。

客观地说,这些能力和素质并非短期培训所能练就的。有些素质甚至就算是培训也很难达到,比如谋略、胆量,比如识人、用人等,这些大部分都是需要长时间不断地训练和积累才能具备。

有人可能会问,为什么美国英国等西方国家大学生能创业,甚至连大学都不读就创业,而为什么中国大学生就不能呢?那就得从中国大学生所受到的职业规划教育谈起。在中国,每位大学生就只有一个心态,一个毕业了就去找一份好的工作的心态,而在英国,从3岁至18岁都有系统的生涯发展教育,美国、日本等发达国家也都有从小学就开始的生涯及生计教育。也就是说,从小学开始,发达国家即开始帮助学生了

[①] 孙伊伦. 大学生创业 痛并快乐着 [J]. 上海信息化,2008(12):56-58.

解职业环境，了解自己的兴趣、性格，塑造孩子的独立性，培养他们的社会适应能力、资源利用能力、经营意识和经营能力，这样环境下培养出来的是生存能力强、目标较明确的人。所以我们会看到他们中很多人中学毕业即清楚自己想干什么，甚至像比尔盖茨这样连大学都不愿意上完的案例也非常多。而反观我们现有的教育环境，对于绝大多数学生来说，可能除了读书考试再读书再考试外，想要获得更多的能力打造很难，这主要是没有合适的外部环境来支持。从抽取来自全国的1 000名高校毕业生的调查中，其中"你想做什么工作？"，"你有清晰的职业目标吗？"等相关问题，80%以上回答的是不知道、没有或是非常模糊的结果。如此这般，我们必须思考的是，创业，我们拿什么来创？

大学生，可以创哪些业？

对于部分有准备的大学生来说，今天的社会环境对于创业，毫无疑问是非常有利的。具体从以下两点来描述：

发展趋势： 市场经济的高速发展，每年都会催生诸多新职业。在新兴的市场中，大学生反而因为没有传统经验主义的束缚，往往能够出奇制胜。像电子商务、管理咨询、医药科技等这些新兴产业，早已被创业者们列入名单之中。事实上，在任何一个行业初兴之时，都需要有充满雄心的年轻人们给它以活力，而这种行业需求，才是创业的真正契机。

借专业之专： 对于学计算机相关专业的学生来说，电子商务、网络游戏增值产业等都蕴藏着丰富的机会。信息技术（IT）领域的创业项目前期投入少，适合那些拥有自主知识产权的大学生。学习通信或医药专业的学生，技术上有着近水楼台先得月的优势，这些是我国政府重点发展又是全球关注的领域；对于学习设计相关专业的学生，可用自由职业者的身份进行创业；当然对于大众型专业的大学生来说，可充分利用自身在学校期间所积累的能力优势、人脉资源等，在一些资金需求不大，项目周期不长，人手配备要求不多的项目上开展自己的事业。

创业也是一种职业

创业，是种职业活动，更是一种最复杂的职业行为。根据创业目标不同，我们大致可以把创业者分成三种类型：

（1）谋生型创业者——迫于生活压力或是为了使自己的生活条件有所改善才决定创业的；

（2）投资型创业者——已经拥有一定的经济基础与实力，创业只是为了获取更大经济回报的；

（3）事业型创业者——为实现自己的人生目标，并把创办的企业当作自己毕生事业的。

很显然，我们目前所谈的大学生创业绝大部分是第一种，即谋生型创业，也就是说为了实现自主"就业"，以及带动更多人就业而进行的创业活动。

职业规划师认为，选择一般就业需要职业规划，选择创业则更需要职业规划，大学生不仅需要明确自己是否适合创业，是否具备创业者应该具备的基本素养，还要知道创业这种最复杂的职业活动，需要准确的定位、清晰的目标和合理的通道，才能在既定的轨道上有序发展。没有规划的创业，只会为杂乱的信息所惑，导致最严重的意识上的风险，投机的心态、侥幸心理、试试看的想法、过分依赖他人和回本心理等，这是创业者最内在的风险。这种风险来自于无形，却有非常强大的毁灭力。

创业，做好准备再上阵

杨全辉目前是上海一家生产空气净化器企业的"老总"，也是一位从大学二年级便开始休学创业的大学生创业者。

和目前的在校大学生创业不一样，在成立自己的公司之前，他首先进行了充分的准备。1993年，杨全辉离开学校到厦门一家信息公司"创业"，但由于不能实现自己的"理想"，1994年他来到上海。本想立即成立一家自己的公司，但考虑再三，他认为自己还缺乏必要的知识和实践准备，于是，他先做了两年的市场推销员，以培养自己对社会、对市场的认识，并不失时机地掌握应该掌握的知识。他经常奔波于上海的大街小巷，两个月就要磨破一双皮鞋。

1996年，经过两年的准备后，杨全辉终于成立了自己的公司。

几年来，历经风云变幻，杨全辉的公司虽然没有"轰轰烈烈"，但目前在上海激烈的市场竞争中经营得还算不错，在同行业中有了自己的立足之地。杨全辉说，站稳之后，再图进一步的发展。

杨全辉对于现在急于创业的大学生有几句忠告：一要具备一定的市场操作能力；二要有足够的耐心，不要急于求成；三要积极地从社会中汲取"营养"；四要对社会充满信心；五要对自己有一个客观的认识。

第四章　创业训练

【学习目标】

通过本章知识点的学习，了解创业资源种类和资源获取方法，理解组建创业团队的思维方式及建立企业的流程；通过案例学习理解创业资源、经营能力和创业团队管理的重要性；通过实训活动，体会团队合作价值，训练团队合作精神，掌握团队合作基本技巧、创业资源管理的技巧及工商注册、税务登记和银行开户等业务处理；通过深度思考正确理解创业资源整合的价值和意义。

一、本章知识点

（一）创业资源

1. 创业资源的内涵与种类

创业资源是指企业创立以及成长过程中所需要的能够实现创业目标的各种要素组合。创业资源包括有形资源和无形资源。有形资源是指具有物质形态、其价值可用货币度量的资源，是一种简单资源，它以产权为基础，以有形实物为其主要特征，主要包括实物资产和资金。无形资源是指具有非物质形态，价值难以用货币精确度量的资源，是一种复杂资源，它以知识为基础，以非有形实物为其主要特征，主要包括社会资本、技术及专业人才。

2. 创业资源与一般商业资源的异同

不同的创业活动具有不同的创业资源需求，创业者应该根据创业活动的需要，认识不同类型创业活动的资源需求差异，获取创业企业发展所必需的资源，并且对自身所拥有的资源进行合理的开发和利用，以满足不同创业企业的具体需要。

创业资源与一般商业资源不同。首先，创业资源比一般商业资源更加有限，创业资源的获取以非市场途径居多，创业资源难以模仿，难以替代。

3. 影响创业资源获取的因素

影响资源获取的因素包括创业者拥有的创业网络、创业者特质以及初始资源。

创业网络是创业者所拥有的各种社会关系，包括创业者的个体网络以及创业企业的组织关系网络。创业网络有三种类型，即社会网络、支持性网络以及公司间网络。

创业者的特质包括创业者风险承担性、成就需求和内控源。

初始资源包括创业者受教育程度和经验。

4. 创业资源获取的途径与技能

创业资源获取途径包括市场途径和非市场途径。创业资源获取的市场途径是通过资金杠杆购买外部资源，利用市场上同样或类似资产的近期交易价格，经过直接比较或类比分析来估测资产价值，用市场交易手段获取资源。创业资源获取的非市场途径主要包括资源吸引和资源积累。

不同的创业活动具有不同的创业资源需求。创业资源包括有形资源和无形资源，无形资源往往是撬动有形资源的重要杠杆。创业资源获取途径包括市场途径和非市场途径。创业资源获取的关键往往取决于软实力。

（二）创业团队

1. 创业团队及其对创业的重要性

创业团队是由两个以上具有一定利益关系、共同承担创建企业责任的人组建形成的工作团队。创业团队是团队而不是群体，也不同于一般团队。

创业团队与个体创业相比较，创业团队具有多方面的优势，对创业成功起着举足轻重的作用。

2. 创业团队的优劣势分析

依据不同逻辑组建创业团队既可能带来优势，也可能带来障碍，对后续创业活动会带来潜在影响。依据理性与非理性逻辑创建的创业团队各有优缺点。

（1）基于理性逻辑创建的创业团队的优劣势。创业过程中会涉及一些关键任务和关键资源，一旦欠缺这些资源，创业活动就难以开展，在自己不掌控的情况下，借助别人获取这些资源是一种解决之道。有些创业者会理性分析创业所需要的资源和能力，并将其与自己所拥有的资源和能力相比较，将组建创业团队视为弥补自身空缺的一种方式，目的是整合优秀的资源来推动创业成功。

（2）基于非理性逻辑创建的创业团队的优劣势。在创业初期，团队成员的凝聚力也非常重要。在大多数情况下，成功并不是因为团队结构有多么优秀，而是因为团队成员之间齐心协力；失败也并不是因为团队结构的缺陷，而在于团队成员之间的内部争斗。在一些情况下，创业者会遵循非理性逻辑来组建创业团队，他们看重的并不是团队成员拥有什么资源和能力，而是看重团队成员对自身的人际吸引力。比如，是否具有共同的兴趣，是否具有相似的工作背景，是否具有共同的创业理想，等等，目的是强化创业团队成员之间的信任和感觉，更倾向于找那些志趣相投而不是技能互补的人入伙。

3. 组建创业团队

实际上，选择理性逻辑和非理性逻辑创建团队的差异主要在于创业者看重的是创业的客观要求（技能和资源），还是更看重创业者的主观偏好（志同道合）。很难说清楚依据哪种逻辑组建的创业团队更好，而创业机会特征是在创业者组建创业团队时必须考虑的重要因素。

基于理性与非理性逻辑组建的创业团队各有优劣势，在组建的过程中要扬长避短，在后续的经营管理中创业者有着不同的管理侧重点。因此，基于理性与非理性组建的创业团队对创业活动会产生不同的后续影响。

4. 创业团队的社会责任

创业团队的社会责任包括为投资者创造利润、为政府创造税收、为员工创造工资、为消费者创造产品和服务、为社会公众创造福利和保护自然环境等方面的责任。创业团队的社会责任要求创业团队必须超越把利润作为唯一目标的传统理念，强调要在创业过程中对人的价值的关注，强调对消费者、环境和社会的贡献。

（三）成立新企业

1. 企业组织形式选择

（1）个人独资企业是最常见的企业组织形式

特点：一个出资者；对债务承担无限责任；不作为企业所得税的纳税主体。

由于个人独资企业创设条件简单，易于组建，所以大多数的小企业按个人独资企业组织设立。

（2）合伙企业组织形式是创业团队成员共同创业最常用的企业组织形式

特点：有两个以上所有者（出资者）；对企业债务承担连带无限责任；按照出资比例分享利润或分担亏损；一般不缴纳企业所得税。

（3）有限责任公司

特点：有1~50个出资者；股东出资须达到法定资本最低限额；不能公开募集股份；对公司的债务承担有限责任。

（4）股份有限公司在企业组织形式中占据主导地位

特点：对债务承担有限责任；法人地位不受某些股东死亡或转让股份的影响；股份转让比独资企业和合伙企业的权益转让更为容易；具有更大的筹资能力和弹性；对公司的收益重复纳税。

2. 企业注册流程

核名、入资、验资、预约、刻章、办理组织机构代码证、办理税务登记证、银行开户、划资需要准备的材料、税务所报到、工商所报到，如图4-1所示。

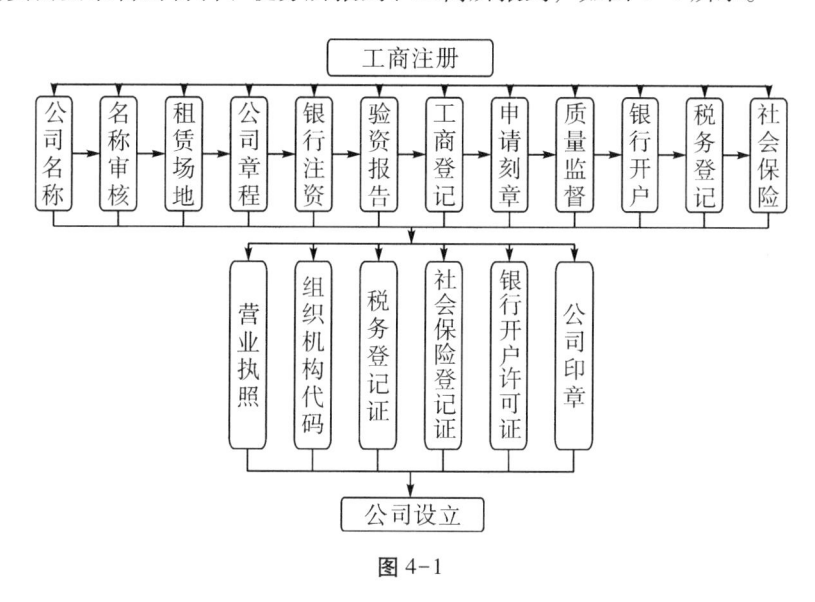

图 4-1

3. 企业注册相关文件的编写

企业在注册成立时要提交相应文件材料，不同组织形式对于需要提交的文件材料有不同要求。主要包括："设立登记申请书"；投资人身份证明；验资证明；非货币财产权转移手续的证明文件；董事、监事和经理的任职文件及身份证明复印件；法定代表人任职文件及身份证明复印件；公司章程；企业住所证明；国家工商行政管理总局规定提交的其他文件等。

4. 注册企业必须考虑的法律与伦理问题

（1）规定企业设立、组织、解散的法律；规范企业劳动关系的法律；与知识产权相关的法律；规范企业市场交易活动的法律；规范国家宏观调控行为的法律；与创业纠纷解决相关的法律等。

（2）创建新企业时应注意的伦理问题，包括创业者与原雇主之间、创业团队成员之间、创业者和其他利益相关者之间的伦理问题等。

二、 教学案例

王汉荣 28 岁实现从零到一千万的跨越[①]

33 岁,有的人还在寻觅努力的方向,有的人却已经成为某个领域的佼佼者,王汉荣就是后者。28 岁,他完成了从零到一千万的跨越,吃了深圳汽车用品超市的"螃蟹",在宝安开设了当时全市最大的汽车用品中心,大到汽车轮胎、汽车音响,小到防滑垫、汽车香水等上万种汽车用品,他的汽车用品超市像普通超市一样敞开摆设、明码标价、自选销售,令消费者耳目一新。

23 岁,他利用一次机遇赚到了人生中第一个 100 万,还认识了一个一生中最重要的人。这一切还得从他 18 岁从农村到深圳打工之路说起,没有那段尘土飞扬的日子就没有今天的王汉荣。

白手起家——打磨手艺成了敲门砖

王汉荣 4 岁丧父,母亲一手把他们三兄妹拉扯大。为了帮补家计,还在读初中的他就跟着哥哥一起收集村里人采的草药,然后转手卖给药材公司,赚取微薄的差价。可就是这样一倒一卖,每个月竟也能赚回数百元,王汉荣第一次尝到了做生意的甜头。

1990 年,村子里有位在钟表厂当师傅的远房亲戚游说王汉荣去当学徒,他几乎没怎么想就揣着哥哥给的 150 元来到了深圳。刚到工厂,师傅就分给他一顶帽子和一个口罩,于是他开始了每天十几小时的工作,用麻布轮和蜡给表带和表壳打磨。每天晚上回到宿舍他都要用肥皂拼命地搓脸,因为尘土太大,除了口罩遮住的地方外都是黑色的,王汉荣回忆到。他还很清楚地记得他第一个月的工资也是 150 元。

没多久,带他出道的师傅与老板因分成而发生争执,又带着他们跳到了别的厂。不论在什么地方,王汉荣都像海绵一样不断吸收着,学习别人的技术。1991 年年底,他已经成了打磨车间的骨干,每个月能拿到 1 000 多元工资。第二年,他却做出一个重要决定,跳到一个工资不足千元的机械加工厂工作,原因是凭他的技术能够当上生产组组长。

这回他的工作还是打磨,所不同的是终于跟他未来的事业沾上了边,打磨的是汽

[①] 作者不详. 王汉荣 28 岁实现从 0 到一千万的跨越 [EB/OL]. [2011-04-07] http://www.studentboss.com/html/news/2011-04-07/63857.htm.

车防盗锁。没过多久，这家原本做外销的工厂转为内销，需要开拓国内市场，一个跟他很谈得来的车间主任就推荐他去跑业务，因为他会说广东话，方便沟通。王汉荣告诉记者，当时厂里选了十几个人出来作推销员，到现在成功的恐怕只有他一个。

第一桶金——远赴郴州赚回 5 万元

1993 年，深圳汽配厂最集中的地方在翠竹路，而王汉荣工作的工厂在蛇口，每天他都要横穿整个深圳市区。当时蛇口出深圳就是坐 204 路，可工厂离 204 路总站还有几千米，他就先骑单车再转公车。后来他又买了辆单车锁在上海宾馆站，到市内后再骑单车去翠竹路逐家逐户地推销。

终于在一位远房亲戚的引荐下，他向湖南郴州车管部门推荐了适合当地使用的防盗锁，车管部门要求他尽快送两万多把防盗锁到郴州，货到付款。当时两万多把锁需要 200 多万货款，他上哪里筹这笔钱呢？于是他决定向工厂让利，将其中的差价让给工厂，自己每把锁只赚几元钱。能够做成这笔生意很重要的原因是他不怕吃亏，如果他对利润斤斤计较，也许最后连 5 万元也赚不回来。

1994 年，有近两年推销生涯的王汉荣已经有不少固定客户了，这时他在宝安 54 区广深高速公路旁开了间好利时汽车五金门市部。当时，深圳只有一个香港人在做汽车用品的批发生意，汽车用品生产厂家大多集中在中国台湾、中国香港，只要找到他们的国内总代理，就能拿到货。有了目标，王汉荣很快与代理公司建立了稳定的联系。

蹊径独辟——她帮我赚到 100 万元

1995 年对于王汉荣是一个质的飞跃，两个重要的机遇出现在他身边，他都好好地把握住了。

当时，有些地区接连发生高速公路连环车祸，公安部下令上高速公路的机动车必须安装后雾灯，安装公安部指定生产厂家的后雾灯。王汉荣说："基本上只要你能拿到符合要求的货，就一定好卖，我的店里每天夜里 12 点多还有人排队等着提货，去给车主安装。"

由于每家汽配店的用量有限，不能直接向厂家拿货，于是他就把和自己有联系的汽配店的用量都集中起来，向江苏的无锡、徐州和广东南海的几家公安部指定生产厂家订货。因为他能第一时间拿到紧俏的货品，所以行业内有越来越多的汽配店闻风向他订货，甚至包括广州的汽配店。

但这一年他最大的收获还是在业务往来中认识了一个高挑、靓丽的广州女孩，一家经营汽车电子防盗产品的香港贸易公司的销售主管。女孩也是从售货员、收银员、销售主管这样一步步做上来的，跟他很谈得来，爱情的种子就在王汉荣心中悄悄萌芽了。每到广州送货，王汉荣就往女孩店里跑。

其实女孩也早就喜欢上了这个诚实、有干劲的小伙子。第二年，在后雾灯生意最红火的那一年，他们结婚了。深受香港经营理念熏陶的太太不仅帮王汉荣在后雾灯生意中稳妥地赚到了第一个100万，更重要的是太太鼓励他生意一定要做大、做强。不然也就没有了后来全深圳最大的汽车用品卖场。

规模效益、谨慎扩张。在汽车用品批发利润日渐微薄的时候，刚刚兴起的汽车用品的零售利润却相当可观。1997年，在太太的建议下，王汉荣租下了位于宝安39区的旧海关报关大楼一楼110多平方米的商铺作为门面，楼上1 000多平方米的仓库作为仓储式超市。当时，一楼每平方要70多元，二楼仓库他拿到了厂房价，每平方米仅10多元，即便如此，一个月的租金也要两万元。然而不到3年时间，王汉荣的好利时已经在宝安独占汽车用品市场的鳌头。

好利时从此步入了稳定发展期，不仅可以自主生产汽车化工、五金、音响及布艺等产品，还拥有由全世界范围内的300多家采购商组成的采购网络，并向全国800多家经销商供货，其中深圳的经销商占了八成。

2004年年底，由好利时投资设立的爱车空间汽车服务有限公司定址在人气最旺的华强北商业区，并于2005年3月正式开业。市区的消费者层次比关外要高，对汽车用品的要求也更高，所以他们精心布置了销售区、音响试听和安装区、贴膜区，还有专门的吸烟区、休闲区，更附设了小小的网吧，使消费者在等候服务之时能够免费上网。这次，王汉荣一反在租金方面低廉的首要选择，因为这里要办成好利时在深圳市区的旗舰店。从试营业开始，爱车空间的业绩稳步上扬，事实证明王汉荣这一步没有走错。

【分析与点评】

王汉荣是一个长相平常、穿着更平常的年轻小伙子。许多富豪都有过贫苦的经历，飞黄腾达后你却看不出丝毫的贫苦之气；同样出身贫苦的王汉荣，发达了，富贵了，却依然过着普通人平淡的生活。用他的话说：外表的奢华不一定象征财富……有些人赚了钱，就把心思花在衣、食、住、行、用上，整天想着如何更好地享受生活。我是农民出身，我还年轻，还有很长的路要走。十几年来，王汉荣几乎没有买过一块手表，也许是当年在工厂里打工时见得多了吧。王汉荣唯一的爱好是踢足球，但却永远穿着那双国产名牌——二三十元一双的双星牌足球鞋。哪个富豪没辆好车，但2004年前，王汉荣一直开着那辆福建东南产的富利卡，一边私用，一边拉货。后来才花了40多万买了辆丰田霸王。他调侃道：朋友们都看不过去了，不买辆好点的不行了。

因为肯吃苦、不怕吃亏，当初在机械加工厂的车间主任给了他一个当推销员的机会，让他迈上了销售的成功之路。而他因为诚恳、亲切，与许多汽车用品生产厂家都成为了好朋友，共同成长，所以他总能够拿到比别人更便宜的友情价。还是因为他诚实、随和，那个漂亮的广州女孩愿意放下安逸的一切，跟随他到深圳，助他事业再创高峰。

1. 创业必备的素质

诚信——创业的立足之本

诚信日益成为企业的立足之本与发展源泉。风险投资界有句名言："风险投资成功的第一要素是人，第二要素是人，第三要素还是人。"此话足以证明风险投资家对创业者个人素质的关注程度。在他们看来，创业项目、商业计划、企业模式等都可适时而变，唯有创业者品质难以在短时间内改变。

创业者的品质决定着企业的市场声誉和发展空间。王汉荣之所以能够很快地赚到第一桶金，离不开他的诚信经营，他能以良好口碑带来滚滚财源，使创业渐入佳境。

自信——创业的动力

人的意志可以发挥无限力量，可以把梦想变为现实。对创业者来说，信心就是创业的动力。要对自己有信心，对未来有信心，要坚信成败并非命中注定而是全靠自己努力，更要坚信自己能战胜一切困难创业成功。王汉荣就是这样，不怕任何的流言，遇到任何的困苦都不放弃，始终相信自己的理念，所以才有了后来的"好利时"。

坚持——创业成功的必备要素

成功的第一个条件就是坚持。要创业成功，就要把竞争对手甩在后面，而在这一点上有时候就是靠时间来"耗着"，等别人没有耐性、坚持不下去了、自乱阵脚了，找别的、更大、更时髦的领域去了，那么你很有可能就是坚持到最后的胜利者。王汉荣就是靠着这份始终不放弃，始终坚持自己的理念，才能一步一步地走下来，越做越大。

关爱——创业成功的催化剂

企业的成功离不开团队力量，但在更多层面上取决于领导者本人。创业者是企业的一面精神旗帜，其一言一行都将影响企业的荣辱兴衰。在竞争日趋激烈的今天，产品和企业的公众形象定位，对创业成功与否起着关键作用。对别人关爱了，就会构成诚实、良好商业氛围的重要因素。王汉荣十分关心员工，跟员工像是朋友一般地相处，没有大脾气，没有架子。待人诚恳、亲切，员工都不畏惧跟他相处。

社交能力——借力打力觅捷径

随着人际关系在创业中的作用的逐渐加大，人脉圈日益成为创业信息、资金、经验的"蓄水池"，有时甚至在商业活动中能起到四两拨千斤的神奇功效。在现今社会，社交能力是创业成功者的必备素质。王汉荣总能结识很多的客户，和他们相处融洽，能说会道。说话也是一门艺术，所以他总能够拿到比别人更便宜的友情价。

2. 创业要有足够的资源

很多人在初次创业的时候，都是资源十分欠缺的。资源不足，会使企业创业成功的概率降低，但要有完全充分的资源也是不可能的。在资源具备上，一般来说，要符合两种条件：一是要有进入一个行业的起码的资源，另一方面是具备差异性资源。如果任何条件均不具备，创业成功的可能性很小。

创业资源条件主要包括几个方面：

业务资源：赚钱的模式是什么。

客户资源：谁来购买。

技术资源：凭什么赢取客户的信赖。

经营管理资源：经营能力如何。

财务资源：是否有足够的启动资金。

行业经验资源：对该行业资讯与常识的积累。

行业准入条件：某些行业受到一些政策保护与限制，需要进入资格条件。

人力资源条件：是否有合适的专业人才。

以上资源创业者也不需要100%的具备，但至少应具备其中一些重要条件，其他条件可以通过市场化方式来获取。创业者如有足够的财力资源，其他资源欠缺也可以弥补；如果有足够的客户资源，其他资源的欠缺也容易改变。

创业具备的条件是：足够的资本、行业经验、客户资源、技术创新、商业运作能力、与即将面对的竞争对手相比是否有明显的优势。

3. 先有业务，再创业

进入该行业为别人打工，通过打工的经历来积累经验与资源。那么"学费"自然由别的老板给你付了。

很多人创业是迫于生存的压力，希望赚多点钱，过上较好的生活。因此，在创业之初，是无所谓事业的，创业选择极具盲目性，为创业而创业，在刚开始创之前，对进入什么行业，以什么为赢利模式，都是一片茫然。很多创业者，先将公司注册好了，再考虑业务范畴。

创业者在创业之前，一定要有明确的创业方向，再决定创业。假如，选择了某一个行业，创业前一定要积累一些该行业的经验，收集相关的资讯，如果有可能，可以先考虑进入该行业为别人打工，通过打工的经历来积累经验与资源，这样"学费"自然由别的老板给你付了，也就用不着自己创业时交"学费"，行业知识、客户资源渠道、赢利模式都有了，再创业，成功就指日可待了。

3. 创业中经营能力最重要

经营赚钱的能力是最重要的，只要有非常出色的经营能力，自然会找到投资者，很多投资家天天都在找好项目投资。

很多年轻人在创业时，过多强调资金因素的影响力，其实则不然，创业条件中资金虽然很重要，但最重要的是创业者个人的经营能力，特别是业务能力。如果资金是根本因素，那好，我给你投资 1 000 万，你经营什么，你有什么可以确保赚钱吗？我想，很多人恐怕都无法保证，也不知道投资干什么，所以资金因素不是唯一的。

在创业初期，创业者个人的能力非常重要，事无巨细，都要自己亲自动手，创业不是一件很轻松的事情。在创业者的个人能力中业务能力，开发客户能力，综合应变能力十分重要。创业者其实很多时候就是一个业务经理，能够拿到订单什么都好办了。很多创业成功者，都是做业务出身。有了客户，有了订单，自然而然事情都变得容易了。

【案例思考】

1. 创业应具备哪些基本素质？
2. 创业需要哪些资源？
3. 经营能力在创业中处于什么地位？

三、实训活动

实训活动一　创业资源管理实训

创业资源管理实训目标

1. 训练学生创造性解决问题的能力。
2. 训练学生掌握资金需求分析的基本方法，体验资金筹措渠道。
3. 训练学生的团队合作与协调能力。

创业资源管理实训内容

本次实训包括两项活动，活动一是基于头脑风暴法进行创业资源种类及创业融资渠道体验，了解创业所需资源和获取途径。活动二是开展资金需求分析，形成创业融资方案和资金使用计划表。

创业资源管理实训方法

教师引导、游戏训练、能力提升。

创业资源管理实训要求

（一）实训整体活动要求

1. 本次实训采取分组角色扮演方式，每组 4~6 人。

2. 各团队必须按照教师指令完成各项活动，按规定提交各项材料。

3. 活动开展过程中各团队在各自指定区域活动，务必做到语言、行为文明。

（二）具体活动要求

1. 头脑风暴要求

（1）不允许有任何批评意见。

（2）欢迎异想天开（想法越离奇越好）。

（3）要求的是数量而不是质量。

（4）寻求各种想法的组合和改进。

2. 资金需求分析要求

各组必须在规定时间内提交资金使用计划表和资金筹措渠道表，逾时不予考评。

创业资源管理实训流程

第一节：50 分钟。

0~10 分钟：实训准备，教师向学生说明此次实训的目的、要求，组织学生分组，为学生指定活动范围。

10~20 分钟：每组开展每人 1 分钟竞聘即兴演讲，选出各组的总经理。

20~25 分钟：总经理分配本组成员角色，做好后续活动准备。

25~45 分钟：头脑风暴，各组经理组织本组成员开展两轮头脑风暴。

第一轮：回形针用途（5 分钟），请全体成员在 2 分钟内尽可能多地想出回形针的用途，每组指定一人负责记录想法的数量。教师组织各组代表汇报各组数量，然后举出其中"疯狂的"或"激进的"主意。以数量最多者评定最终胜出者。

第二轮：请各组列举开办一个花生油生产企业需要什么资源，有哪些融资渠道，专人记录资源数量、种类、融资渠道和方式的数量（15 分钟）。教师组织各组代表汇报各组数量，然后举出其中具有新意的方式。

45~50 分钟：教师总结、评价。

第二节：50 分钟。

0~10分钟：总经理带领各团队整理头脑风暴形成的创办花生油企业所需各项资源，列示所需要的具体投资项目。

10~20分钟：把需要投资项目的具体物品分类列表，测算每一类物品价格、数量，并汇总计算各项目所需资金总额，填制在资金使用计划表上。

20~30分钟：总经理带领团队讨论自己团队可以筹集到资金的可能性和数量、所在地区的贷款政策，确定资金筹措的渠道，填制资金筹措渠道表。

30~45分钟：各组提交资金使用计划表和资金筹措渠道表，派一名代表阐述本组观点。

45~50分钟：教师总结点评。

场地要求：可容纳100~200人的教室。

适宜授课人数：50~200人。

创业资源管理实训所需材料

（1）回形针。

（2）资金使用计划表（表4-1）和资金筹措渠道表（表4-2）。

表4-1　　　　　　　　　　　资金使用计划表

项目	具体项目	金额	比例
房租	厂房、办公室等的租金		
固定资产购置	企业用地、建设物、设备等		
原材料采购	原材料成本、运输费用、半成品成本等		
人力资源	工资、保险费等		
营销费	广告费、加盟费、市场推广费等		
……			
其他费	包括市场调查费、培训费、工商注册费等		
合计			

表4-2　　　　　　　　　　　资金筹措渠道表

筹措渠道	注意事项	金额（元）	比例（%）
自有资金	易获得、成本低		
私人拆借	利率较高		
银行贷款	利率合理、限制条件多		
……			
合计			

实训活动二　团队建设训练

团队建设训练目标

1. 训练学生团结协作的能力。
2. 训练学生具有奉献的精神。
3. 训练学生维护团队集体荣誉感的主动性。
4. 训练学生积极参与的意识。
5. 训练学生的创新能力。

团队建设训练项目内容

按照学生人数进行分组形成若干个团队，每个团队选举出队长，设计自己的团队名称、团队口号、队歌和队的标志，并上台进行演示。

团队建设训练条件

场地要求：可以容纳100人的教室，且该教室不能有固定桌椅。

人数要求：50~100人。

时间要求：50分钟。

项目道具：制作队旗用的各种颜色的海报纸、竹竿若干和胶水、剪刀等。

团队建设训练要求

（一）项目整体活动要求

1. 本次项目采取分组的方式，每组6~10人。
2. 各团队必须按照教师指令完成各项活动，并在规定时间内完成任务。
3. 项目开展过程中，各团队要做到语言、行为文明。

（二）具体活动要求

1. 各个队的队名、队歌、队的口号及队的标志不能有雷同。
2. 队歌可以选取现有的歌曲，但必须根据自己团队的队名、口号和理念等进行改编，也可以是成员自己创作的歌曲。
3. 上台进行演示时，由队长说明队名的含义，并带领本组成员一起呐喊团队口号，合唱队歌，展示队旗，各个团队都要拿出最好的精神面貌和气势。

团队建设训练流程

第一阶段：项目准备阶段（用时5分钟），教师向学生说明该项目的目的和要求及注意事项，组织学生分组，为学生指定活动范围；

第二阶段：项目实施阶段（用时 20 分钟），各组按照要求完成项目指定的任务，在这个过程中，教师要维护好秩序。

第三阶段：项目成果展示阶段（用时 20 分钟），各个团队用语言（包括肢体语言）展示团队风采，队名解释，队歌合唱和口号呐喊，以及队旗的展示。

第四阶段：总结阶段（用时 5 分钟），由教师对各个团队的情况进行点评。

实训活动三　传真

传真项目目标

1. 让学生体会创业团队中组织结构金字塔，基层管理者、中层管理者和高层管理者各自在创业团队中的任务应该是什么。

2. 了解创业团队管理中沟通管理的重要性。

3. 体会中层管理者对创业团队的重要性。

4. 思维定势对团队工作的影响，如何突破思维定势，创新性地完成工作。

5. 创业团队中创新和风险意识的重要性。

传真项目内容

把学生按照每组 6 人进行分组，将每组按照纵向排列，然后要求他们在 20 分钟内，按照任务书上的要求完成各自的任务。

传真项目条件

场地要求：可以容纳 100 人的教室，且该教室的桌椅不能是固定桌椅。

人数要求：50~100 人。

时间要求：50 分钟。

项目道具：若干张任务书。

传真项目要求

见任务书规则。

任务书 A

您是 A，您的后面是 B，您只能和 B 传递纸条。

B 的后面是 CDEF。

您的任务是：每一个人都有几个图形符号，从所有成员那里获得大家共同拥有的符号。

请在 20 分钟内完成任务，完成任务后请举手示意给培训师。

游戏规则：不能转头，不能走动，不能说话。只能通过传递纸条的方式与 B 沟通，需要传递信息的时候，请通讯员帮助传递。

请清楚写下想要传递的信息，纸条书写时要注明：from x to y（从 x 传到 y），或者 x——y，以及要沟通的内容，B 能够和 ACDEF 互传纸条，CDEF 只能和 B 传递纸条，其他的沟通方式是不允许的。

任务书 B

您是 B，您的前面是 A，您的后面是 CDEF。

游戏说明：不能走动、不能说话，你只能通过传纸条的方式与 ACDEF 沟通，需要传递信息的时候，会有一个通讯员帮助传递。请清楚写下想要传递的信息，纸条书写时要注明：from x to y（从 x 传到 y），或者 x——y，以及要沟通的内容，你能够和 ACDEF 互传纸条，CDEF 只能和你传递纸条，其他的沟通方式是不允许的。

Ⅶ	°	◆	¢	£	¤
1	3	5	7	9	11　13
打	排	摸	拍	扔	摞

任务书 C

您是 C，您的前面是 AB，您的后面是 DEF。

游戏说明：不能走动、不能说话，你只能通过传纸条的方式与 B 沟通，需要传递信息的时候，会有一个通讯员帮助传递。请清楚写下想要传递的信息，纸条书写时要注明：from x to y（从 x 传到 y），或者 x——y，以及要沟通的内容，其他的沟通方式是不允许的。

口	可	和	召	加	如
↓	£	¤	§	ⓙ	◆
2	4	6	8	10	12

任务书 D

您是 D，您的前面是 ABC，您的后面是 EF。

游戏说明：不能走动、不能说话，你只能通过传纸条的方式与 B 沟通，需要传递信息的时候，会有一个通讯员帮助传递。请清楚写下想要传递的信息，纸条书写时要注明：from x to y（从 x 传到 y），或者 x——y，以及要沟通的内容，其他的沟通方式是不允许的。

2	4	6	8	10	12
↑	¢	§	㊣	◆	£
口	可	和	召	加	如

任务书 E

您是 E，您的前面是 ABCD，后面是 F。

游戏说明：不能走动、不能说话，你只能通过传纸条的方式与 B 沟通，需要传递信息的时候，会有一个通讯员帮助传递。请清楚写下想要传递的信息，纸条书写时要注明：from x to y（从 x 传到 y），或者 x——y，以及要沟通的内容，其他的沟通方式是不允许的。

1	3	5	7	9	11	13
打	排	摸	拍	扔	摞	
△	°	◆	q	£	¤	

任务书 F

您是 F，您的前面是 ABCDE。

游戏说明：不能走动、不能说话，你只能通过传纸条的方式与 B 沟通，需要传递信息的时候，会有一个通讯员帮助传递。请清楚写下想要传递的信息，纸条书写时要注明：from x to y，或者 x——y，以及要沟通的内容，其他的沟通方式是不允许的。

2	4	6	8	10	12	
§	%	¥	@	★	¤	£	&
口	可	和	召	加	摞	

传真项目流程

第一阶段：项目准备阶段（用时 5 分钟）。教师向学生说明该项目的目的和要求及注意事项，组织学生每六人一组进行分组，将每组学生按照一列排开。

第二阶段：项目实施阶段（用时 20 分钟）。各个组按照要求完成项目指定的任务，在这个过程中，教师要维护好秩序。

第三阶段：项目分享阶段（用时 20 分钟）。各个团队成员上台分享自己从该项目中获得的体验，以及联系到学习和生活中，该项目带来的意义，过程中教师对该项目的意义进行引导。

第四阶段：总结阶段（用时五分钟）。由教师对整个项目的开展情况进行总结和点评。

实训活动四　新企业开办模拟注册实训

新企业开办模拟注册实训的目标

1. 训练学生创造性解决问题的能力。
2. 训练学生掌握公司命名的基本方法和技巧，体验公司注册全过程。
3. 训练学生团队合作与协调、沟通能力。

新企业开办模拟注册实训内容

新企业开办模拟注册实训的内容包括两项活动，活动一是体验公司命名，了解公司命名方法与技巧。活动二是依据公司注册流程，备齐公司注册所需资料，完成工商注册、税务登记、银行开户及公司商标（LOGO）设计。

新企业开办模拟注册的实训方法

教师引导、模拟实践训练、能力提升。

新企业开办模拟注册实训的要求

（一）实训整体活动要求

1. 本次实训采取分组角色扮演方式，每组5人。
2. 各组必须按照教师指令完成各项活动，按规定提交各项材料。
3. 活动开展过程中各组在指定区域活动，务必做到语言、行为文明。

（二）具体活动要求

1. 体验公司命名要求

（1）必须是本团队关注的行业。

（2）印象必须深刻（众所周知最好）。

（3）探寻公司命名印象深刻的原因。

2. 公司注册要求

各组必须在规定时间内完成工商注册、税务登记、银行开户等手续，完成公司商标设计，逾时不予考评。

新企业开办模拟注册的实训流程

0~10分钟：实训准备，教师向学生说明此次实训的目的、要求，组织学生分组，确定各组负责人。

10~15分钟：开展1分钟职能竞聘演讲，选出工商注册、税务登记、银行开户的服务组成员（或教师指定服务人员），各组负责人分配本组成员角色，做好后续活动准备。

15~25分钟：体验公司命名。请全体同学在1分钟内写出本组关注行业中让你印象最深的公司名称，每组负责人汇总后交服务组统计数量；各组代表选择一家公司名称说明印象最深的理由。

25~30分钟：教师总结，评价，按数量和知悉度评定优胜者。

30~45分钟：各组负责人带领各团队确定企业组织形式，拟定2~3个企业名称，选择经营场所、明确经营范围，确定投资人及出资金额。提交"企业名称预先核准申请书"，领取"企业名称预先核准通知书"，完成企业核名手续。

45~55分钟：各组提交"公司设立登记申请书"、"公司章程"和"企业名称预先核准通知书"，领取营业执照，完成工商注册手续。

55~65分钟：各组提交"办理税务登记证申请表"、"营业执照"和"公司章程"，领取税务登记证，完成税务登记手续。

65~75分钟：各组提交"开立单位银行结算账户申请书"、"营业执照"和"税务登记证"，签订"单位银行结算账户管理协议"，领取开户许可证，完成银行开户登记手续。

75~85分钟：各组进行商标设计，将商标设计与营业执照、税务登记证和开户许可证一并提交，结束公司注册模拟实践实训。按照完成时间的先后顺序及商标设计评定优胜者。

85~90分钟：教师总结点评。

场地要求：可容纳100~200人的教室。

适宜授课人数：50~200人。

新企业开办模拟注册实训所需材料

1. 企业名称预先核准申请书；
2. 企业名称预先核准通知书；
3. 公司设立登记申请书；
4. 公司章程；
5. 营业执照；
6. 办理税务登记证申请表；
7. 税务登记证；

8. 单位银行结算账户管理协议；

9. 开立单位银行结算账户申请书；

10. 银行开户许可证；

11. 公司注册各项目完成时间登记表。

表4-3　　　　　　　　企业名称预先核准申请书（1）

申请企业名称	
备选企业名称 （请选用不同的字号）	1. 2. 3.
经营范围	许可经营项目： 一般经营项目： （只需填写与企业名称行业表述一致的主要业务项目）
注册资本（金）	（万元）
企业类型	
住所所在地	
指定代表或者委托代理人	
指定代表或委托代理人的权限： 1. 同意□不同意□核对登记材料中的复印件并签署核对意见； 2. 同意□不同意□修改有关表格的填写错误； 3. 同意□不同意□领取"企业名称预先核准通知书"。	
指定或者委托的有效期限	自　年　月　日至　年　月　日

注：1. 手工填写表格和签字请使用黑色或蓝黑色钢笔、毛笔或签字笔，请勿使用圆珠笔。

2. 指定代表或者委托代理人的权限需选择"同意"或者"不同意"，请在□中打√。

3. 指定代表或者委托代理人可以是自然人，也可以是其他组织；指定代表或者委托代理人是其他组织的，应当另行提交其他组织证书复印件及其指派具体经办人的文件、具体经办人的身份证件。

表 4-4　　　　　　　　　　**企业名称预先核准申请书（2）**

投资人姓名或名称	证照号码	投资额（万元）	投资比例（%）	签字或盖章
填表日期	年　月　日			
指定代表或者委托代理人、具体经办人信息	签　字：			
	固定电话：			
	移动电话：			
（指定代表或委托代理人、具体经办人身份证明复印件粘贴处）				

注：1. 投资人在本页表格内填写不下的可以附纸填写。

2. 投资人应对第（1）、（2）两页的信息进行确认后，在本页盖章或签字。自然人投资人由本人签字，非自然人投资人加盖公章。

企业名称预先核准通知书

（　　　）名称预核　字［　　　］第　　号

根据《企业名称登记管理规定》和《企业名称登记管理实施办法》，同意预先核准下列　　　个投资人出资，注册资本（金）　　　　万元（币种　　　），住所设在　　　　　的企业名称为：　　　　　　　　　　　　　　　。

该预先核准的企业名称保留至　　　　　　　。在保留期内，不得用于经营活动，不得转让。

投资人名单及投资额、投资比例：　　　　　　　　　　　　　　　　　　　　。

年　月　日

注：1. 本通知书在保留期满后自动失效。有正当理由，在保留期内未完成企业设立登记，需延长保留期的，全体投资人应在保留期届满前1个月内申请延期。延长的保留期不超过6个月。

2. 企业设立登记时，应将本通知书提交登记机关，存入企业档案。

3. 企业设立登记时，有关事项与本通知书不一致的，登记机关不得以本通知书预先核准的企业名称登记。

4. 企业名称涉及法律、行政法规规定必须报经审批，未能提交审批文件的，登记机关不得以本通知书预先核准的企业名称登记。

5. 企业名称核准与企业登记不在同一机关办理的，登记机关应当自企业登记之日起30日内，将加盖登记机关印章的该营业执照复印件报送名称预先核准机关备案。未备案的，企业名称不受保护。

表4-5　　　　　　　　　　　公司设立登记申请书

名　称				
名称预先核准通知书文号			联系电话	
住　所			邮政编码	
法定代表人姓　名			职　务	
注册资本	（万元）	公司类型		
实收资本	（万元）	设立方式		
经营范围	许可经营项目： 一般经营项目：			
营业期限	长期／　　年	申请副本数量		个
本公司依照《公司法》《公司登记管理条例》设立，提交材料真实有效。谨此对真实性承担责任。 　　　　　　　　　　　　　　　　　　　　　　　法定代表人签字： 　　　　　　　　　　　　　　　　　　　　　　　　　年　月　日				

注：1. 手工填写表格和签字请使用黑色或蓝黑色钢笔、毛笔或签字笔，请勿使用圆珠笔。

2. 公司类型应当填写"有限责任公司"或"股份有限公司"。其中，国有独资公司应当填写"有限责任公司（国有独资）"；一人有限责任公司应当注明"有限责任公司（自然人独资）"或"有限责任公司（法人独资）"。

3. 股份有限公司应在"设立方式"栏选择填写"发起设立"或者"募集设立"。

4. 营业期限：请选择"长期"或者"××年"。

表 4-6　　　　　　　　　　　公司股票（发起人）出资信息

股东（发起人）名称或姓名	证件名称及号码	认缴 出资额（万元）	认缴 出资方式	认缴 出资时间	持股比例（%）	实缴 出资额（万元）	实缴 出资方式	实缴 出资时间

注：1. 根据公司章程的规定及实际出资情况填写，本页填写不下的可以附纸填写。

2. "备注"栏填写下述字母：A. 企业法人；B. 社会团体法人；C. 事业法人；D. 国务院、地方人民政府；E. 自然人；F. 外商投资企业；G. 其他。

3. 出资方式填写：货币、实物、知识产权、土地使用权、其他。

表 4-7　　　　　　　　　　　董事、监事、经理信息

姓名_____ 职务_____ 身份证件号码：_____

（身份证件复印件粘贴处）

姓名_____ 职务_____ 身份证件号码：_____

（身份证件复印件粘贴处）

姓名_____ 职务_____ 身份证件号码：_____

（身份证件复印件粘贴处）

表4-8 　　　　　　　　　　　法定代表人信息

姓　名		联系电话	
职　务		任免机构	
身份证件类型			
身份证件号码			
（身份证件复印件粘贴处）			
法定代表人签字：　　　　　　　　　　　　　　　　　　　　　　　　　　年　月　日			
以上法定代表人信息真实有效，身份证件与原件一致，符合《公司法》《企业法人法定代表人登记管理规定》关于法定代表人任职资格的有关规定，谨此对真实性承担责任。 　　　　　　　　　　　　　　　　　　　　　　　　　　（盖章或者签字） 　　　　　　　　　　　　　　　　　　　　　　　　　　　　年　月　日			

　　注：依照《公司法》、公司章程的规定程序，出资人、股东会确定法定代表人的，由二分之一以上出资人、股东签署；董事会确定法定代表人的，由二分之一以上董事签署。

　　　　　　　　　　　　　　　　　公司章程

　　为了规范公司的组织和行为，维护公司、股东、债权人的权益，依据《中华人民共和国公司法》（以下简称《公司法》）和《中华人民共和国公司登记管理条例》（以下简称《公司条例》）及其他有关法律、行政法规的规定，由＿＿＿＿＿＿＿、＿＿＿＿＿＿＿共同出资设立＿＿＿＿＿＿＿＿＿＿＿＿＿＿＿公司（以下简称"公司"），特制定本章程。

第一章　公司名称和住所

　　第一条　公司名称：＿＿＿＿＿＿＿＿＿＿＿＿＿＿＿＿＿＿
　　第二条　公司住所：＿＿＿＿＿＿＿＿＿＿＿＿＿＿＿

第二章　公司经营范围

　　第三条　经营范围：
＿＿
＿＿

第三章　公司注册资本

　　第四条　公司注册资本：＿＿＿＿＿＿　　实收资本：＿＿＿＿＿＿
　　公司增加或减少注册资本，必须召开股东会并由三分之二以上股东通过并作出决议。公司减少注册资本，还应当自作出决议之日起十日内通知债权人，并于三十日内在报纸上公告。自公告之日起四十五日后申请变更登记，公司变更注册资本应依法向登记机关办理变更登记手续。公司减资后的注册资本不得低于法定的最低限额。

第四章　股东的名称、出资方式、出资额和出资时间

第五条　股东的姓名、出资方式及出资额如下：

股东名称　身份证号码　认缴额　实缴额　出资方式　出资比例　出资时间

_____
_____
_____
_____
_____

第六条　公司成立后，应向股东签发出资证明书。

第七条　全体股东的货币出资额不得低于有限责任公司注册资本的百分之三十，股东首次出资是非货币财产的，应当在公司设立登记时提交已办理其财产权转移手续的证明文件。公司全体股东的首次出资额不得低于注册资本的百分之二十，也不得低于法定的注册资本最低限额，其余部分由股东自公司成立之日起两年内缴足。

第五章　股东的权利和义务

第八条　股东享有如下权利：

（1）参加或推选代表参加股东会并根据其出资份额享有表决权；

（2）了解公司经营状况和财务状况；

（3）选举和被选举为执行董事或监事；

（4）依照法律、法规和公司章程的规定获取股权并转让；

（5）经股东同意转让的股权，在同等条件下，其他股东有优先购买权；

（6）股东按照实缴的出资比例分取红利；

（7）公司新增资本时，股东有权优先按照实缴的出资比例认缴出资；

（8）公司终止后，依法分得公司的剩余财产；

（9）有权查阅、复制公司章程、股东会会议记录、董事会会议决议、监事会会议决议和公司财务会计报告；

第九条　股东承担以下义务：

（1）遵守公司章程；

（2）按期足额缴纳公司章程中规定的各自所认缴的出资额；

（3）不按前款规定缴纳出资的，除应当向公司足额缴纳外，还应当向已按期足额缴纳出资的股东承担违约责任；

（4）公司成立后，发现作为设立公司出资的非货币财产的实际价额显著低于公司章程所定价额的，应当由交付该出资的股东补足其差额；公司设立时的其他股东承担连带责任。

（5）公司成立后，股东不得抽逃出资。

第六章　股东转让出资

第十条　股东之间可以相互转让其全部出资或者部分出资。股东向股东以外的人转让其出资时，必须经其他股东过半数同意。股东应就其股权转让事项书面通知其他股东征求同意，其他股东自接到书面通知之日起满三十日未答复的，视为同意转让。其他股东半数以上不同意转让的，不同意的股东应当购买该转让的股权；不购买的，视为同意转让。

经股东同意转让的股权，在同等条件下，其他股东有优先购买权。两个以上股东主张行使优先购买权的，协商确定各自的购买比例；协商不成的，按照转让时各自的出资比例行使优先购买权。

第十一条　人民法院依照法律规定的强制执行程序转让股东的股权时，应当通知公司及全体股东，其他股东在同等条件下有优先购买权。其他股东自人民法院通知之日起满二十日不行使优先购

买权的，视为放弃优先购买权。

第十二条　股东依法转让其出资后，公司应当注销原股东的出资证明书，向新股东签发出资证明书，并相应修改公司章程和股东名册中有关股东及其出资额的记载。

第十三条　有下列情形之一的，对股东会该项决议投反对票的股东可以请求公司按照合理的价格收购其股权：

（1）公司连续五年不向股东分配利润，而公司该五年连续盈利，并且符合本法规定的分配利润条件的；

（2）公司合并、分立、转让主要财产的；

（3）公司章程规定的营业期限届满或者章程规定的其他解散事由出现，股东会会议通过决议修改章程使公司存续的。

自股东会会议决议通过之日起六十日内，股东与公司不能达成股权收购协议的股东可以自股东会会议决议通过之日起九十日内向人民法院提起诉讼。

第十四条　自然人股东死亡后，其合法继承人可以继承股东资格。

第七章　公司的机构及其产生办法、职权、议事规则

第十五条　股东会由全体股东组成，是公司的权力机构，行使下列职权：

（1）决定公司的经营方针和投资计划；

（2）选举和更换非由职工代表担任的执行董事，决定有关执行董事的报酬事项；

（3）选举和更换非由职工代表担任的监事，决定有关监事的报酬事项；

（4）审议批准执行董事的报告；

（5）审议批准监事的报告；

（6）审议批准公司的年度财务预算方案、决算方案；

（7）审议批准公司的利润分配方案和弥补亏损的方案；

（8）对公司增加或者减少注册资本做出决议；

（9）对发行公司债券做出决议；

（10）对公司合并、分立、解散和清算或者变更公司形式做出决议；

（11）对公司向其他企业投资或者为他人担保做出决定；

（12）修改公司章程。

对前款所列事项股东以书面形式一致表示同意的，可以不召开股东会会议。

直接作出决定，并由全体股东在决定文件上签名、盖章。

第十六条　股东会会议由股东按照出资比例行使表决权。

第十七条　股东会的首次会议由出资最多的股东召集和主持。

第十八条　股东会会议分为定期会议和临时会议，并应当于会议召开十五日以前通知全体股东。定期会议每年召开一次；代表十分之一以上表决权的股东，三分之一以上的董事，监事会或者不设监事会的公司监事提议召开临时会议的，应当召开临时会议。

第十九条　股东会会议由执行董事召集并主持。执行董事不能履行或者不履行召集股东会会议职责的，由公司的监事召集和主持，监事不召集和主持的，代表十分之一以上表决权的股东可以自行召集和主持。

第二十条　股东会应当对所议事项的决定作出会议记录，出席会议的股东应当在会议记录上签名。

第二十一条　公司不设董事会，设执行董事一人，由股东会选举产生，一致同意选举_____为执行董事。执行董事对公司股东会负责；执行董事任期3年，任期届满，可连选连任。执行董事负责召集和主持股东会会议。

第二十二条　公司法定代表人由股东会选举产生，_____为法定代表人兼执行董事、经理，

法定代表人对股东会负责，行使下列职权：

（1）向股东会报告工作；

（2）执行股东会决议；

（3）决定公司的经营计划和投资方案；

（4）制订公司的年度财务预算方案、决算方案；

（5）制订公司的利润分配方案和弥补亏损方案；

（6）制订公司增加或者减少注册资本以及发行公司债券的方案；

（7）制订公司合并、分立、解散或者变更公司形式的方案；

（8）决定公司内部管理机构的设置；

（9）决定聘任或者解聘公司经理及其报酬事项，并根据经理的提名决定聘任或者解聘公司副经理、财务负责人及其报酬事项；

（10）制定公司的基本管理制度。

第二十三条　公司设经理1名，由股东会选举产生，_____为经理。经理对股东会负责，行使下列职权：

（1）主持公司的生产经营管理工作，组织实施股东会决议；

（2）组织实施公司年度经营计划和投资方案；

（3）拟订公司内部管理结构设置方案；

（4）拟定公司的基本管理制度；

（5）制定公司的具体规章；

（6）提请聘任或者解聘公司副经理、财务负责人；

（7）决定聘任或者解聘除应由执行董事聘任或者解聘以外的负责管理人员；

（8）经理不是股东的，列席股东会会议。

第二十四条　公司设监事1人，由公司股东会选举产生，_____为监事，监事对股东会负责，监事任期每届3年，任期届满，可连选连任。

监事行使下列职权：

（1）检查公司财务；

（2）对执行董事、高级管理人员行使公司职务的行为进行监督，对违反法律、行政法规、公司章程或者股东会决议的执行董事、高级管理人员提出罢免的建议；

（3）当执行董事、高级管理人员的行为损害公司的利益时，要求执行董事、高级管理人员予以纠正；

（4）提议召开临时股东会会议，在执行董事不履行公司法规定的召集和主持股东会会议职责时召集和主持股东会会议；

（5）向股东会会议提出提案；

（6）依照公司法的有关规定，对执行董事、高级管理人员提起诉讼；

（7）在发现公司经营情况异常时监事有进行调查的权利，并可以聘请会计师事务所等协助其工作，费用由公司承担。

第二十五条　公司执行董事、高级管理人员不得兼任公司监事。

第八章　财务、会计、利润分配及劳动用工制度

第二十六条　公司应当依照法律、行政法规和国务院财政部门的规定建立本公司的财务、会计制度，并应在每一会计年度终了时编制财务会计报告，并依法经会计师事务所审计。财务会计报告应当依照法律、行政法规和国务院财政部门的规定制作并依照公司章程规定的期限送交各股东。

第二十七条　公司利润分配按照《公司法》及有关法律、法规，国务院财务主管部门的规定执行。

第二十八条　劳动用工制度按国家法律、法规及国务院劳动部门的有关规定执行。

第九章　公司的解散事由与清算办法

第二十九条　公司有下列情形之一的，可以解散：

（1）公司章程规定的营业期限届满或者公司章程规定的其他解散事由出现时；但公司通过修改公司章程而存续的除外；

（2）股东会决议解散；

（3）因公司合并或者分立需要解散的；

（4）依法被吊销营业执照、责令关闭或者被撤销；

（5）人民法院依照公司法第一百八十三条的规定予以解散。

第三十条　公司解散时，应依《公司法》的规定成立清算组对公司进行清算。清算组应当在成立之日起十日内将清算组成员、清算组负责人名单向公司登记机关办理备案。清算组应当自成立之日起十日内通知债权人，并于六十日内在报纸上公告。债权人应当自接到通知书之日起三十日内，未接到通知书的自公告之日起四十五日内，向清算组申报债权。

第三十一条　清算组在清理公司财产、编制资产负债表和财产清单后，应当制订清算方案，并报股东会或者人民法院确认。清算期间，公司存续，但不得开展与清算无关的经营活动。公司财产在分别支付清算费用、职工的工资、社会保险费用和法定补偿金，缴纳所欠税款，清偿公司债务后的剩余财产，有限责任公司按照股东的出资比例分配。公司未依照前款规定清偿前，不得分配给股东。

第三十二条　清算组在清理公司财产、编制资产负债表和财产清单后，发现公司财产不足以清偿债务的，应当依法向人民法院申请宣告破产，公司经人民法院裁定宣告破产后，清算组应当将以清算事务移交给人民法院。

第三十三条　公司清算结束后，清算组应当制作清算报告，报股东会或者人民法院确认，并报送公司登记机关，申请注销公司登记，公告公司终止。

第十章　股东认为需要规定的其他事项

第三十四条　公司的营业期限为50年，从公司成立之日起计算。

第三十五条　公司根据需要或涉及公司登记事项变更的可修改公司章程，修改后的公司章程不得与法律、法规相抵触。修改后的公司章程应送原公司登记机关备案，涉及变更登记事项的，同时应向公司登记机关做变更登记。

第三十六条　公司章程的解释权属于股东会。

第三十七条　公司登记事项以公司登记机关核定的为准。

第三十八条　本章程未尽规定事项，按《公司法》和《公司登记管理条例》执行，公司章程条款如与国家法律、法规相抵触的，以国家法律法规为准。

第三十九条　本章程经出资人共同订立，自公司设立之日起生效。

第四十条　本章程一式三份，公司留存一份，并报公司登记机关备案一份。

全体股东签字（盖章）：

_____年___月___日

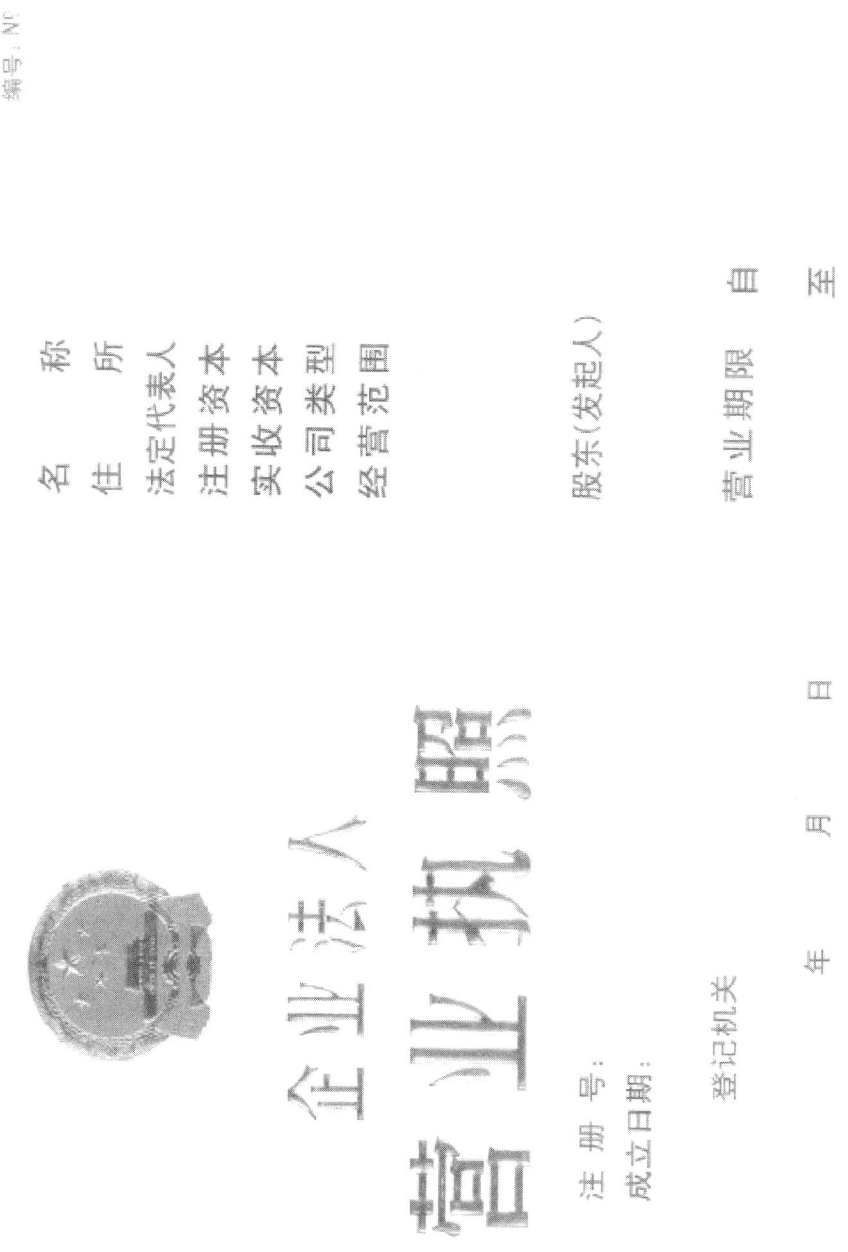
编号：NO

企业法人

营业执照

注册号：

成立日期：

登记机关

年 月 日

名 称

住 所

法定代表人

注册资本

实收资本

公司类型

经营范围

股东（发起人）

营业期限 自

至

图 4-2 营业执照（正本）

办理税务登记证申请表（1）

根据《中华人民共和国税收征收管理法》有关规定，我单位（个人）特提出办证申请，所提供资料（A4纸复印件）及填写内容保证真实、正确、合法，并愿承担法律责任（本表请用蓝、黑色墨水填写）。

随附提供以下资料：

1. 营业执照（事业法人登记证）　份

2. 法定代表人（业主）身份证　份

3. 章程、协议　份

4. 会计证　份

5. 上级批文　份

6. 银行开户许可证　份

7. 企业代码证　份

8. 验资报告　份

9. 收费许可证　份

10. 总机构税务登记证　份

11. 企业公章

12. 法定代表人（业主）私章

申办人名称：_____

申办人（公章）　　　　　　　　　　　　　　　　法定代表人或业主（私章）

　　　　　　　　　　　　　　　　　　　　　　　　申请日期：　年　月　日

表 4-9　　　　　　　　办理税务登记证申请表（2）

纳税人名称				联系电话	
主管单位				行　业	
经营场所				从业人数	
所在场地				登记注册类型	
投资总额 （　） 万元	投资各方名称	投资金额	投资比例		
财务负责人		办税人员		核算形式	
低值易耗品摊销办法	1. 一次摊销法 2. 五五摊销法 3. 分次摊销法	折旧方式	1. 平均年限法 2. 工作量法 3. 年数总和法 4. 双倍余额递减法	预算管理形　式	1. 全额预算 2. 差额预算 3. 自收自支 4. 预算外
	开户银行		账　号	币　种	是否缴税账号
电子邮箱地址					
总机构情况	企业名称			法　定代表人	
	注册地址			登记注册类　型	
	注册资本		税务登记号	主管税务机　关	

以下由受理登记税务机关填写

税务登记代码	副本份数	发证日期	户管单位
税务登记经办人 （签章） 日期			

图 4-3 税务登记证

单位银行结算账户管理协议

甲方（存款人）：
乙方（开户银行）：
根据《人民币银行结算账户管理办法》和甲方提出的申请，乙方同意为甲方开立_____存款账户，户名为：_____，账号为：_____。为明确双方的责任，现签订协议如下：

一、甲乙双方承诺遵守《支付结算办法》《人民币银行结算账户管理办法》《现金管理暂行条例》等有关法律法规、规章制度办理所有支付结算业务。

二、甲方的义务

1. 按照《人民币银行结算账户管理办法》的要求提供相关开户资料，并保证开户资料的真实、完整、合法；

2. 按规定使用银行结算账户；

3. 开户资料变更时在规定的期限内及时通知银行；

4. 按规定使用支付结算工具；

5. 按规定支付服务费用；

6. 及时与乙方核对账务；

7. 销户时应交回开户登记证、各种重要空白票据和结算凭证；

8. 按照《人民币银行结算账户管理办法》的规定及时办理开户资料的变更手续或者账户的撤销；

9. 甲方自行承担因违反人民银行的有关规定和未正确履行上述义务造成的资金损失。

三、乙方的义务

及时准确办理支付结算业务；

依法保障甲方的资金安全；

依法为甲方的银行结算账户信息保密；

及时与甲方核对账务；

因违反上述义务给甲方造成损失的，按照人民银行有关规定及有关法律法规承担责任。

四、乙方在为甲方办理销户手续后，双方的权利义务关系解除。

五、在合同履行过程中发生争议，可以通过协商解决；协商不成的，按以下第_____种方式解决：（一）向乙方所在地人民法院起诉；（二）提交_____仲裁委员会（仲裁地点为_____），按照申请仲裁时该会现行有效的仲裁规则进行仲裁。仲裁裁决是终局的，对双方均有约束力。在诉讼或仲裁期间，本协议不涉及争议部分的条款仍须履行。

六、本协议经甲方法定代表人（负责人）或授权代理人签字并加盖公章及乙方负责人或授权代理人签字并加盖公章后生效。按照有关规定账户开立需要人民银行核准的，本协议经甲方法定代表人（负责人）或授权代理人签字并加盖公章及乙方负责人或授权代理人签字并加盖公章且经人民银行核准后生效。

甲　方（公章）	乙　方（公章）
法定代表人（负责人）	负责人
或授权代理人（签字）	或授权代理人（签字）
年　月　日	年　月　日

表 4-10　　　　　　　　　　开立单位银行结算账户申请书

申请日期　年　月　日

存款人名称		电　话	
账户性质		邮　编	
地　址		联系人	
证明文件种类		编　号	
营业执照有效期		组织机构代码	
存款人类别		法定代表人或负责人姓名	
注册地地区代码		身份证件种类	
开户登记证核准号		身份证件号码	
经营范围		注册资金（人民币）	
税务登记证编号（地税）		税务登记证编号（地税）	
专用存款账户资金性质			

有上级法人或主管单位的应填写以下内容：

上级法人或主管单位名称			
法定代表人或负责人姓名		身份证件种类	
组织机构代码		身份证件号码	
基本存款账户开户登记核准号			

有关联企业的应填写以下内容：

关联企业名称	

以下栏目由银行审核后填写：

开户银行名称		开户银行代码	
账号		开户日期	
基本存款账户开户登记证核准号		临时存款账户有效期 至　年　月　日止	
账户性质	基本存款账户（　　）　一般存款账户（　　） 专用存款账户（　　）　临时存款账户（　　）		

申请单位： （签章） 年　月　日	主管单位意见 （签章） 年　月　日
开户银行审核意见 （签章） 年　月　日 授权　　　经办	人民银行审核意见 （签章） 年　月　日

注：申请人在填写前请认真阅读并签署申请书背面的《单位银行结算账户管理协议》。

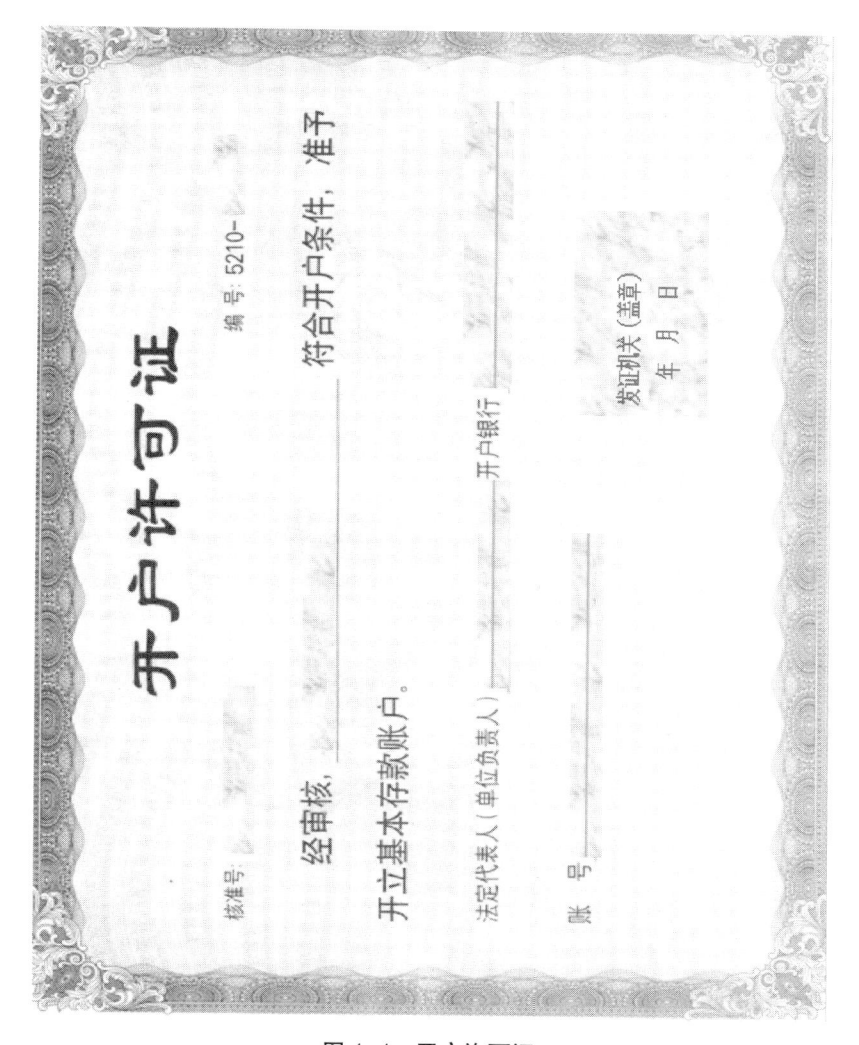

图 4-4 开户许可证

表 4-11　　　　　　　　　公司注册各项目完成时间登记表

公司名称：		
项目名称	完成时间	承办人、经办人签字
1. 公司核名		
2. 工商登记		
3. 税务登记		
4. 银行开户		
5. 商标设计		
名次		

四、深度思考

IT 创业失败案例解析[①]

在互联网泡沫破灭时期，我和朋友一起成立了一家软件公司，我自己担任首席技术官（chief technology officer，CTO）一职。我们开发了一款知识管理软件，包含了博客、维基百科（Wiki）、文档管理系统、链接管理和技能管理等。

我们在 1999 年开始创业，当时基本没有其他人做维基百科和博客，我们算很早的（Moveable Type 成立于 2001 年）。链接管理系统本质上和后来的美味书签（Delicious）一样，除了那些新特性（至少是在 1999 年）之外，还有如下三大特性：

（1）所有东西都可以添加标签。技能、人、链接、文档、博文、维基百科和今天的分众分类法。标签也可以接到其他文档、博文和人。

（2）所有东西都可以评分（1~5 五个等级）。

（3）基于标签和评分，我们做了一个灵巧的模糊搜索。比如，如果你的团队需要 Oracle 大师，在搜索"Oracle 大师"时，也会返回精通 SQL Server 的专家。

我们从风投公司那得到一笔种子投资资金，我们非常高兴并成功开发我们的程序。在向很多用户展示（程序）后，我们收到了来自大公司的有利反馈。但我们的创业为什么失败了呢？为什么我并没有成为百万富翁？其中有太多的原因，但正如我在《成功商业规则》一文中所说，成功的商业规则很简单：

（1）客户是你公司的头等大事；

（2）最佳商业计划是卖客户所需的产品；

（3）如果你的收入高于支出，那你的公司就成功了。

对企业来说，重中之重的事情就是卖出产品。但事实上，很多创业公司都忘记了，包括我们。左思右想后，我们得出为什么失败的 6 个原因（由于风投公司市场崩溃，在我们需要资金的时候，无人能资助一毛钱。这个明显原因除外）：

1. 我们没有卖出任何东西（第一部分）

我们之所以没有卖出任何东西，是因为我们没有产品可卖。我们一直在招优秀的工程师，一直等到产品做完。产品完成后，我们才开始销售。我们曾在中途出售产品，

[①] 作者不详. IT 创业失败案例解析·第一篇 [EB/OL]. [2010-11-09] http://article.yeeyan.org/view/238590/149409.

不过是接近 1.0 的版本。这一举措导致我们将过多注意力放在开发上，没有充分关注产品销售。因为我们认为没有一个完成产品，就无法推向客户。后来，我们慢慢学到两件事：

如果你的产品是软件，并非一定等产品完成之后才开始出售。和管理层之间的第一场销售会议，完全可以用截图、模型和幻灯片向管理层展示。对我们的客户而言，如果产品完全是陌生的，我们首先必须使客户明白那些概念（维基百科、博客和标签）。没有成品，这完全就可以做到。

成立公司之前就开始做销售工作。现在就开始！你没有必要成立公司之后才开始向客户出售新事物。现在就开始！当人们真正需要买你的产品时，就开始组建公司吧。

2. 我们没有卖出任何东西（第二部分）

我们之所以没有卖出任何东西，是因为我们没有销售人员。真失败！当然了，我们一直在寻找合适的销售人员。商业计划上说：寻找销售的最好方法是组建销售团队。组建团队费时又耗力，并且我们根本没时间和相应资源。如果你想出售产品，找一个销售当合作伙伴，或者一开始就雇佣销售。

3. 我们没有卖出任何东西（第三部分）

我们之所以没有卖出任何东西，是因为客户不会买。虽然我们的产品很优秀，用户也喜欢，但用户决定购买的时间太漫长了。"（潜在客户公司的）底层——产品经理——整个公司"，我们想通过这样的流程来出售产品。但每次一听说产品是知识管理软件，每位高管都决定放到他的工作日程中，而不是立即决定是否购买。所以，知识管理软件进入命令传达链条中，并没有真正的决策人。

我们在非相关的人身上浪费太多的时间了，我们应当直接找决策人。在我们的销售对象中，有一些大公司，我也确认他们最后会买，但我们创业公司不能等啊。比如，和我们产品对比而言，思爱普（SAP）有时间等待，甚至可以等一年。卖企业软件需要耗费很多时间。

4. 市场大门尚未开启

市场大门尚未开启。当时没人听说过博客、维基百科和标签。我们不得不向客户解释维基百科的好处（每个人都可以编辑，每个人！）、博客的好处（每个人都可以发表观点，每个人！）和标签的好处。如果是几年之后，出售博客、维基百科和标签平台会更容易。

5. 我们过于注重技术

所有的创始人都沉迷于技术。我们使用的是 EJB（EJB 那时候还不是很成熟），我们把所有的东西输出为 XML，然后用 XSLT 把 XML 转化为 HTML（转化速度还不够快），编写自己的 OR 映射器——多么愚蠢的想法（当时还没有 Hibernate），尝试 CSS 驱动网站（那时候也没用相关知识）。这导致代码重写，这耗费我们大量时间。我们向客户之间的技术讨论也同样费时，讨论结果令人沮丧。

6. 我们的商业模式错误

简而言之：我们的商业模式错误。卖出软件最终能收获不少钱，但这需要时间。在没有进账的情况下，我们有前期成本，达成出售交易耗时不短并且一直在烧钱。

更好的模式应当是：做知识管理相关的咨询，并以开源产品开头。

我们的确向某些公司咨询过如何做知识管理和如何使用维基百科等。但我们根本没在咨询上花一分钱，因为这是我们销售计划的一部分。关注咨询和收费人群将带来稳定收入。

我后来的确涉入开源，并做了一个开源产品 SnipSnap。SnipSnap 采用（一小部分）创业点子（仅维基百科和博客）。很多人下载并安装了这款软件。我们真正简化 SnipSnap 的安装，因此它才能快速传播。我曾和一家非常大的软件咨询公司的老板讨论过，他告诉我，他们根本用不上维基百科，因为它太乱，结构性不好。呵呵，事实上我知道他公司的好几台电脑都安装了 SnipSnap。正如其他人现在所做的一样，我们也可以从开源项目开始，然后基于它再提供付费支持和企业级功能。后来有公司付费给我们，要求在 SnipSnap 中添加新功能，使其和其他公司抗衡。但是在 1999 年，我们对商业模式的了解，远没有现在这么多。

你能从我的失误中学到什么呢？

在软件管理、产品、商业模式、资金和做首席技术官这些方面，我已经学到了很多。你能从我的失误中学到什么呢？有一点可以肯定：尽早考虑销售、尽快销售出公司的服务或产品。

第五章　就业准备

【学习目标】

通过本章知识点学习，使学生了解就业前需要做好哪些准备；通过课堂讨论及案例分析，使学生正确地认知做好就业心理准备、制订就业计划的重要性；通过撰写个人简历和求职信，使学生掌握制作个人简历、写作求职信的基本方法和技巧；通过深度思考增强学生对就业准备重要性的认识。

一、本章知识点

（一）知识、能力及心理准备

1. 知识准备——建立合理的知识结构

（1）知识结构的概念

知识结构是指一个人所拥有的知识体系的构成情况与结合方式。它是由诸多要素结合而成的有序列、有层次的整体信息系统。

（2）合理的知识结构构成

①基础知识。基础知识主要是指语文、数学、外语、计算机、历史、地理、经济、社会、人文等文化基础知识和专业基础知识。通过各类知识的基础教育，可以提高个人的综合素质，增强进入社会后的适应能力，为未来更大的发展提供良好的知识储备。基础知识也是专业学习的一个铺垫。应该充分认识到基础知识的重要性，遵循宽基础、厚积累的原则，努力扩大知识面。

②专业知识。专业知识是指与所学专业相关的知识，是知识结构中的主要内容，也是走向专业工作岗位所需知识的主要方面。专业知识的学习是社会职业专门化发展的必然要求，也是大学生择业的基本方向，因此，专业学习应以应用为主要目的。

③综合知识。随着现代社会的发展，知识更新速度不断加快，一方面，交叉科学、边缘科学的知识不断涌现，另一方面，新技术、新设备、新工艺层出不穷。所以学习

各种不同的知识不仅是重要的也是迫切的。还应在加强基础和专业知识学习的同时，不断拓宽知识面，加深对不同学科领域知识的理解和融合，提高自身修养和创新能力。

（3）合理知识结构的特点

①有序性：从一般知识结构的组成来看，从低到高、从核心到外围分为不同的层次。由低到高是指从基础知识到专业知识，直至前沿科技知识，要求知识由浅入深地积累，并逐步提高。从核心到外围是指在核心知识确定的情况下，将那些与核心知识有关的知识紧密地联系在一起，构成一个合理的知识结构，突出核心知识的中心作用。

②整体性：知识结构与其他事物一样，是一个有机的整体，组成整体的各部分之间，都相互依赖、相互联系、相互作用、相互制约。如果只有数量的优势，而没有相互协调、配合融通，就很难产生知识结构的整体优势。

③开放性：知识结构本身是变化的，处于动态过程当中，并随着社会的发展、目标的不同而不断调整。一个人的知识总是有限的，在工作当中难免会发现自己的知识欠缺。只有根据变化不断调整、充实和提高，才能适应社会和职业的发展。一个合理的知识结构本身就是开放的，并具有这样的转换能力。

2. 能力准备——培养综合能力

（1）能力准备的重要性

能力因素不仅在很大程度上影响了职业选择中的就业准备和就业满意度，对就业准备有关的因素也起了很大作用。一般来说，最有帮助的能力是对社会的适应能力；帮助较大的是竞争意识、合作意识、挑战意识、解决实际问题的能力、表达能力、人际交往能力和创新意识、勇气；接下来是奉献精神和专业技能或特长。

（2）综合能力构成

①独立生活的能力

这是大学毕业生起码的能力。有了这种能力，不仅能使一个人能够生活得有条理，可应付一些突发困难，而且也为一个人打下了独立学习、独立工作的坚实基础。社会毕竟比学校要广阔得多、复杂得多，如果一切都要唯别人是从，那就很难适应新的环境。

②系统的学习能力

这是大学毕业生获取新知识、学习和掌握新科学、新技术的一种能力。它主要是指自学能力，具体包括：确定学习目标的能力、制订学习计划的能力、阅读分析的能力、解决问题的能力、自觉调节学习计划的能力、查找图书或检索信息资源的能力等。系统的学习能力，是不断更新知识、提高社会适应能力的保证。

③实际动手能力

重经验是企业用人之本。发达国家，包括著名跨国公司，对人才标准的界定早已走出了"唯学历"、"唯学位"的误区，而主要强调两个导向：

能力导向。虽然要考虑人才的学历和职称，但更突出其综合能力和专业水平，从而真正做到唯才是用。因为一个人的综合素质，是很难用学历体现出来的。如果一个名牌大学毕业生五年做不出成绩，就很难讲他就是一个有用之才。

业绩导向。在竞争环境中，业绩是至关重要的，因为只有业绩才能把一个人同其他竞争者区别出来。在进行人才评价时，不能仅看文凭和其毕业的大学，而是要看他给社会做了哪些贡献，有何业绩。

④社交和合作能力

随着科学技术日新月异的变化发展，科技活动的社会化程度不断提高，人与人之间、上下级之间、单位与单位之间、地区与地区之间、国与国之间的交往与合作日益频繁，相互之间的关系也日趋复杂。大学毕业生在日常的生活工作中，不可避免地要涉及各种各样的关系，处理好这些关系，做到既不损害有关原则，又能促进事业的成功，这的确是一门极深的学问，每个毕业生都应该给予足够的重视。为此，大学毕业生不仅要具有较强的系统学习能力和专业方面的技能，还需要有较好的社会合作能力。

⑤组织管理能力

为完成某一特定的任务而制订相应的计划和方案，并为顺利地完成这一任务而进行组织、指挥和有效控制，最大限度地调动周围群众积极参与的能力。大学毕业进入社会后，必然要面临大量的管理问题，甚至还可能负责某一方面的领导工作，因而一个人是否具备一定的组织管理能力，将直接关系到他能否胜任未来的工作。

⑥开拓创新能力

在多种能力发展的基础上创造新颖、独特、有社会价值的精神和物质产品的能力。开拓创新能力是以具有满腔热情、坚强的毅力、一丝不苟的精神、相当的知识、科技能力为前提的，是以各方面能力全面发展和应用为基础的。大学生具有思维敏捷，接受新知识、新事物快，工作热情高，思想束缚少等特点。因此，勇于开拓、大胆创新，这是大学毕业生应具备的能力。

⑦科学思维能力

科学思维能力的特征：

A. 思维的广阔性：指能全面而又细致地考虑问题。具有广阔思维的人，不仅能考虑问题的整体，还能考虑问题的细节；不但能考虑问题本身，而且能考虑与问题有关的其他条件。

B. 思维的深刻性：指思维活动的抽象程度和逻辑水平，以及思维活动的广度、深度和难度。它表现为智力活动中深入思考问题，善于概括、归类，逻辑性强，善于抓住事物的规律和本质，开展系统的理解活动，善于预见事物的发展进程。

C. 思维的灵活性：思维能迅速、轻易地从一类对象转变到另一类对象的能力，思维的灵活性是针对思考问题、解决问题的随机应变程度而言的。具体来说，是指当问题的情况与条件发生变化时，能够打破旧框框，提出新办法。

D. 思维的敏捷性：指思维过程的简缩性和快速性。具有这一思维品质的人在处理问题和解决问题的过程中，能够适应迫切的情况来积极地思考，并迅速地做出判断。

E. 思维的独立性：指善于独立思考，善于独立发现问题和解决问题。独立性的思维主要在于不寻求现有的解决方案，不依赖别人的思想和原则，能创造性地寻求并获得研究现实的新途径、新事实和规律，提出新的解释和结论。

F. 思维的批判性：指在思维活动中善于估计思维材料、检查思维过程，不盲从、不轻信，善于批判地对待与评价他人和自己的思想与成果。在没有确定真实性之前，不轻易相信某个结论和观点就是真理。

（3）提升职业素质

现代社会对人的素质的要求越来越高，尤其是对大学生的个性心理品质和心理能力提出了许多新的、更高的要求。如科技的拓展、电脑的广泛使用，对人脑记忆知识的要求有所降低，但对知识创新的要求日益提高，并要具有综合的认知能力；社会、环境变化的加快，又要求具有很强的适应能力；信息的多样化拓展，还需要具有一定的鉴别、选择能力；人际关系的复杂化，需要有更强的人际交往与协调能力；竞争的加剧，不仅要求具有竞争的意识、协作精神，还要有很强的心理承受能力和情绪调适能力等。大学生要想使自己获得更好的拓展，就必须充分开发和有效利用自己的潜能，使自己具有自信、自爱、自尊、自强、自觉、自制和敬业、乐业、勤奋、吃苦、耐劳等优良个性品质，具备自我认识、自我评价、自我设计、自觉行动、自我激励、自我控制、自我完善等心理能力。只有这样，才能更容易地适应社会规范和自己的社会角色要求，更好地参与社会生活，更顺利地实现个体的社会化。

①学会调节和控制情绪

情绪是心灵的一扇"窗户"，无论人们的所思所想还是所作所为，都是以一定的情绪为背景的。情绪本身给大学生以积极的和消极的主观体验，极大地影响着大学生对自己和当前生活状态的评价，从而引发一连串的身心反应。大学生要培养积极、健康的情绪，排除和化解消极、不健康的情绪，使愉快的情绪多于不愉快的情绪，情绪的反应要适时适度，并善于自我调节和控制，保持情绪情感的稳定。

首先，要学会保持良好的心境。一种美好的心境，比十副良药更能解除生理上的疲劳和痛苦。良好的心境表现为：情绪乐观、开朗、沉着稳重、轻松愉快等。具有良好心境的大学生对前途充满信心，能采取有效的态度面对现实，理智地接受那些个人力量所不能改变的现实，不怨天尤人，始终保持乐观、积极、愉快的情绪。

其次，要学会疏导不良情绪。当情绪处于压抑状态时，要适当进行调节，排解消极情绪，恢复正常的情绪状态。情绪调节的方法很多，也因人而异，如宣泄、转移和升华等。宣泄的途径有：找人倾诉一番、畅快地哭一场、在旷野中大声喊叫、拳击沙袋、到运动场上猛跑一阵等。转移是通过分散注意力或转移注意力达到稳定情绪、调整心境的目的，如觉得苦闷烦恼时，出去散步、听音乐、写日记等，避开引起不良情绪的事件或人。升华是指巧用文明的语言和方式排遣不良情绪，如幽默的语言、婉转的抒情、轻松的谈笑、积极的暗示等，都是有效的手段。

②提高抗挫折的能力

人生不如意的事，十有八九。大学生常会遇到学习上的困难、与同学之间产生冲突矛盾、爱情上的失意等，这些都可能使人产生挫折感。挫折常常会影响人的心理健康。要有所作为、有所成就，就必须正确对待挫折、战胜挫折。实际上，成才之路就是一个不断战胜挫折，不断前进的过程。因此，大学生应不断地提高自身抗挫折的能力，保持心理健康，提高自己的心理素质。

首先，要辩证地看待挫折。挫折是指人们在从事有目的的活动中遇到障碍和阻力，致使个人目标不能实现，个人的需要得不到满足时产生的内心体验。人生道路上的挫折是不可能绝对避免的。要看到，挫折就像一把双刃剑，具有两面性。既可能给大学生带来痛苦，妨碍大学生的拓展；也可能使大学生吃一堑，长一智，化消极为积极，使大学生变得更加聪明、坚强，从而通过小的挫折避免更大的失败。在现实生活中，一方面我们要调适好期望值，选择好最佳的方案，付出努力去克服困难，避免挫折；另一方面，面对已经遭遇到的挫折，要坦然面对，尽量保持平常心态，将挫折看作是对自己的挑战和考验，视为自我锻炼的好机会，努力去战胜挫折。

其次，要培养坚强的意志品质。意志是指人自觉地确定目标，并根据目标调节支配自身行动，克服困难、障碍去实现预定目标的心理过程。坚强的意志品质是一个人适应现实，求得生存和拓展所必不可少的奠基石。常言道："有志者事竟成。"古往今来，凡是有所作为的人无不是克服了千难万苦表现出优良的意志品质，才取得最后的成就的。爱因斯坦曾说过：优秀的性格与钢铁般的意志比智慧和博学更重要。实践也证明，良好的意志品质往往会使一个天赋平平的人最终踏上成就的巅峰，而意志薄弱却常常会使一个天赋出众的人碌碌无为。大学阶段是大学生的意志逐渐成熟的时期，有较大的可塑性。大学生要想成才，就必须优化自身的意志品质，做一个意志坚强的人。

3. 心理准备——树立良好的择业观

（1）大学生择业中的矛盾心理

大学生择业中的矛盾心理，主要有以下几种表现：

①有远大的理想，但往往不能正视现实

人的一生，总是在不断地追求美好的未来。大学生在择业中的这种追求和憧憬更为强烈，更为丰富，更为远大。经过充实而丰富的大学生活，大学生知识的羽翼已渐丰满。面对汹涌的市场经济大潮，他们豪情满怀，准备搏击一番。然而，由于他们涉世尚浅，接触社会较少，理想往往脱离客观与主观现实条件。如许多大学生都想成为企业家和大经理、大老板、"大款"，走商业巨子之路。但是在择业中他们并未考察自己的知识、能力、性格、爱好、气质等是否适合从商；或者未真正考虑所选择的单位是否有利于自己的发展，出现了理想的自我膨胀和现实的自我萎缩之间的矛盾。

②注重实现自己的人生价值，但缺乏艰苦奋斗的心理准备

在择业中，很多大学生都自愿根据自己的专业到祖国需要的地方去建功立业，实现自己的人生价值，不愿碌碌无为。然而，很多大学生同时又缺乏艰苦奋斗的心理准备，不愿到艰苦的地方去，不愿到边远地区去，不愿深入基层。这些大学生想走捷径，幻想成才的道路平坦笔直；想涉足层次高、工作条件好的单位；想一举成名，一蹴而就。他们虽然也关注国家民族的前途，但却过分强调自我价值。

③有较强的自我观念，但缺乏把握自我的能力

大学阶段，大学生的自我意识日趋完善，对自我的存在及意义有了较明确的认识。在择业中，他们已经意识到自己已作为一个人才将被社会使用，将为社会贡献自己的聪明才智；同时，他们也要求社会能够承认"自我意识中的我"，并以此为标准进行择业。另一方面，由于大学生的人生观、价值观尚未最终定型，再加上社会大环境的影响，他们往往不能客观地分析和评价自我。多数大学生对自己的评价偏高，时常产生自我欣赏、自我陶醉的心态，择业时容易期望值过高，缺乏承受挫折的心理准备。少数学生自我评价过低，时常产生自卑自贱、自怨自艾的心态，择业时容易期望值过低，缺乏主动争取和利用机遇的心理准备。也有的学生常常处于上述两种情况的波动之中，就业、择业时往往目标与行为不稳定，缺乏理智、冷静的心理准备。由于自我认识能力发展不足，继而在调动自我功能、实现自我驾驭方面显得不足。

④渴望竞争，但缺乏竞争的勇气

就业制度的改革，为大学生择业提供了公开、平等的竞争环境。大多数学生对此渴望已久，他们已经认识到，在商品意识广泛渗透到社会生活的各个方面，世界经济面向"大市场"的情况下，一个人如果没有强烈的竞争意识，人生不通过竞争，就不

可能成就事业。但是，许多大学生在社会为其提供的竞争机会面前顾虑重重、唯唯诺诺。有的怕竞争失败丢了面子，有的怕竞争伤了和气，有的认为不正之风干扰太大，竞争肯定会败北。尤其是一些学生在择业中遇到困难时，不善于调整目标、调整自己，而是压力重重，缺乏竞争的勇气。

（2）心理准备与调整

①首先，大学生求职须了解用人心理。

A. 求"专"心理。专业对口是用人单位录用人才的首要标准，尤其是一些工科、经济、法律等专业性很强的单位。所以毕业生求职首先应找专业对口的单位，这样可大大提高命中率。在专业对口的前提下，用人单位会对求职者提出专业技能的要求，这就要求大学生一方面要靠平时的努力学习和积累，另一方面要学会包装自己、展示自己，毕业生求职时要突出你对这门专业掌握的精深，以体现出你的专业深度，对这样的人才，用人单位心理上是会考虑接受的。

B. 求"全"心理。要求毕业生一专多能、多专多能是用人单位的重要标准。目前社会上风行的考证热，实际上就是这种要求的反映。证多不压人，大学生一方面应多考些计算机等级证，大学英语四、六级证书。另一方面应考到与自己专业有关的资格证，如中文专业的可考个文秘资格证，法律专业的可考个律师资格证等。而在求职时，毕业生应突出这些证书的地位和作用，以体现自己知识面宽广、自学能力强、有经验积累等全才优势，以满足用人单位求全的心理。

C. 求"通"心理。求通心理是近几年，尤其是我国加入世界贸易组织（WTO）以后，众多用人单位对人才的强烈要求。如果某一专业相当精通，又能在相关领域大显身手，当然受欢迎。不但各相关专业皆通，并且在某一领域内，对其国外情况也很精通的人才，则更受欢迎。如信息技术（IT）专业知识不错，英语又是六级以上水平；熟知本国法律，对发达国家的相关法律又能精通等复合型通才，可以说是目前职介市场上最抢眼的，也是最抢手的人才。

对此，大学生一方面应多方努力将自己打造成复合型人才，另一方面求职时，应着力突出通的优势，有证书、有能力的学生千万不要"犹抱琵琶半遮面"，应"一个都不能少"地抖出来。

D. 求"变"、求"异"心理。求变是指用人单位面对瞬息万变的社会对人才所作出的要求。要求求职者心理素质好，应变能力强。对于不断变化的情况，能及时调整心态积极应变。如全球著名公司普华永道，每次招聘面试时，都有一个保留项目，让求职者根据所抽到的题目，如美国总统选举、网络等，发挥自己的想象力和变通能力，画一幅画，用以测试求职者的应变能力。

求异是指一些单位尤其是公司，喜欢选择一些突发奇想、富有创造力的求职者，这样才能在险象环生的商战中出奇制胜。有一名毕业生在一家大公司的面试时遇到1+1＝？的问题，这名平时喜欢创新的大学生，思考一番，突发奇想，脱口而出，"1+1你想它等于几，加以努力，就等于几。"结果这名求职者，在数千号高手如林的求职者中脱颖而出。对于用人单位的求变求异心理，广大毕业生应认真对待，首先应分析用人单位的类型和风格、用人原则等，找到用人单位的突破口，有的放矢地展现自己的变异能力，找到理想的工作。千万不要毫无对象和准备地求变求异，从而弄巧成拙。

E. 求"优"、求"诚"心理。求职者又红又专，既是专业能手，又是学生干部、党员，为人诚恳，对人对事能坦诚相待，这是众多用人单位，尤其是国家机关、事业单位所看中的。仍是1+1的问题，但这回是公务员面试，结果一位同学因看过上述1+1的成功例子，也来个突发奇想，结果被毫不留情地给刷了。因为1+1＝2是不争的事实，而标新立异的答案，表明你不诚实，公务员的首要素质是诚实，所以被刷也是理所当然的。为此，大学生一方面应展现自己的优及良好的政治素质和能力，另一方面，面对面试中不了解或不太了解的问题，应诚实告之，千万不要不懂装懂，或乱说一气，这很可能造成用人单位对你的不信任，给你扣上一顶不诚实的帽子，那样就绝对没戏了。

②其次，大学生就业要有动态心理定位。

A. 正确全面地自我评价，对自己的所学专业、工作能力、爱好特长、优势、劣势有一个完整的把握。这样才能在就业中克服劣势，发扬优势，找到自己较满意的职业。

B. 要积极调适自己的职业意向与职业抱负。有些大学生，自认为是天之骄子，总有一种自负感。这种心理状态表现在就业上，则是职业取向过高、有些不切实际。在找工作过程中，他们往往眼光过高，常常产生要么他看不中人家，要么人家看不中他的现象，从而造成就业受挫，产生心理失衡。因此，大学生在就业过程中，应不断调适自己原有的不切实际的就业取向，使自己的心理定位与择业目标要求相适应。

C. 增强自身的心理品质。由于找工作不如意，受挫折，许多大学生会产生心理问题。这时，大学生应不断增强自身的心理素质，如加强自控力，保持心理情绪平静等，使自身在内心与外在因素冲突下，达到一种动态均衡，及时消除一些因就业受挫而引发的心理失衡等问题。

不怕挫折，迎接挑战：挫折是指个人在从事有目的的活动中，遇到干扰和障碍，致使动机不能实现的情绪状态。人的生活中经常会遇到挫折。关键是遇到挫折后要分析失败的原因，是客观条件苛刻还是主观条件不具备，做到心中有数，才能更好地调节心理。有的毕业生择业失败后，就无颜面对他人，不敢与用人单位接触，情绪低落，一蹶不振，甚至精神崩溃、行为失常。其实，失败和挫折是伴随人生存在的事情，也是磨炼人的最好机会，一帆风顺并不利于锻炼人的意志能力。择业是人生的第一步，勇于面对挫折，克服困难，百折不挠，有利于积累社会经验，走向成熟，为今后的事业打下良好的基础。

勇于竞争，积极进取：竞争机制被引入到毕业生的就业体制中来，竞争心理在大学生择业过程中表现得非常突出。竞争能使毕业生自身能量和潜能得到最大限度的释放和发挥，是大学生自我价值实现的一种满足。大学生能够根据国家赋予自己的权利，结合自己的专业、爱好、特长性格、愿望挑选工作岗位，可以通过各种途径和方法来展示自己、推荐自己，取得用人单位的承认。大学生应该珍惜这些机遇，敢于竞争，实现自己的抱负。

D. 选择职业应有前瞻思想。有些职业目前看较好，如文秘等，但从长远看，其实际上是夕阳职业。而有些职业却相当有发展潜力。所以，大学生找工作应有前瞻心理，对职业及单位的发展前景应有个准确认识，而不能只盯着目前单位的规模、效益。这样，大学生在就业上，才能拓展视野，开拓就业心理，避免产生心理问题。

E. 要有一种脚踏实地、从小事做起的心理准备。纵观历史上有成就的人，都是从小事做起，一步一步走向成功的顶峰的。大学生在找工作时有这种心理准备是极为重要的，这样可克服大学生中好高骛远的通病，使自己的求职愿望与社会需求及时对接。从根本上消除心理问题产生的诱因。

面向未来，不断发展：大学生毕业后立即找一个好工作当然是件好事，但由于各种原因，不可能是所有毕业生都找到专业对口、环境优越、待遇高的工作单位。在这方面毕业生应该有充分的思想准备，要面向未来，在工作中继续努力，争取不断地发展，最终达到理想的目标。在已经选择的工作岗位上，全身心地投入工作，展示自己的能力，发挥自己的特长，努力做出成绩。在工作中锻炼自己，增长才干，取得经验，为将来的发展打下良好的基础。

总而言之，毕业生要避免心理问题的出现，保持健康的择业心理，必须正视现实，对社会、对自我有正确的认识。

（二）就业程序

1. 了解就业程序

（1）管理部门的一般工作程序

目前，高校毕业生的就业管理机构主要有教育部、国务院有关部委和各省、自治区、直辖市、高等院校和用人单位。这些管理机构可划分为三个层次：

第一层次是教育部主管全国高校毕业生的就业工作；

第二层次是各省、自治区、直辖市和中央各部委的有关部门管本地区、本部门的高校毕业生就业工作；

第三层次是各高等学校和用人单位分别负责本校毕业生就业的具体事宜和接受安置毕业生事宜。

综合三个层次的工作，其工作程序大致如下：

制定政策——资源统计——就业指导——供需见面和双向选择——就业计划的制订——毕业生资格审查——调配、派遣——报到接收工作。

（2）高校就业工作程序

毕业生就业管理与服务工作程序包括：就业指导（教育）、市场调查与收集信息、发布用人单位信息与毕业生资源信息、毕业生资格审查、毕业生测评与鉴定、学校推荐、供需见面与双向选择及其他形式的择业活动、《就业协议书》的签订、办理报到证、派遣调整、办理档案关系、未就业毕业生管理与服务、毕业生追踪调查等环节。

毕业生就业的常规性工作一般从毕业生在校的最后一学年开始。毕业生的就业活动不得影响学校正常的教学秩序和学生的学习。

（3）毕业生自身的择业程序

了解就业政策——充分的心理准备——确定目标——收集处理就业信息——择业决策——自荐应聘——签约——文明离校与报到就业。

2. 制订求职计划

（1）求职计划第一步——正确评价自我

解剖自己所具有的条件，达到"知己"的目的。

①研究自己的心理状态。我们知道，人的心理状态对人从事职业有很大的影响。同时，各种职业工作内容各异，又决定其需要的工作职员要有适合于此种工作的心理状态。所以，在选择或规划自己今后职业之前，必须回答：我的注意力怎么样？判断力怎么样？忍耐力怎么样？记忆力怎么样？创造力怎么样？理解力怎么样？做事是否敏捷？做事是否精细？了解自己心理状态如何，是择业的先决条件之一。当然，对自己状态的判断非常难，可以请求他人，如父母或咨询机构，来实实在在地摸清自己的"心理特征"。

②研究自己的特殊能力。在择业的时候，应该问问自己：我有没有音乐、美术、舞蹈等艺术特长？劳动技能强不强？有没有雄辩的特长？有没有数理精算的特长？与人交际的能力如何？有没有领袖、组织的特长？只有弄清楚自己所具有的特殊能力，才能更准确地设计、规划自己的职业。例如：记忆力强、论辩力强、判断敏捷、思想周密、

擅长雄辩，就可以选择律师职业。根据自己特殊的能力，青年人择业必须"量力而行"。

③研究自己的"家境"。"家境"包括家庭经济条件及人员组成、邻里关系等。青年大学生在择业过程中，要充分考虑自己对家庭的责任。例如：毕业生在抉择是继续深造学习还是就业的问题上，必须考虑整个家庭是否在经济上允许，父母的负担是否能够承受？最后决定选择深造还是就业。

④研究自己的品性。对于自己的品性如何，大学生应该自省自己能不能勤俭？有没有恶习？最容易受到干扰的情感因素是什么？有没有勇往直前吃苦耐劳的精神？有没有坚持自己决心的坚强志愿？影响个人前途发展的障碍缺憾是哪些？有什么特殊的个性，它能成为自身职业成功的基础吗？

⑤研究职业需求。大学生选择今后从事的职业，打算在某一行业发展，必须在"知己"的前提下，充分"知彼"，也就是了解职业对人的综合素质要求，了解职业的相关信息，包括职业的内容、职业的环境、职业的前途、所需要的职能训练等。

美国麻省理工学院的教授阿姆斯特朗将职业定位划分为以下五类，看看你属于哪种类型：

技术型：持有这类职业定位的人出于个性和爱好的考虑，往往不愿意从事管理工作，而是愿意在自己所处的专业技术领域寻求发展。

管理型：这类人有强烈的愿望去做管理人员。

创造型：这类人需要建立完全属于自己的东西，或是以自己的名字命名产品或工艺，或是自己的公司，或是能反映个人成就的私人财产。

独立型：这类人喜欢独来独往，不愿意在大公司里面彼此依赖。

安全型：这类人最关心职业的长期性和安全。

在找准你的职业定位后，你必须弄清楚自己的知识水平、专业特长、兴趣爱好所在，身体素质条件和心理承受能力等，并进行全面的分析，做出全面的定位，看看你适合哪一种类型。

（2）求职计划第二步——目标定位和策略

求职目标定位应遵循两点规则：首先要有初、中、高明确的目标层次。例如，你选择初级目标是做一个销售员，并且至少要在岗位或专业要求、薪酬、工作环境、个人发展等方面有定性和定量要求。其次要有实现目标的时间要求。例如，对实现目标的时间要求是三个月先找到工作，三年内相对稳定。最后要有实现目标的基本手段。例如，选择实现目标的基本手段是到外地就业，靠个人努力。

个人求职目标定位和策略对于求职成功至关重要，对于日后个人职业生涯的顺利发展也具有重要影响，许多人一出"山"，就连连碰壁，导致一错再错，都是在这个最根本的问题出了偏差。这里郑重提示：为自己制定目标定位和策略一定要反复论证，慎上加慎。

（3）求职计划第三步——科学选择求职途径

面临毕业的小张，携带着几十份简历去参加人才招聘会，他想应聘一家商贸公司的业务员一职，可该企业半小时之内就收到应聘该职位的求职表30多份，小张看机会渺茫，便又去应聘一家经贸发展公司的文秘岗位，这个岗位同样是应聘者如云。因此，小张连日在人才市场打转也没找到工作。回到学校后，听到同学们有的是通过互联网向很多公司发了简历，有的是直接登门拜访已面谈了好几个公司了，有的是通过打了大量的电话已约好了几家公司面谈，也有的是靠熟人介绍去了几家公司面试后等候通知的……小张听后情绪低落。

任何一种求职途径的成功率都不可能是百分之百，因此求职至少应选择3种途径，有条件可更多。但要记住：不是选择了多条求职途径，就万事大吉了，更关键的一点还要对所选的求职途径在准备、步骤、规则、技巧等方面提出具体的设计。

（4）求职计划第四步——客观分析就业环境

即将步入社会，很重要的是把握社会发展脉搏，对就业环境进行分析。这主要包括：当前社会、政治、经济发展趋势；社会热点职业门类分布及需求状况；所学专业在社会上的需求形势；自己所择职业在目前与未来社会中的地位情况；社会发展对自身的影响；自己所选择的单位在未来行业发展大趋势问题的认识。对就业环境的认识有助于自我把握职业社会需求、使自己的职业选择紧跟时代脚步。

就业环境的分析和掌握主要包括两个方面：一是本地区信息的掌握；二是其他地区就业信息掌握。但不论是哪一方面，都是要求你对就业情况和求职意向所涉及的岗位信息有所了解。

（5）求职计划第五步——必须做好充分的求职准备

还有半年张华就要毕业了，许多同学都在开始为毕业后的求职进行准备工作。而张华却在想：找工作不就是到时候把简历写出来，然后再找几家单位应聘就行了，所以就一直迟迟没有着手做准备。不久，一些用人单位来到学校招聘，这时张华才发现自己似乎一切都还没有准备好，既不知道自己未来适合向哪个方向发展，也没有做好进入社会的准备。当看到较好的用人单位时，自己匆匆赶制的那份简历也在用人单位的第一轮筛选中被淘汰了，就这样一连错过了许多好的机会。

张华的不足是缺少心理准备，但要真正做到胸有成竹，还需要做好诸如技术、物质等各方面的准备。记住不论在任何时候，都不要做一个焦躁的求职者！

3. 收集就业信息

（1）就业信息的内容

政府就业决策信息；

有关就业的法律法规信息；

有关社会职业方面的信息；

有关用人单位的信息。

（2）收集就业信息的渠道

在市场经济的条件下，伴随着院校招生和就业制度的改革，求职越来越倾向于毕业生的自主行为。毕业生必须积极主动探寻求职的途径，了解通过哪些渠道可以获得就业的信息，把握机遇，才能成功实现就业。因此，从某种意义上说，求职的途径就是就业信息来源的途径。一般来说，毕业生求职可通过学校就业指导机构以及社会各类人才市场等多种途径来实现。

①在招聘会上求职——学校组织、人才市场

招聘会是求职的主要途径之一，明白招聘会上的应聘技巧，成功几率会大大增加。盲目应聘，想着"瞎猫碰个死耗子"参加招聘会，这样的心态当然不会有太多的机会，机会总是留给那些有备而来的人。

会前准备。会前重点要做好三件事：首先是定位，问问自己："想什么？""能干什么？""长处是什么？""优势在哪里？""工作能力如何？"这些想清楚了，你也就给自己做出了一个准确的定位。其次是写一份简历，精明而充分地展示自己的能力，暗藏着对工作的渴望和自信。另外别忘记复印几份，因为到会上排队复印要花好多时间。最后是要设计好自己的衣着。假如你到一家大公司应聘，工作人员都是西装笔挺，你衣着太随便的话，招聘者给你的第一印象分一定不会高，而且在那样的环境下，你自己也会缺乏自信。

进入会场。进入会场要把握三点：首先，不要焦躁。熙熙攘攘的人流，琳琅满目的招聘启事，面对这一切千万别自己乱了方寸。其次，寻找目标。应该仔细阅读办会单位准备的会刊，或招聘会定期在报上刊登的招聘单位一览表，你可根据事先准备好的谋职方向和谋职层次，找出最适合你的招聘单位和拟招职位。再次，等待时机。假如你找到这个单位的展位时，这里正挤得水泄不通，你千万别因此而放弃，其实这儿的职位对一拥而上的大多数人不一定合适。遇到这种情况，你可先要一份"单位介绍"仔细阅读一下，印证一下自己的选择是否恰当，或者你可先到其他摊位转一转，等你要找的单位不拥挤时再去谈。你大可不必担心理想的职位被捷足先登者抢走，单位要找的是最适合的人而不是按先来后到选人的。最后，简明扼要。洽谈会上不可能谈得很细，所以交谈要简明扼要，表明你对该公司的兴趣和胜任所聘岗位的信心，引起招聘主管的重视，给他一个良好的印象，如果能够争取再见面，你就算有成绩了。

②通过招聘网站求职

现在计算机网络的应用已经越来越普遍，已成为无可比拟的、巨大的信息资源中心。越来越多的用人单位在网上发出招聘信息或建立自己单位的网站，越来越多的求职者上网寻求职业信息，这样既方便，又快捷。因此，毕业生必须学会利用网络为自己的求职服务，这样不仅可以自由地获取各种就业信息，还可以直接把自己的简历公布在网上进行应聘。许多院校的就业指导中心也建立了就业信息网为毕业生提供服务。也许在不远的将来，网络将成为人们求职择业的首选途径。

但是，网络招聘的缺点也很明显：

A. 网络的虚拟性给少数虚假信息提供了可乘之机，因此要确认信息的真实性后再作选择。

B. 无效信息多，个别网站为了提高点击率，将过时信息也发布在网上，使得求职者因得到大量过时信息而浪费时间、精力。

C. 网络带来的"信息爆炸"让求职者和人事经理非常头疼。简历蜂拥而至，信箱"爆炸"，人事经理看到大量不符合条件的简历不胜其烦，使求职者发出去的邮件常常石沉大海。

要在网上求职，应避免的常见问题：

A. 漫不经心地四处张贴简历。

B. 把简历贴在附件里。虽然简便，然而由于计算机病毒的流行，老板们最不愿意打开的就是电子邮件的附件。相反，他们希望你能把简历直接贴到信的正文或是申请表的后面。

C. 邀请老板光顾并非十全十美的私人站点。

D. 冗长的电子邮件和应征信。

E. 激怒网友。

F. 在网上迷路。在求职前应确定具体目标，比如说工作职位、工作地点以及报酬多少等，然后据此排列符合条件的公司。

G. 把所有的"鸡蛋"都放在网络的一个"篮子"里。

H. 同时在一家公司应征数个职位。不要在同一个站点应征同一个公司的数个职位。一般来说，老板会同时阅读各个招聘口子的应征材料。你越专注于某个职位，给公司的感觉就越认真，千万别忘了只应征你真正感兴趣的那份工作。

I. 随意在简历上列出证明人。

J. 大量邮寄简历。网上招聘人员抱怨说，他们经常接到大量并不具备资格的应征者的简历。

网上求职既方便又现代，因此才有了越来越多人在网上求职和招聘。但是，网上求职的一个最大弊病，就是只见其文，不见其人，尽管贴上照片，也难有面试的互动和感染。如若再加上什么提到的问题，自然是音讯全无了。因此，如若你选择网上求职，一定要记住：不要在"虚拟空间"谈你的大事，要争取见面！

3. 通过各种社会关系求职

每个人都生活在自己的社会关系网中。毕业生在求职时，不要忘记通过自己的社会关系寻求就业信息。谁的社会关系网能提供更多的就业信息，谁能把握住机会，谁的主动性就更大，成功的几率就更高。

通过亲朋好友打听就业信息。通过熟人推荐，也是符合目前国情的求职方法，同时有熟人介绍，对单位的状况也很了解。无论你的家人、亲属，还是朋友、同学都是你熟悉的人，向熟悉的人寻求帮助，应该比向陌生人、陌生机构寻求帮助都容易得多，也方便得多。一方面，由于你与亲友之间紧密关系，彼此比较熟悉；另一方面，亲友对你有一定的义务和责任感，这样的帮助往往比较可靠。

值得注意的是，当你向亲友寻求帮助成为可能时，便会马上产生依赖心理，不再向其他方面做努力。这样是不明智的。当然，在利用社会关系网这一途径时，必须正当，切不可不择手段。毕业生必须树立正确的求职理念：自己的主观努力是最重要的，也是最终的决定因素。

④通过社会实践或实习求职

毕业生社会实践有多种方式，如勤工俭学、社会服务、毕业实习等。社会实践实际上是大学生开发就业信息的重要渠道。在社会实践过程中，不仅可以通过自己的努力赢得用人单位的认可，培养社会实践能力，积累社会经验，还可以有意识、有目的地关注一些行业发展趋势、人才需求状况、具体单位和岗位用人要求等与毕业生就业相关的问题，加强对职业世界的了解，提升自己的求职意识。

毕业实习是学生正式工作之前非常宝贵的、很有价值的就业锻炼经历，通常被视为参加工作的演习，踏入社会的前奏，很多毕业生通过毕业实习实现就地就业。紧紧地抓住在实习单位的机会，努力表现，如果双方合适，省心省力，当然是最简捷的求职方式。同时经过一段时间的实习，对单位的领导、同事及各方面的情况都有些了解，正式进入后也便于工作的继续开展。

实习期间，努力表现是最重要的，但不要忘记"公关"，要让推荐人、决策人了解你，理解你，喜欢你，尤其要感到少不了你！这样下来你就能稳操胜券！

⑤通过招聘广告求职

大量搜索报纸招聘广告是一条有效的求职途径。但你要做好三件事：首先是舍得花时间大量收集，各种公开发行的报纸有专门的人才版，职业介绍服务中心、人才交流中心也都印有独自散发的小报，这些都要收集在册。其次要归类整理。按照职业或岗位进行归纳整理，罗列一起，保证层次清楚，查询方便。最后是寻找最佳目标。根据广告时间、招聘条件进行详细分析，去粗取精，选定目标，注意不要只认大广告，忽视小广告，广告版便面的大小只反映岗位的多少。一定要给自己至少制订出两套方案，同时去试。好单位、好职位必定存在很大的竞争，如果你的条件不是很好，还要避免几百人争抢一个职位。

通过招聘广告求职，有很高的成功率，但关键还要看你是否在第一时间获得相关信息，看你是否善于分析其中的奥秘。职业指导专家建议，采用这种方法求职要做到三个字："量"——大量获取信息；"细"——仔细分析，认真剖析；"快"——迅速反应出击。

⑥通过职业介绍所中介机构求职

提供职业岗位的中介服务机构很多。按照其所有制的性质可分为公共职业介绍机构和个体、民办职业介绍机构，劳动保障部门的公共职业介绍机构一般称为职业介绍服务中心，人事部门的公共职业介绍机构一般称为人才交流中心，这两种职业介绍机构在功能上基本相同。还有一些公共职业介绍机构在残联、妇联、工会等系统内。按照中介机构的主要服务对象有可划分为综合性职业介绍服务机构和专门的职业介绍服务机构，例如劳动保障部门的公共职业介绍机构就属于综合性职业介绍服务机构，即不论你是哪一类求职者都可以到那里求职；而那些专门接待残疾人、妇女或是专门从事某种职业推荐的职业介绍即为专门的职业介绍机构。职业介绍机构还有收费不收费之分。毕业生如果把自己的简历放一份到这些部门中，不失为一种途径。

选择职业介绍中介机构有三点原则：一是首选公共就业服务机构；二是选择有资质、有信誉的中介机构；三是选择服务质量良好的中介机构。

⑦通过电话求职

确认求职电话的必要性。电话联系对于工作态度比较严谨的单位或者专业性比较强的单位效果较差，除非你具有比较特殊的优势或某种特别技能，而你又探知他们正在寻找你这样的人。另外，如果一则招牌启事中的应聘要求、岗位说明、薪资等均较为详细或者标注有"谢绝来访"，求职电话就没有必要打，否则会弄巧成拙。

像面试一样去准备。像面试一样准备一些应征理由和自我推销的说辞，再拨通电话。通常一般的公司在询问后，会要求求职者寄履历表，甚至在电话中就进行第一关口试，决定是否进一步面谈。如果把事情想得太轻松，一旦突然问到应聘的动机、工作经验等问题，恐怕会因为没有准备而无法答得很好。

通话场所有讲究。如果一定要在外面联络，利用公共电话比较理想，要避免使用移动电话联络。使用公用电话，要特别注意周围环境，在嘈杂的大马路或热热闹闹的茶馆里都不适合，除了听不清楚之外，也会容易让人焦躁。

选择通话时间有讲究。星期一一上班打电话，吃饭、午休时间拨电话，临下班前半小时通电话，一般效果都不好，或是人家顾不上，或要影响别人休息不礼貌。求职电话也不应打到当事人家里。如果在上班后一小时内打求职电话，一般效果比较理想。注意：这只是一般规律，更适合你的规律，还要靠你去总结。

不要小看打电话，很多时候电话求职的成功率会高于招聘会求职。专家认为，求职电话打得好，彬彬有礼，思维敏捷，吐字清楚，词达意准，往往给用人单位以良好的第一印象，引起"先声夺人"的效应。

（3）学生求职应当心哪些陷阱

①先花钱后赚钱的陷阱。应拒交各种费用。有些单位对那些不具备条件的求职者，宣称可以培养为"某某师"，而实际上是让求职者先购买产品或是选修课程。这些单位往往在求职者缴费后才讲出种种特殊情况或内部规定，以回避其当初的承诺，使求职者花了钱后，赚钱的希望却大大落空。在应聘过程中，大学生应该也有权拒绝交纳任何由招聘单位收取的费用。

②虚假招聘陷阱。要谨慎对待小广告。对街道上散发和张贴的一些"招聘启事"或在非主流媒体上刊登的虚假广告，要谨慎对待。有时他们会临时在写字楼租一间（套）办公室，进行虚假招聘，诱人上当。

③薪酬陷阱。一些招聘人员在求职者的询问下，给出一个含糊的月薪数字，然而在月底兑付时却多半会说你没完成工作量，或工作失误，以此来扣除你的部分薪酬。

④抵押陷阱。虽然国家劳动部门早就明文规定，任何企业在招聘员工时，不得以任何理由、任何形式收取求职者的押金，或者以身份证、毕业证等作抵押。但是，目前仍有相当多的企业以便于管理为由向求职者收取押金或抵押证件。企业在收取押金或证件之后，便有可能为所欲为，求职时一定要小心。

⑤义务劳动、试用陷阱。一些单位以考查学生能力为由安排实习或试用期，在试用期即将结束时，便以各种理由炒求职者的"鱿鱼"。这样一来，求职者交了培训费不说，还给老板白干了几个月。因为在试用期内，一些老板不给报酬，理由是他提供了让你学习技术的机会，并且你在试用期期间，无可避免地损耗了工厂的原材料，没有要你赔他的损失已是不错了。

特别提示：传销公司、职业骗子的招聘条件往往是用充满魅力的岗位、优厚的待遇、迷人的工作环境来吸引你的。

（三）求职材料准备

1. 简历的制作

简历的重要性已经得到越来越多的关注，但每年仍然有很多学生仅仅因为简历问题而被用人单位拒之门外。虽然同学们在求职时很勤奋、很努力，很多同学也能够很好地找准自己的定位，搜寻自己心之所归的理想公司，但往往因为一些技巧和经验问题，在写简历和投递简历时犯了一些"低级错误"，而在求职的竞赛场上过早出局。

（1）个人简历的主要内容

常见的简历一般分为两种类型，一种是时序型，一种是技术型。时序型简历就是按照时间顺序把教育背景、实践经历等依次排列出来记录你的经历。逆时序（逆的时间顺序，即最近的或最重要的放在前面）是因为公司更关心的是求职者现在怎样，而不是了解求职者是如何发展到今天这个样子的。所以应将最近发生的事情写在开头，依次向前推演。技术型简历是以具备的各种技能为基本框架，突出技能而不是有关经历的时间。因为学生的社会经历不是非常丰富，因此对于大部分学生来说，还是更适合用时序型简历。

一般简历包括以下几个内容：

①个人信息

个人信息包括姓名、性别、民族、出生年月、政治面貌、籍贯、学校、系别、专业及获得学位情况等。姓名、地址、电话和电子邮件是必不可少的内容，尤其是电话和电子邮件一定要写在最醒目的地方，让看简历的人可以非常容易地找到应聘者的联系方式。

②职业规划和求职意向

简历的目的是要强调自己最出色的技术、能力、成就和特色，在简历的一开头就告诉用人单位，如果它们雇用了你，将会得到什么样的帮手。求职意向的书写要尽可能具体，针对要应聘的公司和职位，要充分表明自己在该方面的优势和专长，尽可能把选择放到一个具体的工作部门，当然选择也不能过窄。

③教育背景

教育背景对于学生简历来说是重要的内容之一，包含学校名称、院系、专业，也可以根据求职岗位的需要介绍大学期间所修的主要课程。如果学习成绩出色的话，不妨列出来。

④奖励和荣誉

这一项可以适当弥补社会经验不足的缺点，在简历中非常醒目。

⑤工作（实习）经历

对于应届生来说，工作经历包括社会工作、兼职或实习工作经验。这一部分应重点突出，告诉招聘企业，在过去的工作经历中承担的职责和项目，结果如何，这些都是经验和能力的证明。

⑥推荐人信息

选择推荐人的原则是熟悉和相关。所选的推荐人必须与应聘者有过长时间的接触，如导师、直接上级或同事，而且所选的推荐人对应聘人员的了解应该与申请的工作相关。

⑦性格和爱好

这部分内容可写可不写。如果业余爱好与应聘的职位有很强的相关性，那么将其写上，无疑会为应聘人员加分。

（2）简历制作的原则

①有效表达个人信息

如果不具备单位要求的条件，就算弄虚作假取得面试机会，也一样会被识破。但如果应聘者正是单位所需要的人，却未取得面试机会，就该检查自己是否在简历中有效表达了个人信息。

②求职目标清晰明确

所有内容都应有利于应征职位，无关的甚至妨碍应征的内容不要叙述。

③突出你的过人之处

每个人都有自己值得骄傲的经历和技能，如有某项才能并得过大奖，应详尽描述，这会有助于应征相关职位。

④用事实和数字说明强项

不要只写上"善于沟通"或"富有团队精神"，对于这些空洞的字眼招聘人已熟视无睹了。应举例说明曾经如何说服别人，如何与一个和意见相左的人成功合作。这样才有说服力并给人印象深刻。

⑤自信但不自夸

充分准确地表达才能即可，不可过分浮夸，华而不实。适当表达对招聘单位的关注及兴趣，这会引起招聘人注意和好感，同时可能请求面试机会。

（3）两种特殊简历

①网申表格简历

有一些公司的网上申请表格是交给专门的公司负责的，例如，联合利华

（Unilever）的网上申请，第一轮的简历筛选就是由中国人力资源主管（ChinaHR）来负责的。这份网上申请的表格设计得很完善，从个人信息到教育背景、实习经历，很多方面都覆盖到了。最后部分还有八个开放性的问题。对于这样的表格，首先，个人信息要尽可能填得完善，因为网上申请有一个很重要的检索步骤是电脑自动地按照关键字来检索，所以如果申请资料上没有用人单位想要的关键字，很有可能就被筛选掉了。因此，最好尽量在填写资料中覆盖这些重要的关键字。当然事先不可能知道这些关键字具体是哪些，因此最好的办法是尽可能填得完善。其次对于那些开放性的问题，尽量利用所给的字数限制，既不要超出也不要大大地节省。

第二类是公司自己的网站，有专门的申请地址。如果说上一类申请表格是通过格式的话，那么这一类的针对性就更强了。每个公司的申请表格都是经过精心设计的，符合他们所需要寻找的未来员工的重要指标。例如通用电气公司，它网上申请的表格是十分完善的，填写的步骤也很复杂。需要的注意的问题有：首先，申请职位的填写要特别慎重，虽然很多公司的职位选择都是可以复选的，但是当心，这很有可能成为面试的话题。比如，当应聘者同时选择了人力资源和高分子材料工程师两个职位时，除非有充分的理由让用人单位相信应聘人员同时具备这两个职位所要求的能力，否则只会给人"乱投医"的感觉。其次，注意申请资料的填写和所申请职位的匹配。需要特别强调实习经历和专业技能，要着重地强调，和前一种一样，尽可能覆盖那些重要的关键字。

②手写表格

如果是手写的申请表格的话，特别注意字迹的清楚和端正，这是非常重要的第一印象。

（4）简历制作技巧

完成了职业规划和自我定位后，应聘者还需要一套制作精良的简历作为迈入心仪公司的"敲门砖"。对于大学毕业生来说，经过三年多的大学生活，可能已经有了相当不错的成绩，手握多份奖学金；可能曾在团委或学生会中运筹帷幄；也可能很早就通过实习和兼职的窗口窥探过了这个多彩的社会。那么在找工作的时候，这些大学生就是一个已经顺利通过质量检验的"成品"，准备推向市场了。而要在市场中建立自己产品的"品牌形象"和"品牌价值"，得到市场的认同，应聘者就需要一份很好的简历，如同广告一样，同时将自己的长处和特色有效地传达给招聘者。一份简历，就好比是产品的广告和说明书。好的简历能够在短短一到两页的篇幅里把应聘者的形象和其他竞争者区分开来，能够把应聘者对于目标用户（目标企业）的价值令人信服地表现出来。而制作不良的简历很可能在数秒之内就被投入垃圾堆，无人问津。

①了解用人单位是如何筛选简历的

知己知彼才能百战不殆。在动笔写简历之前,我们应先了解一下用人单位是如何筛选简历的。了解用人单位如何对简历进行筛选,会对我们的"营销决策"有着很大的帮助。根据资料统计,在筛选简历时,一份简历被阅读的时间不超过30秒,也就是说,如果你的简历不能迅速引起招聘人员的注意的话,基本上你就已经出局了。现在很多大公司里面,看简历的一般都是临时性的工作人员,根据很硬性的规定,或者是凭借几个关键词进行筛选。因此,简历一定要重点突出,根据申请公司的特点和职位的要求,将那些关键词突出出来。

现在,许多企业越来越倾向于使用由公司统一设计的职位申请表,因为这样可以更快捷地对简历进行筛选。但负面的影响是,由于每份申请表在外观和栏目设置上完全一致,经常会限制应聘者表现自己与众不同的特长。但是,在设计自己独有的简历的同时,也可以模仿公司统一定制的申请表的模式设计自己简历的外观。这样做,一方面可以突出应聘者的职业化和专业性,另一方面也可以进一步了解企业在招聘过程中希望哪些信息出现在简历上,从而可以投其所好。而且,即使在规范化、模块化的简历中,还总是会有一些开放性的问题留有发挥的空间。应聘者可以利用这些空间来充分展现自己的个性。

②学生简历的十个"不要"

许多人力资源专家都曾经谈到过大学生简历中常见的一些问题,并提了很多建议。归纳成十个"不要":

A. 不要长篇累牍,那种又长又厚的简历用人单位是基本不看的。

B. 不要说自己无所不能。脱离自身能力的虚夸,会让用人单位产生不诚实的印象。实事求是非常重要。

C. 不要到处抒情,用人单位在关注应聘者的真才实学而不是激情口号。

D. 不要使用低质量的纸张,并检查基本的拼写和排版问题。

E. 不要过分压缩字符和版面,用人单位不会仔细地分辨那些难以辨认的小字到底讲了什么。

F. 不要用虚构的日期和职务名称蒙蔽工作经历,或者赘述频繁更换的工作,诚信是基本原则。

G. 不要简单抄写工作性质的术语,最好把自己的长处写出来。

H. 不要罗列从事过的每个职位,用人单位更关心最近在干什么。

I. 不要在简历里涉及薪水问题。

J. 不要陈述个人隐私信息,比如宗教信仰等。

应聘者的简历最好不要是投之四海而皆可用的类型，应该根据应聘的不同企业作出一定修改，可以在其中有意识地写入一些适合企业文化的内容或者可以表现出自己适合企业某方向的需求的特点。

2. 求职信的制作

求职信是一种介绍性、自我推荐的信件，它通过表述求职意向和对自身的概述，引起对方的重视和兴趣。一封好的求职信可以向阅读者说明你的才干。一般来说，打开自荐材料，首先看到的便是求职信。正是有了求职信，阅读者才会对你的简历上所写的经历与业绩感兴趣。面对众多的竞争对手，求职者想要突围而出，成功得到面试机会，求职信无论在文体上还是内容上都必须给阅读者留下好印象。

（1）求职信的格式

毕业生求职信是寄给求职单位的，事关重大，因而它既和书信有相同之处，又有不同之处。一般来说，求职信属于书信范畴，所以其基本格式应当符合书信的一般要求。主要包括称呼、正文、结尾、署名、日期、附件六大方面的内容。

①称呼。求职信的称呼往往比一般书信的称呼正规一些。

②正文。这是求职信的中心部分，其形式多种多样，一般要求说明求职信息的来源，应聘岗位，本人基本情况，工作成绩等内容。

③结尾。一般应写明希望对方给以答复，并盼望能有机会参加面试及简短的表示敬意、祝愿之类的祝词。

④署名。与信首的"称呼"一致。

⑤日期。一般写在署名右下方。

⑥附件。求职信一般都要求同时寄一些有效证件，如外语等级证书、计算机等级证书、获奖证书的复印件以及简历、近期照片等。

（2）求职信的内容

①针对性

与简历相比，求职信最大的特点就是针对性强，目标明确。简历可以一稿多投，但求职信一定要为单个公司、单个职位量身定做。求职信也是交际的一种形式，它可以反映出一个人的专业水平。从用人单位的角度出发考虑问题是使求职信产生积极效果的重要方法。求职人应该采取换位思考的方法，通过分析用人单位提出的要求，了解他们的需要，然后有针对性地向他们提供自己的背景资料，表现出自己独到的智慧与才干，并做出对自己有利的决定。应该铭记，在交际过程中占主动地位的是撰写求职信的一方，而非阅读信件的用人单位。

②精炼

用人单位没有太多的时间阅读你的求职信。因而,写求职信也要追求言简意赅,坚持"一页原则"。打印或者手写的求职信可以比电子邮件求职信来得长些,但绝对不能超过一页。超过一页的求职信只会被用人单位丢至一边。在这一页纸上,应聘者要写清楚三个问题:你是谁?为什么要聘用你?如何联系你?

一般说来,对这三个问题的回答就构成了求职信的正文,分别是正文的第一、二、三段:

求职信的格式内容如下:

```
称呼(尊敬的×××)
    问候语(您好!)
    正文
    第一段:在此应写明写此信的理由、应聘职位以及从何处得知招聘信息等。
    第二段至第三段:叙述应聘者的应聘动机和自己认为适合该职位的理由,如果有与应聘职位相关的技能、经历,应加以说明。这里不要详述一些经历,只需提及详见简历即可。
    结尾段落:感谢招聘者阅读了此信,表示希望接受面试,并表明希望由对方安排面试的日期、地点等。
    结尾
    此致
    敬礼!
                                            署名(××大学××学院学生×××)
                                                              日期

附件(目录)
```

(3) 求职信的写作技巧

撰写求职信,也是讲求技巧的:

①推销:要牢记这是一封推销自己的信件,应聘者应该尽量突出自己的优点与长处,并且表示对这份工作很感兴趣,而不是奉上一份个人的自传。

②到题:内容精简到题,段落分明,不宜超过一张纸。若雇主收到表达长达三、四页的求职信,只会觉得应聘者缺乏决断能力。

③简明:文字运用简明、直接,多用短句少用长句。生涩字句,只会惹人反感。

④正确:留意文法的正确,切勿写错字。面对一封满是错字的求职信,实在难以对写信人委以重任。

⑤专业:格式整齐干净,除非雇主列明要求手写,否则以打字为佳,强调专业风格,如收到一封以单页纸手写的求职信,无论写得怎样出色,也会予人马虎草率、没有诚意之感,当然不作考虑。

⑥风格:这是一封有关"你"的信件,最好能具备个人的风格,但并不表示要哗众取宠,而应该就不同的申请职位而度身撰写求职信,配合个人的特色,不可只抄别人的范本草草了事。

⑦准备:最好事前细心阅读招聘广告列出雇主的要求,逐项针对性地撰写,另外,

所申请的公司是属于什么类型、提供什么服务或产品、申请职位的主要工作是什么，也应事先收集资料。

⑧检查：撰写完毕后，应反复检查，确保无误，才正式寄出。因为一些微小的错误也会给予未来雇主一个不够全面及不细心的坏印象，就算连日期、标点符号也要检查清楚。要记着，求职信便是求职代表。

二、 教学案例

案例一　大学生普遍就业问题[①]

小王是一名应届大学毕业生，在校 4 年，自觉学有所成，然而却在就业上处处碰壁。他看中的单位，人家却看不中他；单位看中他的，他却看不中单位。直到目前他还未与一家单位签约。时下，小王正处在一种焦虑、犹豫、自卑、不满、无法决断的状态，内心十分矛盾痛苦。小王这种情况在很多大学毕业生当中是非常普遍的。

【分析与点评】

就业是每个人所面临的重大抉择，尤其对于大学生来说，是人生的重大转折。大学生作为一群有高智商、高文化、高自我价值的文化群体，其理想与追求自然有明确的目的性，面临着更多、更大的挑战与机遇，因而其往往也面临着更大的心理压力与冲突。作为心理品质"高危人群"的大学生在就业过程中，产生心理问题是有普遍性的，也是可以理解的。

从小王同学反映的心理问题来看，其根源在于理想与现实、愿望与失望、目标与挫折发生冲突而导致的巨大心理落差。这种落差使你处于一种心理失衡状态，常常伴有焦虑不安、不满自卑、自我否定等特征。如不及时调适引导，极有可能诱发诸如强迫症等心理疾病。从找工作受挫来看，也许由两种因素所致。第一，也许因为就业准备不充分、就业应试技巧不当，导致未被较好的单位未挑中。这方面在实践中多训练、多收集就业信息是可以克服的。第二个原因，可能是由于对工作的心理定位过高引起的，这也是很多大学生在找工作的过程中常遇到的问题。很多同学由于自觉学有所成，踌躇满志，想找一个好工作大干一番，可找到的工作与自身期望相差甚远，从而导致

[①] 作者不详. 大学生就业：要有动态心理定位［EB/OL］.［2001-04-16］http://www.edu.cn/20010101/14488.shtml.

就业受挫，产生心理问题。从第二个诱因来分析，我们认为大学生在就业过程中，要有个动态的心理定位，不断进行自我调适，避免产生心理问题。

案例二　适合你的才是最好的[①]

小王和小林在大学时是睡上下铺的好友。毕业时，小王认为，个人要想发展，就应当进大公司去寻找广阔的发展空间，因为大公司名气大，牌子硬，管理规范，发展的机会很多，所以，他立志要到大公司去实现自己的梦想，并且通过自己的努力如愿以偿进了一家大公司。小林则认为，人在哪里工作不是很重要，重要的是要能施展自己的才能，实现自己的价值。他还认为，在小公司里，人少，个人发展的机会反而可能更多。所以，毕业时他找了一家小公司。

后来，在工作实践中，由于小王所在的公司人才济济，他只能做一些与自己的专业没有什么关系的杂活，在相当长的一段时间里，他所在部门的重要工作都由领导安排其他人去做，根本轮不到他去实现自己的愿望。小林的公司则由于人手少，有了活大家一起干，工作成果见效快，他的才能在这里也很快就显露出来。不久，小林的公司由于业务发展了，成立了一个公关部和一个策划部，由他出任策划部的经理，负责招聘一批年轻人来部门工作。

小王和小林经过一段时间后，一个是郁郁寡欢，很不得志；一个是如鱼得水，快马加鞭。

【分析与点评】

求职择业的大学生应该对自己做出正确的评价，从不同的招聘单位中选择最适合自己发展的一个。记住：最好的未必适合自己，只有适合自己的才是最好的。

案例三　选择·放弃·收获[②]

2010年冬天，黄欣在就业与考研之间彷徨。走上考研这条路，其实并不是为了做学问，只是为了留在北京。这也是很多人的想法。黄欣当时的指导思想就是准备先考研，同时也不放弃找工作的机会。考研复习的日子是极其乏味的。每天按照固定的作息时间表，完成定量的任务。除了为维持生存而吃饭睡觉之外，其余的时间几乎一刻不离开书本。考研的人都拿出了孤注一掷的劲头，那时黄欣清清楚楚地感到，自己手里攥着自己的前途。

[①] 作者不详. 求职适合的才是最好的 [EB/OL]. [2013-09-10] http://www.doc88.com/p-5983948621628.html.

[②] 作者不详. 就业求职典型案例分析 [EB/OL]. [2013-08-19] http://www.touzirencai.com/News/8830.aspx.

事情有了转变是在11月份。由于黄欣所在的学校是外语类院校，她可以参加外交部一年一度的选拔考试。当时，黄欣的家人非常希望她能进外交部。她自己也一直想在北京找工作，认为这是个不错的机会。但是，入部考试是在12月初，考试结果于12月底公布，而考研则在一月中旬。对于这两个考试，她都没有百分之百的把握，于是陷入了一种两难境地：既怕抓一头丢了另一头，又怕两头都抓，最后落得鸡飞蛋打。她花了两天时间仔细地琢磨，终于认识到：当几条路同时出现在眼前的时候，一定要果断地选择其中一条，选择的前提是充分了解自己，充分了解客观情况。选择考研，对黄欣来说只是为了留在北京，所要考的专业比较容易，但也是她的兴趣所在。入部考试主要是英语和写作，也是她有兴趣和擅长的，虽然没有十分的把握，但较之考研可能性还是大一点。而且，入部考试通过了，不仅能解决留京的问题，还能解除以后找工作的后顾之忧，可以一箭双雕。如此分析之后，她决定全力以赴地准备入部考试，并计划在入部考试之后，结果出来之前着手找工作。

于是，黄欣在11月份里破釜沉舟，背水一战，只复习政治、英语和时事。她一点都不后悔当时放弃了考研，她认为，做一件事就要全力以赴，做就要做到最好。同时，她也第一次深刻地了解了自己，准确地把握了自己。事实证明，她的选择是对的。她通过了入部考试，又参加了国家公务员考试，并顺利通过，与外交部签了三年的合同。

【分析与点评】

你的一个决定，意味着放弃其他选择。经济学家认为，其他选择中最大的放弃，就是你所做的这个决定的机会成本。在决定自己就业大事的非常时刻，贸然行事是要不得的，但也忌讳犹豫不定、久拖不决。在选择之前，应该先弄清楚自己想要的是什么，再弄清楚自己适合的是什么。该选择的就应果断选择，该放弃的就要坚决放弃。

虽然每一次选择都意味着付出一定的代价，可是，只有敢于付出代价的人才会有所收获。

案例四　做好你的求职计划[①]

我的求职计划就是：一步登天

经过深思熟虑，王强为自己定下求职"六原则"："钱多、事少、离家近、责任轻、升职快、福利好。"并声称：我就是要一步到位，找到能满足我所有要求的公司。就这样先后与5家企业面谈，竟没有一家企业要录用他。临近毕业他尚未找到理想工作。

---

① 作者不详. 制定求职行动计划 [EB/OL]. [2011-11-28] http://www.docin.com/p-296840897.html.

【分析与点评】

分步实施，就需要计划，倘若想一步登天，计划也就失去了意义！人刚拿起笔，就意味着已经失败了！

我的求职计划就是：一条路走到底

段某是某学校计算机专业的应届毕业生，听人说电力行业收入高、待遇好，加上家长对其求职的影响，于是将求职定位在大城市的供电局。但在市场上，她几乎每次都难觅供电局招聘的摊位，托人找关系也没有回音，但她仍执意要进供电局，以致许多求职的机会被她错过。

【分析与点评】

守株待兔，贻笑大方。难道天下的求职者都是这样"执著"吗？职业指导专家建议：不要再犯傻！立即找一张白纸，制作一个适于你的职业清单。记住：至少列出30个职业。

只知计划，不问变化

按照计划，张建在面试中，故意表现得很外向，夸夸其谈，主动出击，咄咄逼人，显示了作为一位才子的风采。但他怎么也没想到，一切却适得其反。因为这个职位隶属财务部，需要有精通专业知识、做事认真，作风踏实，而他的表现只能证明，他不适合在这样的团队里工作。张建回到学校，把《求职就这几招》的文章扔到一边。

【分析与点评】

21世纪的特点就是灵活和变化。不懂这一点，什么样的求职计划也无济于事。求职应聘，是一个了解自己、了解用人单位、向用人单位展示自己能力与素质的面对面的接触。只有做好了充分的准备，知己知彼，才能用特色和真才实学为自己铺就成功之路。

明日去求职，今日赶紧"编"几条

李燕是个性格内向的女生，爱好钻研，经常在同学们参加各种活动的时候，自己独自在图书馆看书。她担心这个性格会影响单位对她的印象，所以在简历上编了几条参加组织活动的经历。面试时用人单位请她详细说说组织过程，她因为答不上，而被拒绝。事后，用人单位在面试评价表中写到：此人专业知识扎实，人品有疑问。

【分析与点评】

求职计划不是"编"出来的，而是"设计"出来的。既然要设计，就有一套规则：目标、途径、时间表等都要设计。当然，这一切都有一个前提，就是实事求是！

通过阅读上面的案例，你会明白，不管何去何从，还是要先学会做个求职计划。

【案例思考】

1. 大学应届毕业生求职应做哪些准备？
2. 大学应届毕业生应如何做求职计划？

三、实训活动

（一）实训目标

1. 通过撰写个人简历，使学生掌握个人简历制作的基本方法和技巧。
2. 通过撰写求职信，使学生掌握求职信写作的基本方法和技巧。

（二）实训活动

实训活动一　制作个人简历

【实训内容】

（1）个人简历的制作主要包含四部分

①个人基本信息

A. 不一定要以"个人简历"四个字为首，以名字为首是人力资源主管更为中意的选择。名字是个人的品牌，应放在整张纸最显眼的地方，并且用黑体和大字号加强视觉冲击力，字与字之间空出一格，更加美观。

B. 通信地址非常重要。邮寄地址以两行为宜，第一行一般包括省市、街道和门牌号，第二行则包括校名和宿舍号。为了方便，可以将邮政编码用括号的形式放在第二行最后。电子邮件的地址紧随其后，一般要选择比较稳定的邮件系统，不易丢信；标准的用户名的格式是 firstname. lastname，例如张小泉的邮箱用户名应当为 xiaoquan. zhang。千万不要用 honey，loveyou 等名字来做邮箱用户名。

C. 电话号码非常讲究。电话号码前面一定要加区号，如（0534）。8 个电话号码之间加"-"来分节，参考国际上通行的电话号码分节方法，采用"四四分"或者"三四分"的方法比较好，如（0534）1234-5678。手机号码也采用分节的方式，"四三四"的分法最为常见，如1234-567-8901。

D. 简明扼要。一般情况下，如果申请岗位没有特殊要求，身高、体重、婚否等内容可以省略。如果申请的企业是国企、民企，政治面貌可能会作为考量应聘者的一部分，体现其在校表现的积极程度；如果是外企，建议不要写政治面貌。

②求职意向应当尽可能明确和集中，切忌空泛，如本人希望从事富有挑战性并能够发挥自己潜能和专长的工作，以实现自己的人生价值。

一般来说，如果企业在招聘时对职位的描述比较详细，简历上的求职意向就直接写成该职位即可。对自己意向中的求职目标，应事先向有工作经验的人（如就业指导老师、人力资源经理等）咨询，思考如何使求职意向和所学的专长结合起来。确定了求职意向才能确定简历重点内容，与求职意向无关的素材在简历中尽量省略。求职意向比较模糊的应聘者，可以明确分类，多手准备。将自己的求职意向分为几类，写在不同的简历上，社会经验等要根据不同的求职意向有所改变，然后针对不同的职位，给出相应的简历。

③教育背景对于学生简历来说是先于工作经历的信息，一般采用时间倒叙排列，最近、最高的学历要放在最前面。

在教育背景中，可以根据求职岗位的需要，说明与之有关的一些主修课程，一般在10门以内；不要为了拼凑篇幅把所有课程都写上，比如体育。如果学习成绩出色的话，建议写出成绩排名情况，如专业前5%，相对的数字永远比绝对的数字、形容的文字来得有说服力。

④社会经验/工作经历也采用倒叙原则排列。如果社会经验较为丰富，可以采用先重要后次要的写作方法。

对社会经验/工作经历中承担的职责和项目要交代清楚，长度以一行为宜，句数以3~5句为佳。工作成绩要具体化、数字化、精确化，避免使用许多、大量、一些这样的模糊词汇，应尽量使用具体的数字，如完成多少销售量。接受培训的内容可以放在每次经历后面，是对能力的提升和肯定。在描述中，不要出现"我"这样的字眼。

（2）除了以上的主体部分，应聘者可以根据自身特点选择以下部分内容，共同构成简历

①自我评价。以4~10条为宜，过于冗长、格式化、无个性的自我评价，如活泼开朗、勤奋努力等用词很难打动人力资源主管。求职者可以回顾一下自己的学习和社会实践经历，挑选出与所投递岗位的比较吻合的工作能力，写在自我评价中，以突出自

己的优势，如在应聘财务类岗位时，稳重内敛、谨慎仔细就更为妥帖。

②获奖情况。按时间逆序或重要性逆序分条书写，最好注明所获奖项的分量。如：2013年9月获得华夏银行一等奖学金（奖励年级排名前2%的学生）。当求职者有很多奖励情况时，只保留和应聘职位相关度较高、含金量较高的奖励，要清晰有序、层次分明。

③英语和计算机水平。列出最能反映英语水平和计算机水平的证书和成绩，如大学英语等级考试等级和成绩、笔译或口译证书、全国计算机等级考试成绩等。

④推荐人信息。选择的推荐人最好是应聘者和招聘企业都认识的人，或者是相关负责人，如导师、辅导员、实习单位领导等。一般情况下，可以写在简历的下方，招聘公司通常在面试时要求应聘者提供有关的证明材料。

⑤爱好与特长。只写两到三项强项，不写弱项。最好能写上一两项体育爱好，比如你可以将马拉松的爱好写上，因为它可以告诉公司，你有坚强的意志力和严格的纪律性。

【实训要求】

①简历的长度以一页为宜，最好控制在两页以内，把针对申请职位的自身突出优势展示出来即可。

②简历照片以一至两寸的彩色半身职业近照为宜。建议男士穿白衬衫、黑色西装外套，打单色领带；女士可穿带衣领的白色或浅色衬衫加单色小西装外套，留下好的第一印象。

③选择合适字体字号。中文一般采用宋体、楷体、黑体，英文一般采用Times New Roman、Palatino Linotype；字号不能小于小五号。

④注意语法和拼写错误，一般Word自带Spell-Check功能。

⑤注意标点符号的正确使用，从细节可以反映求职者的素养。

⑥注意调整段落间距和表格宽度，简历排版干净、整洁、职业化。

⑦在简历打印出来后，再检查一遍，可能会对着纸张找出一些小小的瑕疵，改正它们，保证正式打印的简历不会再有这些问题。

【实训所需材料】

下面给出了五个简历模板，根据你的实际情况，从中选择一个模板描述你的情况。也可以参照模板，设计个人简历。

简历模板一：推荐指数 ☆☆☆☆☆

性别：男	出生地：上海	政治面貌：	
出生年月：	手机：	电话：	姓名
地址：上海交通大学东川路800号F0xxxxx（200240）		E-mail：	

教育背景

2003.9至今	上海交通大学	电子信息与电气工程学院	自动化系
	上海交通大学	法学院	知识产权法（第二专业）

所获奖励

2007.5	上海市高等学校优秀毕业生	（1%学生获此奖励）
2006.10	上海新时达电气专项奖学金	（1%学生获此奖励）
2004.10	上海市高等学校优秀学生（索尼）奖学金	（上海高校仅100人获此奖励）
2005.12	上海交通大学优秀党员	（5%党员获此奖励）
2005.5	上海交通大学五四优秀共青团干部	（0.5%学生获此奖励）
2004.10	上海交通大学三好学生干部	（0.5%学生获此奖励）

学生工作

2004.9—2006.6

上海交通大学第四届社团联合会（管理校内104个社团）　　　主席

　　　创建五大中心，推翻陈旧组织结构，改善运作效率。

　　　分析并重建组织定位，从传统的管理型转向服务型。

　　　提出并创新"党建进社团"、"社团活动课程化"管理模式，为社团争取经费。

　　　筹划"2004首届上海高校社团发展论坛"，任筹委会主席。（全国58所高校团委书记参加）

　　　领导200位核心团队，统筹论坛全程，如宣传、会务、文件起草、媒体联系等。

2004.6—2006.1

上海交通大学野外生存协会（2004年上海市优秀社团）　　　会长

领导 20 位核心干部，多次成功策划户外活动，会员人数从原 50 人扩展到 200 人。

代表交大参加 2004 中日韩大学生东北野外生存训练（交大学生六人）。

5 天内，负重徒步 80 千米，提前完成既定目标，中央五台"体育人间"节目跟踪报道。

2005.5—2006.6

上海交通大学第二十届学生体育总会　　　副主席

提出"奥林匹克运动会"构想，打破常规校运会模式，参与人数翻三倍。

策划并主持体育总会成立 20 周年庆典晚会。

2004.5 至今

上海交通大学电子信息与电气工程学院××级党支部　　　书记

首创并主持全年级发展党员大会，获上海交通大学 2005 年党建创新一等奖。

实习经历

2006.8—2006.9

西门子（中国）有限公司　　运动控制系统部　　　工程师助理

协助预调试振华港机起重机项目，如迪拜港，洋山深水港项目等。

成功学习所需电子器件，学习并掌握运用 EPLAN 和 AUTOCAD 绘制电路图的能力。

2006.7—2006.8

上海市杨浦区人民政府（优秀大学生暑期挂职锻炼）　　　团委部长助理

策划组织 56 名优秀大学生的挂职工作（复旦、交大、财大、香港大学等）。

编辑并出版挂职专刊《起点》。下基层接待上访，解决居民矛盾。

其他信息

　　英语　　大学英语四级、大学英语六级（516 分），托福 597 分，读写能力出色。

　　计算机　熟练掌握 Office、Visual C++、Photoshop 系列软件，具备计算机组装及维修能力。

　　特长　　书法（全国书法比赛优秀作品），乒乓（交大附中乒乓球冠军）、网球、摄影、桥牌。

　　自我评价

一位勇于挑战的攀登者，敢于承担艰险，永不畏惧前路的崎岖与风雪！

一位不怕失败的探索者，乐于不断寻觅未知的山路，用脚步来丈量这神秘的世界！

简历模板二：推荐指数 ☆☆☆☆

个人简历

照片	自我评价			
	大一时参加德州学院学生会××部，参与组织校内××活动，具有一定的社会交往能力。大二、大三代理××在德州学院的发行，具有优秀的组织和协调能力。 在学习中，我注重理论与实践的结合，已具备了相当的实践操作能力，可独立进行××。 熟练操作计算机办公软件和财务软件。 很强的事业心和责任感使我能够面对任何困难和挑战。			
姓名：张某	求职意向			
性别：男	会计类，财务类，文秘类，企业管理类，行政类			
出生日期：1992/03/01	语言能力			
地址：德州学院经济管理学院	汉语	精通	英语	熟练
邮编：253023	教育经历			
移动电话：000000000	2010/09—至今	德州学院	会计系	本科
家庭电话：000000000	2007/09—2010/06	××中学	文科	高中
宿舍电话：000000000	培训经历			
QQ：000000000	2012/09—2012/11	英语周报山东发行站		销售
Email：0000000000000	说明：因负责英语周报在德州学院的订阅和发行，接受两个月的培训。			
专业主干课程				
财务会计、高级财务会计、成本会计、管理会计、财政学、审计学、西方经济学、统计学、企业财务管理、高级财务管理				
计算机水平				
精通系统操作、各种办公软件、VFP 语言、会计电算化软件、Frontpage 制作				
工作实践经验				
2010—2011 在德州学院学生会任××部干事，参与组织校内××活动。 　　　　　德州学院××协会干事，参与××活动。 2011　　暑假为××在德州做促销。 2011—2013 负责英语周报在德州学院的订阅、发行，下辖各校区负责人 32 人。将英语周报推广到全校各个学院。 2013　　在校参加会计电算化模拟操作。 　　　　暑假在××财政所实习，熟悉实际工作程序。				
兴趣爱好				
文学、哲学、历史、网络、音乐				
特长				
写作、辩论				

简历模板三：推荐指数 ☆☆☆☆

个人简历

求职意向				
结合专业知识，发挥专业技能，愿从事与会计类、财务类、文秘类、企业管理类、行政类等工作，也期望尝试其他有挑战性行业工作。				

个人基本信息	姓　名	张某	性　别	男	照片位置
	出生年月	1992年3月	民　族	汉	
	籍　贯	山东德州	政治面貌	团员	
	身　高	168厘米	体　重	58千克	
	专　业	会计学	学　历	本科	
	系　别	经济管理系	毕业院校	德州学院	
	电子邮箱	？@？	QQ	＊＊＊＊	
	联系电话	（0）1392454＊＊＊　0534-8558＊＊＊＊			
	通讯地址	山东省德州市德州学院（253023）			

教育经历	
2010年9月至今	德州学院
2007年9月至2010年6月	山东省＊＊＊＊中学

自我评价
具有较强的专业理论知识，基础扎实，实践能力强，能在专业领域提出自己的见解，为人诚信开朗，勤奋务实，有较强的适应能力和团体协作能力，富有责任心和正义感，热爱集体，热心公益事业，能恪守以大局为重的原则，愿意服从集体利益的需要，具备奉献精神。

主修课程
财务会计、高级财务会计、成本会计、管理会计、财政学、审计学、西方经济学、统计学、企业财务管理、高级财务管理

计算机水平
熟悉 Windows 操作系统，能熟练操作 MS OFFICE 和 WPS 系列办公软件，熟练快速进行文档处理；掌握 Frontpage/Dreamweaver 网页制作编辑技术，精通 HTML 静态代码；熟悉使用会计电算化软件。

语言能力
普通话：熟练，能准确地书写，能流利地进行听、说交流 英　语：大学英语四级水平，具有一定的听、说、读、写能力

获奖情况
2012年4月获学业进步奖； 2013年度德州市区无偿献血奉献奖（铜奖）。

所获证书
初级会计师证书 全国高等学校计算机等级考试Ⅰ级

工作实践经历
A. 大一期间在德州学院学生会任××部干事,参与组织校内××活动。任德州学院××协会干事,参与××活动。 B. 大一暑假为××在德州做促销。 C. 大二大三负责英语周报在德州学院的订阅、发行,下辖各校区负责人32人。将英语周报推广到全校各个学院。 D. 大三在校参加会计电算化模拟操作。 E. 大三暑假在××财政所实习,熟悉实际工作程序。

简历模板四:推荐指数 ☆ ☆ ☆

个人简历

姓名	张某某	性别	男	出生年月	1992-03	照片
籍贯	山东德州	民族	汉	政治面貌	党　员	
专业	自动化			学历	本科	
英语水平	四　级	计算机水平		二级C、三级网络		
通讯地址	德州学院经济管理学院			邮编	253023	
E-mail	webmaster@….com					
联系电话	0534-88888888					
性格特点	热情大方　勤奋好学　务实上进					
个人品质	1. 具备计算机软硬件知识;熟悉计算机基本运行环境;掌握常用软件的操作技能及c语言简单编程。 2. 能熟练应用会计电算化软件。 3. 有很好的实际操作能力,参加××大赛获优秀奖。 4. 有较强的环境适应和接受新事物的能力。					
专业技能	1. 具备××能力。 2. 初步掌握××的应用技术。 3. 具备一定的专业知识和技能,以及与本专业有关的××等技能。 4. 具备工程意识和独立思考能力。					
社会实践	2010—2011年在德州学院学生会任××部干事,参与组织校内××活动。德州学院××协会干事,参与××活动。 2011年暑假为××在德州做促销。 2011—2013年负责英语周报在德州学院的订阅、发行,下辖各校区负责人32人。将英语周报推广到全校各个学院。 2013年在校参加会计电算化模拟操作。 暑假在××财政所实习,熟悉实际工作程序。					
求职意向	·诚愿加盟给我机会展现才华的企事业单位!愿从最基础的工作做起,发挥自己的才智,为公司的发展做出自己的贡献!意欲供职于会计类、财务类、文秘类、企业管理类、行政类等工作。					

创业与就业

简历模板五：推荐指数 ☆☆☆

个人简历

某某某

性　别：男　　　　　　　　毕业院校：德州学院

出生年月：1992年3月　　　 专业：会计学（本科）

通信地址：某某省某市某镇某街 邮政邮编：123456

联系电话：987654321　　　　移动寻呼：00810-0293857

电子邮件：some@sina.com　　求职意向：会计、财务、文秘、行政

技能总结

英语水平：

　　能熟练地进行听、说、读、写，并通过国家英语四级考试。尤其擅长撰写和回复英文商业信函，熟练运用网络查阅相关英文资料并能及时予以翻译。

计算机水平：

　　国家计算机等级考试二级，熟悉网络和电子商务。精通办公自动化，熟练操作Windows98/2k。能独立操作并及时高效地完成日常办公文档的编辑工作。

实习经历总结：

2011暑假为××在德州做促销。

2011—2013年负责英语周报在德州学院的订阅、发行，下辖各校区负责人32人。将英语周报推广到全校各个学院。

　　2013暑假在××财政所实习，实习期间主要职责是：1.＊＊＊＊；2.＊＊＊＊。

教育背景：

2010年9月至今　　　　　　德州学院

2007年9月至2010年6月　　山东省××中学

主修课程：

　　财务会计、高级财务会计、成本会计、管理会计、财政学、审计学、西方经济学、统计学、企业财务管理、高级财务管理。

获奖情况：

　　三次校二等奖学金

　　一次校单项奖学金

自我评价：

　　做事踏实，自觉服从公司纪律，对公司忠诚，善于与同事相处。

实训活动二　写作求职信

【实训内容】

　　求职信的写作主要包含四部分：

（1）称呼

求职信的称呼往往比一般书信的称呼要正规一些，在实际书写时要区别对待：如果写给国家机关、事业单位的人事处领导，用"尊敬的××处长（科长等）"称呼；如果写给企业领导，则可以称之为"尊敬的××董事长（经理等）"；如果写给大学校长或人事处的求职信，则称之为"尊敬的××教授（校长或老师等）"。有些求职信也可以不写姓名，如"尊敬的负责同志"、"尊敬的董事长先生"等。

（2）正文

这是求职信的核心，其形式多样。应当包括以下主要内容：

①自我介绍。用简短的三四句话说明以下几点：自己的情况；信息来源渠道；推荐人，尽可能提及双方都知道的第三人作为推荐人；阐明想要应征的职位。

「求职信息的来源及应聘岗位写作范例」

A. 获取贵公司 2013 年 11 月 10 日在我校公布的招聘（职位）的信息后，我寄上简历，敬请斟酌。

B. 我希望应聘贵公司招聘的（职位），我很高兴地在招聘网站得知你们的招聘广告，我的专业是会计学，一直期望着能有机会加盟贵公司。

②应聘动机，阐明求职者能满足公司对人才的要求。必须写明求职者对单位或职位感兴趣的原因，以及求职者所特有的、可以为公司做贡献的教育、技能和个人有价值的背景情况。

作为求职信的重点，本段展示自己的价值，说服公司接受求职申请，给予面试的机会。这部分内容可以从两个方面展开：①展示应聘者对公司的了解——在信中，应聘者可以这样写道"根据我对贵公司的了解，我认为当前公司主要需要产品售后服务方面的人才，而这恰恰是我所能提供的"，以此表明对自己想要求职的公司有比较深入的了解，表明诚意，增强竞争力。②展示应聘者的能力——公司关心的是应聘者可以为他们带来多少价值，所以应该表明自己可以为公司在哪些方面做出贡献。如："您是否在找一位电子通信方面的经理，需要有领导项目管理方面的专业才能？我曾经专门制订和执行高效能的策略，已直接为许多电信公司带来发展和利润。除此之外，我还擅长于电信软件的开发和技术。"

行文意思表达要直接简洁，避免使用术语和过于复杂的复合句。选用意思强烈的词语，句子结构和长度富于变化，使阅信人能保持阅读的兴趣，留下深刻的印象。需要注意的是，这部分内容与简历相辅相成，要说明独特的个人能力，又不能把简历内容都写进去。不要单纯写自己的长处和技能，而是要着重说明这些长处和技能能给该公司带来什么益处，内容要有说服力。

「应聘动机写作范例」

"我勤奋努力,有较强的组织能力,并且善于协调处理好人际关系,我非常愿意把我在工作中已有的实践经验和我的责任心与热情贡献于贵公司。"

③面试请求。在正文的最后一段,再次表明应聘者对职位的渴望,委婉地向招聘单位提出面试的请求,告诉招聘公司很乐意收到对方的电话或者是电子邮件回复。不要忘了写上确切联系方式,虽然简历上已经写得很详细了,但是在这里列出,可以显示应聘者是一个细心周到的人。

「面试请求写作范例」

"如果您给在百忙之中回复我,给我面试的机会,我将不胜荣幸。我的联系电话是……"。

(3) 结尾

结尾这部分内容基本上是标准的,求职者应当真诚地感谢招聘人员的阅读。在结尾处要写上如"祝贵公司兴旺发达"、"顺候安康"、"深表谢意"等,也可以用"此致敬礼"之类的通用词。

落款时,一般都在署名前加上诸如"您诚恳的××"、"您信赖的××"之类的词语,也可以写成"您的学生××",或者直接签上自己的姓名,最后写明日期。

(4) 附件

记得在求职信的左下角写上"附件"及其目录,这样既方便招聘单位的审核,同时也给对方留下一个有条不紊、很负责任、办事周到的好印象。

【实训要求】

A. 求职信的长度以一页为宜,最好控制在两页以内。

B. 内容客观、符合实际。

C. 语言简洁、集中,又富于个性、不落俗套。

D. 杜绝错别字,注意标点符号的正确使用。

E. 注意调整段落间距,文面干净、整洁。

F. 在求职信打印出来后,再检查一遍,可能会对着纸张找出一些小小的瑕疵,改正它们。

【实训所需材料】

下面给出了两封优秀求职信,根据你的实际情况,针对求职企业和职位写一封求职信。

求职信一

致：微软全球技术中心 2013 年校园招聘组

尊敬的先生/女士：

您好！感谢您在百忙之中抽出时间来翻阅这份求职材料。也许这只是您面前摆放的众多的求职资料中很普通的一份，但我能感受到这一瞬间的意义。对我而言，您揭开的将是我人生新的一页。

我是××大学 2013 年应届毕业研究生。2008 年从××大学毕业后，在社会上工作了两年，怀着对知识的渴求和提高个人素质的愿望，我又回到了学校。在即将结束研究生的学习阶段之际，我强烈希望能加入微软全球技术中心，贡献自己的才能和热情。

贵公司的要求	我所能提供的技能
专业知识	研究生阶段扎实的专业课程学习，良好的学习成绩
对微软产品的了解和实践	使用过 VC、VB、VJ、FrontPage 等开发软件，Word、Excel、Access、PowerPoint、Outlook 等商用办公软件，Win9x 系列一直到 WinNT、Win2000、Winnows 等操作系统类软件。
行业工作经验	两年的相关行业工作经验。
沟通能力和技巧	积极投身于社会工作，曾经担任过××。通过参与组织校园文化体育活动，具有了较强的组织能力和领导能力。

今天，我郑重地申请技术支持工程师的职位，一方面出于对自己的准确认识，另一方面出于对技术支持工作的认识。我选择了微软全球技术中心，愿意奉献自己的才智和热情，愿意传播最好的产品，传播最好的服务，希望全球技术中心也会选择我。我想，选择我，没错的。

关于我的个人简历一并附上，如您能在百忙中抽时间回复我，给我机会，我将不胜荣幸，若需联系请打电话：××××××××××××。感谢您阅读我的求职信。

最后，谨祝您身体健康，工作顺利！

  此致

敬礼！

求职人：×××
2013 年 10 月 10 日

求职信二

尊敬的领导：

您好！感谢您在百忙之中翻阅我的自荐材料！我是沈阳化工学院 2012 届化学工程与工艺专业的应届本科毕业生。真诚希望能成为贵公司一员，为贵公司的事业发展尽我的全力。

在大学的前三年中，我认真学习了化工专业及相关专业的理论知识，已具备了扎实的专业基础，系统地掌握了各种理论和操作技能，以优异的成绩完成了相关的专业课程，并连续六次获得"校综合奖学金"，一次"国家奖学金"，一次"省政府奖学金"，一次"沈阳市大学生市长奖学金"，连续两次被评为"校三好学生标兵"；在思想上，作为一名共产党员，同时作为本院本科生党支部组织委员，我时刻严格要求自己，积极组织有意义的支部活动，并被评为"院优秀共产党员"；生活中，我时刻以勤俭朴素为荣，作为一名来自农村的贫困大学生，我更懂得生活的艰辛，因此我更加努力学习和工作，决心以自己的双手来改变命运。

三年来，我一直担任学生干部工作，从入学至今一直担任班级班长，并曾先后担任院学生会副主席兼学术部部长，院公寓管理委员会主任。三年的学生干部工作培养了我的团队协作精神，提高了我的领导组织协调能力。在组织学生活动的同时，我也积极参加学校和社会的各项活动，获得了老师同学的好评和省市校领导的认可，并先后被评为"辽宁省优秀学生干部"、"沈阳市大学生标兵"、"沈阳市优秀大学生"，连续两次获校"百佳千优"特色奖学金，带领班级连续两次获得校"先进班集体"荣誉称号。这是对我的肯定也是对我的鞭策，我不会停下奋斗的脚步，我会继续努力提高自己。

与此同时，我尤其注重英语及信息技术技能的学习，一次性通过了大学英语四级，大学英语六级取得 421 分，具备了良好的听、说、读、写能力；在科技迅猛发展的今天，我紧跟科技发展的步伐，不断汲取新知识，并顺利通过了国家计算机二级（C 语言）考试，通过 Auto CAD2010 资格认证，并能熟练使用 OFFICE 办公软件，同时我还在业余时间取得了机动车驾驶证。

诚然，缺乏经验是我的不足，但我拥有饱满的热情以及"干一行爱一行"的敬业精神。在这个竞争日益激烈的时代，人才济济，我并非最优秀，但我拥有不懈奋斗的意念，愈战愈强的精神和踏实肯干的作风。请相信：你们所要实现的正是我想要达到的！

　　此致
敬礼！

自荐人：×××
2012 年 3 月 10 日

四、深度思考

了解自己，掌握信息，理性择业[①]

从 2010 年 11 月份走出学校，在信息技术行业做销售员开始，一场没有硝烟的战争便拉开序幕。从期望，到失望，到彷徨，再到希望，我想这是每个在求职路上踽踽前行的人必由的心路历程。一路走来，酸、甜、苦、辣样样俱全，曾经苦苦挣扎过，迷茫过，当时我默默告诉自己：每个人都有属于自己的路，既然选择了，那么就一直坚持下去，路会越走越宽。我坚持下来了，并且在做销售员 3 个月后就被公司提升为部

---

① 江西师范大学就业指导处. 江西师范大学毕业生成功就业案例 [EB/OL]. [2008-09-12] http://jy.jxnu.edu.cn/bjyview.asp?id=924.

门经理。喜悦从心底发出，因为对于我来说，就业好像没有太大的波折，也许有人会说这只是幸运，但是只是靠幸运是不可能的，很多时候是要靠我们自己去努力、去争取。

在这条求职路上我学到了很多东西。求职路上，几家欢乐几家愁，的确，能尽早签约，并且是自己所中意的单位，当然是皆大欢喜。然而，人生不可能那么的一帆风顺，毕竟职位总是有限，僧多粥少的现实下，我们应该如何应付呢？我觉得最重要的是摆好自己的心态，相信自己，是金子总会闪光，而不能在一两次的求职失败中便心灰意冷，怨天尤人。能找到优秀的单位固然值得欢喜，可是即使只能进入普通的单位也不要气馁。人生几十年，现在的一切并不代表将来。谁能保证你就永远普通呢？也许某天你要感谢现在的选择呢？因此，只要我们选择了，就尽力做好，不要给自己后悔的借口。

虽然没经历过太多场应聘，不能像许多同学那样滔滔不绝地述说自己的实战经验。可是我毕竟也曾是局中人，多少有一点自己的体会。面对如此激烈的"竞技场"，如何在面试中脱颖而出呢？

一、"简历"是打开应聘之门的钥匙。许多应聘单位选拔的第一步往往是从"简历"筛选开始。因此，作为应聘的我们必须慎重对待简历的制作。个人觉得，简历无须花俏、无须厚重，而应重在突出你的亮点，让就业单位在数以百计、千计的简历中，快捷、清晰地掌握你的优势所在。

二、"面试"是就业成功的奠基石。许多人就是在面试这一关被淘汰出局的，很多人对面试也存在不同程度的恐惧心理。的确，面试是十分重要的一槛。因为我们无法知道考官们将如何出题，如何去判定我们。然而，通过许多同学成功的面试经验，我们不难发现在这一过程中心态起着十分重要的作用，越能轻装上阵的往往成功的几率越高。俗话说，战术上我们要重视敌人，战略上我们要藐视敌人。做好充分的准备，然后以平常心对待，是面试成功的关键。

三、身体，革命的本钱。健康的体魄是每个就业单位对人才的基本要求，在整个求职过程中，它通常被安排在最后一个环节。而这一环节也是最容易被大家忽略的。今年就听到好几个同学因过不了体检这一关，而被就业单位拒之门外。因此，在此建议大家要多保重自己，千万不要忽视健康。

四、理性的择业观。一些人失败，很多是因为从开始的择业上就犯了错误。现在大学生有一些不理性的择业观念，要么是"找不到金"，觉得干什么都不会成功；要么是"遍地是金"，头脑发热；要么是"别人手里的才是金"，盲目跟风，别人做什么就跟着做什么，自己没有思考。我们要积累一些属于自己的经验，在奋斗的过程中不断地提高自己。市场竞争太残酷太无情，而对于缺乏经验的人来说，最好不要直接去参与激烈的竞争。时间是有限的，所以要把时间用在最有价值的地方，不要花在不必要的竞争上。

大学生求职，实际就是求职信息的传播，大学生通过书信、上网、登门或引荐等渠道，向可能的聘用单位，表达欲求任职的意愿。我们大学生怎样才能成功求职呢？从信息传播成功的关键因素分析，主要有以下六个方面。

一、自己首先是合格的大学毕业生。也就是，自己本身是有用之才。是才或非才，主要体现在三个方面：①有无过硬的专业知识和技能，如外语、计算机等级证书是高或低，有无其他的如编程、会计、律师等任职资格证书或获奖证书。②是否具备较强的敬业爱岗和开拓进取精神，如为什么向贵单位求职。③是否具有巨大的发展潜力，如有何特长爱好，当过学生干部没有，是否吃苦耐劳。

二、能够较准确地找到自己与聘用单位的共同点。即自己的志向、知识、能力、特长、兴趣、爱好等与聘用单位有没有共同之处，自己比较适合的那类单位有没有聘用大学毕业生的计划、指标。若要能够比较准确地找到双方的共同点，那么，至少应有两个条件：一要认清自己，个人离自己最近，然而却最难以认清自己；二要下番功夫，认真收集、分析和利用聘用信息。同时，眼界还要放宽些，不宜局限在某个行业或某些单位，以增加成功概率。

三、要具备一定的求职技能，尽管求职技能多种多样，错综复杂，但对大学生而言，最常见和最主要的技能就是"两会"：一是会写自荐书信，写出的自荐书信能扬长避短，重点突出，简明扼要，措辞巧妙、精辟，能引起阅读者的重视等；二是会说话，面对聘用单位的人员说话时，能够心不慌，脸不红，知道哪些该说、详说，哪些该回避、简谈，说话当中能给人以诚实、谦虚、稳重和成熟之感等。

四、要有一定的抗干扰能力。干扰大学毕业生正常求职的因素，目前还不少，如不正之风，设骗欺诈，信息泛滥等。因此，大学生成功求职，还应具备抗干扰能力。抗干扰能力当中，最重要的有两项：一是能够较准确地鉴别信息的真伪，防止受骗上当；二是能够捕捉最佳决策时机，防止因脚踏两只、三只船等丧失最佳机遇。

五、团队精神至关重要。没有众人的帮助，就没有人能单独完成一项事业。一个人要想成功，必须加入团队中。一块主板从电子线路设计到构图（Layout）的印刷线路板（PCB）设计，接着做样品，再到测试。每一步都需要精雕细琢，如果任何一个环节出了一点问题，都不是一块好产品。因此，一切成绩都是大家共同努力的结果。成就如果没有同事的帮忙我也不会有今天的成就。

六、自动自发，敬业勤力，是一个人首要的基本素质要求。自小我们都有自己的理想，并为之不懈求学，努力攀登。长大工作了，就是我们实现理想和人生价值的时刻。不是让你做，而是你要做。无论工作生活，都要有合理的规划，并付诸行动。敬业爱岗更是公司发展的基石和动力。要有责任心。成功者找方法，失败者找借口，上司交给你任务的时候，争取在有限的时间内独立思考完成。现成的东西会叫你头脑僵化，有时类似的东西照搬会出现严重的问题。出现问题时，不要推卸责任，要勇于承担，想办法补救和解决才是最根本的。注意时常总结经验和教训，以便以后更好地工作。做一行就要爱一行，要深入下去，把自己的事情做好，哪怕是自己不愿做的工作，这就是起码的职业道德。

而我们大学生总会陷入几个就业心理误区：

误区一：自我期望值过高。

不少大学生自认为学识渊博，从政、经商、做学问不费吹灰之力，伸手就可以出成果。因此，他们在择业时极容易出现"高不成，低不就"的现象，自然择业困难。陕西来的陈先生到深圳多年了，他本来在一家合资企业找到了一份人事文员的工作，但是他认为这是一个高中生就能胜任的工作，如果让他屈驾于此，岂不是"浪费人才"？于是，一个星期不到就主动辞职了。后来几经辗转，他凭着"丰富的理论知识"在一家台资厂找到份做行政主管的"美差"，但由于他没有大型外资企业的实际管理经验，不能顺利开展工作，试用期一到就被老板炒"鱿鱼"了。不要过高地估计自己，什么事情都要有根基，如果一栋大楼没有坚实的根基，空中花园是很难实现的。

误区二：过多的物质要求。

许多大学生过多考虑物质条件，不但要求月薪高，生活好，还讲究住房、奖金等林林总总的物质享受，如果用人单位稍不满足他们的要求，他们便潇洒地"移情别恋"。一位企业老总说："企业竞争也是人才竞争，我们公司急需几个具有经济管理人才的大学生，可是他们太傲，动辄讲待遇，眼光这么高，我还敢用他们吗？"到哪里都是需要务实的人才，现在每年的毕业生如过江之鲫，想要找到一份好的工作我们就要踏实肯干，显现自己的才华，让老板觉得我们是人才，这样物质待遇不用我们提自然就会有。新形势下，允许人才流动，提倡双向选择，但并不意味着爱岗敬业的精神已经过时；相反，在讲求效率和效益的今天，任何一个企业都不会录取那些没有敬业精神和只为金钱而活着的人。发扬爱岗敬业精神，立足本职，扎实工作，与企业共同渡过难关，用智慧重塑企业辉煌的人，把握着属于自己的每一分钟，争取着每一次机会，将自己的才华在工作中充分展现，用行动实现自己的理想，体现自己的人生价值。

误区三：迷恋大型企业。

有相当一部分大学生认为，只有到大型企业去干，才能充分发挥出聪明才智。他们的理由咄咄逼人：大型企业具备了实现人生价值的物质和精神条件，机遇好，福利好，工作稳定，而小企业只有那么几十或几百号人，奖金不雄厚，更谈不上什么发展前途了。其实，有些大型企业里面人才济济，竞争十分激烈，而一般的小企业，对人才的需求如饥似渴，事实上近年大企业里的大学生"大材小用"，而小企业却多"小材大用"。其实，不管在大企业里，还是在小企业里，只要有真才实学，脚踏实地，同样能干出一番事业来。

误区四：追求热门职业。

行政、人事、财会是大学生追求的热门，可毕竟僧多粥少，人才济济，用人单位只好"百里挑一"，落选者甚众。而一些冷门职业尽管急需大批人才，但问津者却寥寥无几。这样，在人才市场就出现了"热门难进，冷门更冷"的怪现象。

大学毕业生的择业误区，是在社会、个人双方的合力下形成的。其实，作为大学毕业生的我们，此时应该多一点"大丈夫能屈能伸的豁达"，不要过分计较一时的顺逆，坚信"天生我才必有用"的信念，从"零"做起，从基层做起，最终定能在社会上找到自己的位置。

人生充满了选择，而就业正是大学毕业生一次重大而严肃的选择。许多大学生的职业选择都不是一次完成的，需要多次不懈地选择才能实现个人的职业理想。也许，重大的、决定性的选择仅有几次，所以我要慎之又慎地对待每一次择业，坚持科学择业、理性择业。

一个人有一技之长，有傍身之技，那是最好的，走到哪里，都能有一口饭吃，还吃得不错，这是传统的观点。任何技术都要在某个行业去应用，这个行业市场越大当然越好；要在一个领域之内，做深做精，成为绝对的专家，这是走技术道路的人的选择。不要跳来跳去，在中国，再小的行业你只要做精深了，都可以产生很大的利润。

我们要对自己的职业生涯发展有明确的考虑和充分的认识，做好就业准备，打好职业生涯的发展基石！

第六章　就业训练

【学习目标】

大学生就业难是一个将长期存在的问题，这里既有外界的环境因素，也有内在的个体差异因素，还有组织问题等，但就大学生而言，要更多从自身做好求职准备，通过本章知识点学习，使学生了解面试与笔试的基本理论；通过课堂讨论及案例分析，使学生熟悉面试与笔试的种类，掌握面试与笔试的方法和技巧，通过开展具体面试与笔试的训练，努力提升自己的求职能力，为今后成功就业奠定扎实基础。

一、本章知识点

（一）认识笔试

笔试应聘主要适用于一些专业技术要求很强和对录用人员素质要求很高的大型企事业单位，如一些涉外部门、技术要求很高的专业公司及国家机关选聘公务员等。

参加笔试之前，应了解笔试的范围，以便做好准备，充分发挥出自己的水平，争取好的成绩，取得应聘的成功。笔试可分为以下几种。

（1）专业考试

这种考试主要是检验应聘者担任某一职务时是否能达到所要求的专业知识水平和相关的实际能力。对于研究生，有些用人单位不考专业知识，只看本科生、研究生的学习成绩和学习内容。有些特殊的用人单位要进行专业考试。如外资企业、外贸企业对应聘者要考外语，公检法机关录用干部要考法律知识。

（2）智力测试

主要测试应聘者的分析和观察问题能力、综合归纳能力、思维反映能力。

（3）技术测试

主要测试应聘人员处理问题的速度和效果，检验对知识和智力运用的程度和能力。

想取得笔试的成功，要注意哪些方面？

1. 了解笔试内容，做到心中有数

笔试的内容一般分为三种：文化考试、专业知识考试和专业技术能力考试。

文化考试是为了检验毕业生的实际文化程度。毕业生虽然有学校开具的学习成绩，用人单位为了直接掌握毕业生的文化水平，往往采取笔试的方法进行，题目类型以活题较多。如：对文科学生要求运用某一原理，或某一历史知识，分析某一问题；对理工科学生要求运用某一专业知识，解决某一实际问题。

专业知识考试的题目专业性很强。如：外国企业招聘雇员要考外语；科研机构招聘人员要考动手能力；国家机关招聘公务员要考行政管理方面的知识。这几年参加国家公务员甲种考试的人数最多，它是录用非领导职务的一般公务员，实行面对社会的公开竞争性考试。具有大学本科毕业以上文化程度者，考试科目为法律、政治、行政学、公文写作、英语及能力考试；具有大专毕业文化程度者，考试科目为法律、政治、行政学、公文写作及能力考试。

专业技术能力考试是为了检验毕业生实际工作能力或专业技术能力。这种考试往往在特意设置的工作环境中进行。下面举几例：

（1）阅读一篇文章，写读后感。

（2）自编一份请求报告和会议通知。

（3）听取5个人的发言，写一份评价报告。

（4）某公司计划在5月份赴日本考察，写出需做哪些准备工作。

（5）给一个科研题目，写出科研论文的详细大纲。

2. 了解笔试重点，掌握笔试方法

据了解，用人单位的笔试重点是常用的基础知识。所以在笔试时，要注意以下三点：

（1）不要把复习重点放在难点、怪题上，要把基础知识掌握好，在实际运用上下功夫。

（2）不要死抠几道题，有时笔试出题量较大，其用意是一方面考查知识掌握程度，一方面考查应试能力。所以考生在浏览卷面后，要迅速答较容易的题目，余下的时间再认真推敲其他题目。

（3）答题时要掌握好主次之分。有时毕业生见简答题是自己准备较充分的，便洋洋洒洒写了上千字，而对论述题则准备不够，就随便写了几十个字。这样功夫没用到点上，成绩当然会受到影响。毕业生在统览全卷的基础上，要抓住重点题目下功夫，认真答写，充分显示自己的知识水平。

3. 了解笔试目的，运用综合能力答题

对于毕业生进行笔试，不仅仅要考查文化、专业知识，往往还要考核心理素质、办事效率、工作态度、修辞水平、思维方法等。所以毕业生在参加笔试时，要认真审题，将自己的认识水平、知识水平和能力水平通过笔试能较好地显示出来。

（二）笔试的解答方法与技巧

1. 笔试方法

笔试主要考察应聘者的知识面、智力和技能，有闭卷考和开卷考。应试的方法：第一，复习知识，注重基础，一般笔试会有大体的范围，可围绕范围翻阅一些相关图书资料，复习巩固所学过的基础知识，温故而知新，做到心中有数。第二，增强信心，克服自卑，笔试是大学生的强项，要有自信心，参试前要保证充足睡眠，适当参加文体活动。第三，临场准备，有备无患，提前熟悉考场环境有利于消除应试时的紧张心理。第四，科学答卷，以小见大。

2. 笔试技巧

对于选择题，第一可以采用"淘汰法"选择最适合的选项；第二可以采用"去同存异法"，应试者在阅读完试题内容和所有选择项后，根据题意确定一个选择项为参考项，要求该选择项同其他选择项存在着明显差异。然后逐项进行对比，大致相同去掉，差别较大的留下，再将剩余项进行对比，确定一个符合题意的正确答案。第三是"印象认定法"，根据印象的深刻来选择答案，此法命中率较高。第四是"比较法"，在解答单项选择题时，可以将各选择项同题意要求进行纵向比较，根据各自同题意要求差异的大小来确定最符合要求的答案。在解答多项选择题时，考生可将选项与题意要求作纵向比较，再将前一过程中保留下来的选项进行横向对比，最后确定答案。第五是"大胆猜测"，以上方法都不行时，为了节省时间，可以通过猜测来回答，也有一定的命中率。对于填空题，考生要正确作答，必须准确地记忆答案内容。在解答前要认真审查试题，搞清题意，先明确空白处应填写的内容与试题叙述的内容之间的关系，才可填写答案。对于判断题，应试者审题时，第一应注意据题目内容所作的结论是否明确，表述是否有含糊不清的地方。判断题往往设有"陷阱"，记住：只要有一部分是错误的，这道试题便应视为错误。第二是分辨表现形式，确定解答思路。判断题表现形式一般分为直接结论或间接结论两种，直接结论试题本身的陈述中就带有结论，可以直接作答。间接结论的特点为否定意义的陈述在前，要经过推理得出答案。第三是辨析设错方式。自己在联系笔试解题的过程中，要努力做到可以找出出错点，如前提错、逻辑错等，了解常见错误，这样就增加了找错的针对性，便于真正笔试时切中要点迅速解答。

(三) 面试前的准备

面试是求职的一个重要环节，面试前的准备对于高校应届毕业生最后成功晋级或录用来说意义和作用尤为重要。面试的结果将决定求职者是否能进入下一轮选拔或当场录用。然而，许多大学生求职者一提到面试，就想到可惧的主考官和可怕的面试，看到面试官就怯场，完全不知道该说些什么，那么应届毕业生面试前应该怎么准备呢？

1. 认识你自己——我就是毕业生

大学毕业生没有必要把自己过于职业化，因为你就是刚刚毕业的学生，本来就没什么工作经验，用人单位聘用毕业生时就早已有了这个心理准备，所以你只要注意言谈，做自己就好，没有必要刻意职业化；同时也不要为了显示自己的信心、能力而过分表现，更不要言过其实。

（1）进行面试练习。应届生没有面试的经验，面试之前可以跟朋友或者家人一起进行一次预演，把面试官可能提出的问题一一列举出来，对应问题做出最合适的回答，回答过程中要做到表述清晰，节奏适中。

（2）面试不要迟到。遵守时间对自己来说是一种好习惯，在与他人的交往中是一种礼貌和信用。守时与否体现了一个人基本素质，应聘者如果能够准时到达（最好提前到达），给面试官的第一印象便很好，会增加录取几率。

（3）衣着得体。面试者要注意自己在面试中的仪表、仪容问题。仪表大方、举止得体，与文职人员的身份相符合，给招聘人员留下大方、干练的良好印象，是求职者的加分项。对于应届毕业生来说，允许有一些学生气的装扮，即使面试名企，也可以穿休闲类套装。

①男士的着装

非常正式：投资咨询、顾问类。

事务正装（business formal）

比较正式：营销广告销售类。

公务便装（business casual）

非正式的：技术类。

如程序员着便装即可。

②女士的着装与禁忌

职场着装"六不宜"：

不宜过分杂乱；

不宜过分鲜艳；

不宜过分裸露；

不宜过分透视；

不宜过分短小；

不宜过分紧身。

（4）注意言行举止。面试的时候一定要注意自己的一言一行，如果平时有什么坏习惯或者口头禅，一定要克制住自己不要做出来或者说出来，面试不同于比试，完全凭借面试官的印象，有可能你的一句话或者一个动作便令你失去了第二轮面试的资格或者录取机会。

①不要擅自走进面试房间。如果没有人通知，即使前面一个人已经面试结束，应聘者也应该在门外耐心等待；如果面试时间到了，进房间之前应先敲门。

②握手要有"感染力"。面试前的握手是一个"重头戏"，因为不少企业把握手作为考察一个应聘者是否专业、自信的依据。如果先前没有太多和别人握手的经验，可以事先练习一下。注意，握手不要有气无力，而要让对方感受到你的热情，要有"感染力"。

③坐姿也有讲究。有两种坐姿不可取：一是紧贴着椅背坐，二是只坐在椅边。这两种坐法，一个显得太放松，另一个则太紧张，都不利于面试的进行。建议最好坐满椅子的三分之二，保持轻松自如的姿势。

④始终保持用眼神交流。面试一开始就要留心自己的身体语言，特别是自己的眼神，对面试人员应全神贯注，目光始终聚焦在面试人员身上，在不言之中，展现出自信及对对方的尊重。

⑤不能不说话也不能抢话说。面试的时候迫不及待地展示自己的语言才能会影响面试官的心情，自信是要有的，但一定要把握分寸，不能不把面试官放在眼里，你要是由于过于自信，说话过于激烈那么这场面试就成了辩论了，最终你赢得了辩论却失去了工作那可真是因小失大。但如果你惜字如金，你就是在摧毁主考官对你的热忱和信心，这样的结果肯定是失去工作的机会。

（5）证件齐全。面试的时候带着简历、身份证、学历原件及复印件，如果在学校或者社会活动中荣获什么荣誉都要带上，要什么能拿出来什么，或许能够为你加分也说不定。

（6）提问与回答。面试官在提问的时候千万不要打断，打断别人的话是一种很不礼貌的行为。回答问题的时候一定要诚实和诚恳，提问之前要思考清楚，提问的时候最好做到不卑不亢，毕竟这是双向选择，只不过他比你有优先选择权。

（四）常见面试问题分析

1. 请你自我介绍一下。

回答提示：一般人回答这个问题过于平常，只说姓名、年龄、爱好、工作经验，这些在简历上都有，其实，企业最希望知道的是求职者能否胜任工作，包括：最强的技能、最深入研究的知识领域、个性中最积极的部分、做过的最成功的事，主要的成就等，这些都可以和学习无关，也可以和学习有关，但要突出积极的个性和做事的能力，说得合情合理企业才会相信。企业很重视一个人的礼貌，求职者要尊重考官，在回答每个问题之后都说一句"谢谢"。企业喜欢有礼貌的求职者。

2. 你觉得你个性上最大的优点是什么？

回答提示：沉着冷静、条理清楚、立场坚定、顽强向上。乐于助人和关心他人、适应能力强和富有幽默感、乐观和友爱。我在北大青鸟经过一到两年的培训及项目实战，加上实习工作，使我适合这份工作。我相信我能成功。

3. 说说你最大的缺点是什么？

回答提示：这个问题企业问的概率很大，通常不希望听到直接回答的缺点是什么等，如果求职者说自己小心眼、爱忌妒人、非常懒、脾气大、工作效率低，企业肯定不会录用你。绝对不要自作聪明地回答"我最大的缺点是过于追求完美"，有的人以为这样回答会显得自己比较出色，但事实上，他已经岌岌可危了。企业喜欢求职者从自己的优点说起，中间加一些小缺点，最后再把问题转回到优点上，突出优点的部分。企业喜欢聪明的求职者。

4. 你对加班的看法是什么？

回答提示：实际上好多公司问这个问题，并不证明一定要加班，只是想测试你是否愿意为公司奉献。

回答样本：如果是工作需要我会义不容辞加班。我现在单身，没有任何家庭负担，可以全身心地投入工作。但同时，我也会提高工作效率，减少不必要的加班。

5. 你对薪资的要求是什么？

回答提示：如果你对薪酬的要求太低，那显然在贬低自己的能力；如果你对薪酬的要求太高，那又会显得你分量过重，公司受用不起。一些雇主通常都事先对求聘的职位定下开支预算，因而他们第一次提出的价钱往往是他们所能给予的最高价钱。他们问你只不过想证实一下这笔钱是否足以引起你对该工作的兴趣。

回答样本一：我对工资没有硬性要求。我相信贵公司在处理我的问题上会友善合理。我注重的是找对工作机会，所以只要条件公平，我则不会计较太多。

回答样本二：我受过系统的软件编程的训练，不需要进行大量的培训。而且我本人也对编程特别感兴趣。因此，我希望公司能根据我的情况和市场标准的水平，给我合理的薪水。

回答样本三：如果你必须自己说出具体数目，请不要说一个宽泛的范围，那样你将只能得到最低限度的数字。最好给出一个具体的数字，这样表明你已经对当今的人才市场做了调查，知道像自己这样学历的雇员有什么样的价值。

6. 在五年的时间内，你的职业规划是什么？

回答提示：这是每一个应聘者都不希望被问到的问题，但是几乎每个人都会被问到。比较多的答案是"管理者"。但是近几年来，许多公司都已经建立了专门的技术途径。这些工作地位往往被称作"顾问"、"参议技师"或"高级软件工程师"等。当然，说出其他一些你感兴趣的职位也是可以的，比如产品销售部经理、生产部经理等一些与你的专业有相关背景的工作。要知道，考官总是喜欢有进取心的应聘者，此时如果说"不知道"，或许就会使你丧失一个好机会。最普通的回答应该是"我准备在技术领域有所作为"或"我希望能按照公司的管理思路发展"。

7. 你朋友对你的评价是什么？

回答提示：想从侧面了解一下你的性格及与人相处的问题。

回答样本：我的朋友都说我是一个可以信赖的人。因为，我一旦答应别人的事情，就一定会做到。如果我做不到，我就不会轻易许诺。

回答样本：我觉得我是一个比较随和的人，与不同的人都可以友好相处。在我与人相处时，我总是能站在别人的角度考虑问题。

8. 你还有什么问题要问吗？

回答提示：企业的这个问题看上去可有可无，其实很关键，企业不喜欢说"没有问题"的人，因为其很注重员工的个性和创新能力。企业不喜欢求职者问个人福利之类的问题，如果有人这样问：贵公司对新入公司的员工有没有什么培训项目，我可以参加吗？或者说贵公司的晋升机制是什么样的？企业将很欢迎，因为体现出你对学习的热情和对公司的忠诚度以及你的上进心。

9. 如果通过这次面试我们单位录用了你，但工作一段时间却发现你根本不适合这个职位，你怎么办？

回答提示：一段时间发现工作不适合我，有两种情况：

（1）如果你确实热爱这个职业，那你就要不断学习，虚心向领导和同事学习业务知识和处事经验，了解这个职业的精神内涵和职业要求，力争减少差距；

（2）你觉得这个职业可有可无，那还是趁早换个职业，去发现适合你的、你热爱的职业，那样你的发展前途也会大点，对单位和个人都有好处。

10. 在完成某项工作时，你认为领导要求的方式不是最好的，自己还有更好的方法，你应该怎么做？

回答提示：

（1）原则上我会尊重和服从领导的工作安排；同时私底下找机会以请教的口吻，婉转地表达自己的想法，看看领导是否能改变想法；

（2）如果领导没有采纳我的建议，我也同样会按领导的要求认真地去完成这项工作；

（3）还有一种情况，假如领导要求的方式违背原则，我会坚决提出反对意见；如领导仍固执己见，我会毫不犹豫地再向上级领导反映。

11. 如果你的工作出现失误，给本公司造成经济损失，你认为该怎么办？

回答提示：

（1）我本意是为公司努力工作，如果造成经济损失，我认为首要的问题是想方设法去弥补或挽回经济损失。如果我无能力负责，希望单位帮助解决。

（2）如果是责任问题要分清责任，各负其责，如果是我的责任，我甘愿受罚；如果是一个我负责的团队中别人的失误，也不能幸灾乐祸，作为一个团队，需要互相提携共同完成工作，安慰同事并且帮助同事查找原因总结经验。

（3）总结经验教训，一个人的一生不可能不犯错误，重要的是能从自己的或者是别人的错误中吸取经验教训，并在今后的工作中避免发生同类的错误。检讨自己的工作方法、分析问题的深度和力度是否不够，以致出现了本可以避免的错误。

12. 如果你在这次考试中没有被录用，你怎么打算？

回答提示：现在的社会是一个竞争的社会，从这次面试中也可看出这一点，有竞争就必然有优劣，有成功必定就会有失败。往往成功的背后有许多的困难和挫折，如果这次失败了也仅仅是一次而已，只有经过经验经历的积累才能塑造出一个完全的成功者。我会从以下几个方面来正确看待这次失败。第一，要敢于面对，面对这次失败不气馁，接受已经失去了这次机会就不会回头这个现实，从心理意志和精神上体现出对这次失败的抵抗力。要有自信，相信自己经历了这次之后经过努力一定能行。第二，善于反思，对于这次面试经验要认真总结，思考剖析，能够从自身的角度找差距。正确对待自己，实事求是地评价自己，辩证地看待自己的长短得失，做一个明白人。第三，走出阴影，要克服这一次失败带给自己的心理压力，时刻牢记自己的弱点，防患于未然，加强学习，提高自身素质。第四，认真工作，回到原单位岗位上后，要实实在在、踏踏实实地工作，三十六行，行行出状元，争取在本岗位上做出一定的成绩。

第五，再接再厉，成为软件工程师或网络工程师一直是我的梦想，以后如果有机会我仍然后再次参加竞争。

13. 如果你做的一项工作受到上级领导的表扬，但你主管领导却说是他做的，你该怎样？

回答提示：我首先不会找那位上级领导说明这件事，我会主动找我的主管领导来沟通，因为沟通是解决人际关系的最好办法，但结果会有两种：①我的主管领导认识到自己的错误，我想我会视具体情况决定是否原谅他；②他变本加厉地来威胁我，那我会毫不犹豫地找我的上级领导反映此事，因为他这样做会造成负面影响，对今后的工作不利。

14. 谈谈你对跳槽的看法。

回答提示：

（1）正常的"跳槽"能促进人才合理流动，应该支持；

（2）频繁的跳槽对单位和个人双方都不利，应该反对。

15. 工作中你难以和同事、上司相处，你该怎么办？

回答提示：

（1）我会服从领导的指挥，配合同事的工作。

（2）我会从自身找原因，仔细分析是不是自己工作做得不好让领导不满意，同事看不惯。还要看看是不是自己为人处世方面做得不好。如果是这样的话 我会努力改正。

（3）如果我找不到原因，我会找机会跟他们沟通，请他们指出我的不足。有问题就及时改正。

（4）作为优秀的员工，应该时刻以大局为重，即使在一段时间内，领导和同事对我不理解，我也会做好本职工作，虚心向他们学习。我相信，他们会看见我在努力，总有一天会对我微笑的！

16. 假设你在某单位工作，成绩比较突出，得到领导的肯定。但同时你发现同事们越来越孤立你，你怎么看这个问题？你准备怎么办？

回答提示：

（1）成绩比较突出，得到领导的肯定是件好事情，以后会更加努力。

（2）检讨一下自己是不是对工作的热心度超过同事间交往的热心了，加强同事间的交往及共同的兴趣爱好。

（3）工作中切勿伤害别人的自尊心。

（4）不在领导前拨弄是非。

（5）乐于助人。

17. 你最近是否参加了培训课程？谈谈培训课程的内容。是公司资助还是自费参加？

回答提示：是自费参加，就是北大青鸟的培训课程（可以多谈谈自己学的技术）。

18. 你对于我们公司了解多少？

回答提示：在去公司面试前上网查一下该公司主营业务。如回答：贵公司有意改变策略，加强与国外大厂的定点生产（OEM）合作，自有品牌的部分则透过海外经销商。

（五）应届生面试技巧总结

高校应届生能否顺利就业，找到一个理想的工作岗位，除了取决于毕业生自身的素质、条件和社会因素外，掌握面试技巧有时显得非常重要。它往往能起到事半功倍的效果，使毕业生在求职择业的过程中少走弯路。

求职面试过程是主试与被试双方面对面地观察、交谈、了解的过程，也是双向沟通的过程，主试通过对被试的外部行为特征的观察与分析，考察、评价其素质特征、应变能力、理解能力、思考问题的广度和宽度。同时，被试也在对主试进行观察与分析判断，对主试的个性、爱好、价值观等进行推测，力图使自己的回答和其他表现符合面试官的要求，所以，面试这关对求职者来说是至关重要的。

每一个求职者，最大的困难就是如何回答面试人员的问题了。其实如果能够好好准备，掌握常规的方法技巧，抓住面试中的采分点，加上临场镇定的表现和充分发挥，针对不同类型的问题，以不同的方式应答，在灵活机动应对各种提问的同时，还要会推销自己，就能够轻松过关，马到成功。

1. 明确求职目标，切忌盲目自卑

有些毕业生在求职面试多次碰壁后变得茫然，不知所措，不知道自己能干什么，适合干什么，缺乏自我定位。还有些毕业生为了表示自己的诚意，在求职面试时跟招聘者说，我什么都能干，没有工资都行，只要给我一个机会。这使得用人单位哭笑不得：对一个单位而言，什么都能干的人适合的岗位只有首席执行官（CEO）了！笔者从某人才市场一季度供需信息看出供需比例基本处于需大于供的状态，可以提供的空缺岗位数量大、种类多。对高校毕业生，特别是屡遭挫折的求职者来说，掌握就业信息十分重要。求职面试前要集中时间，先在相关网站查询一下有关信息，进行汇总分析，然后根据自身状况，明确求职目标与努力方向。在当前毕业生大幅度增加的情况下，要切忌把目标定得过高，并要不断总结经验教训，锲而不舍地为实现自己的目标而努力。

2. 备好求职材料，切忌面面俱到

毕业生首先必备的是一份简历，一份求职信。一份"推销"自己的简历一两页纸就够了，冗长的简历往往会被招聘人随手搁置一旁。简历要避免错字、别字和拼写错误；要突出自己的能力、专长或师从的著名教授。切忌面面俱到，要突出重点，使用人单位在最短的时间里就能了解应聘者最主要的内容。

简历不要花里胡哨，如果是电子简历，不宜带任何图案的点缀，以免被单位的服务器当作病毒拒收。寄简历的同时，应附上一封简要的求职信，概述一下自己的目标和愿望，再简述自己的经历和能力。不要同时给多家单位发千篇一律的求职信。一些毕业生抱着"广种薄收"的心理状态把"精美的"自荐材料复印若干份寄往不同的用人单位，这些毫无个性的自荐材料又有多少会引起招聘者的注意呢？其结果也许只有一个——当废纸处理掉。

应聘一个单位，事先要反复阅读该单位的网页，留意他们的用词或用语。假如"挑战"、"竞争"这样的词出现多次，不妨在信中阐述自己喜欢"挑战"和不畏"竞争"，名曰"投其所好"。

3. 衣着举止得体，切忌不拘小节

国外的一位招聘专家曾说过："我们很注意观察应聘者的行为举止。当应聘者来到房间后，我会注意观察他是否等我请他坐下时再坐。"

很多毕业生并不知道，招聘者对应聘者衣着和举止言行的观察尤其细致。谁都知道不能穿一件花衬衣和五颜六色的袜子去面试，尽管西服、领带显得有点严肃，但还是最好的着装。毕业生如果不顾自己的条件，临近毕业进行美容、购置高档服装等全面"包装"的做法也并不可取。一身干净整洁的学生装虽然很朴实，但不也很美吗？

对小节要予以更大的关注。如说话不能粗鲁、带口头语。站有站相，坐有坐相。又如一双鞋子，它能反映一个人的个性。如果皮鞋鞋面磨损，灰尘满面，会被看作是不注意整洁和不拘小节的人；皮鞋过于新潮，会被当作喜欢引人注目，对求职于需要庄重的政府机关、银行之类的工作岗位很不利。

4. 发挥应变能力，巧避面试"陷阱"

看人看相，听话听音。某些招聘者在招聘时喜欢给应聘者设下"圈套"，以声东击西的方式，从求职者的回答来判断他的性格、品德、为人处世的原则等方面的信息，最后决定录用与否。因此，对于一个毕业生来说，能否清楚地理解招聘者的"言外之意"，并用巧妙的回答拉近与招聘者的距离，赢得最后的胜利便显得尤为重要。如招聘者问："我上学那会儿某门功课学得不太好，我发现这门功课你的成绩也不太好，你能说说是什么原因吗？"对于这样的问题，如果你顺着杆往上爬，回答说："那门功课太难了，所以……"那你可就大错特错了，因为招聘者问这种问题绝对不是在和你套近乎，很大程度上他可能是在考验你面对问题时所表现出的态度：是从自身找原因，还是喜欢推卸责任？最好的处理方法是既不推卸责任，也不要一味自责，而是直面现实。你不妨这样回答："是的，我这门功课成绩是不太好，但我相信这不会成为我拥有这份工作的障碍。"面试过程往往是应聘者与招聘者之间斗智斗勇的过程，一些招聘者可能会问一些极为刁钻的问题或是让人感到非常尴尬的问题，以检验应聘者的心理素质。有时他们甚至会用一个明显不友好的发问，或是用怀疑、尖锐、单刀直入的眼神，使应聘者的心理防线完全崩溃。如果这个时候你被激怒，或者完全失去了信心，那你可就中了圈套了。面对招聘者的咄咄逼人，当你黔驴技穷的时候，别忘了应战绝招：微笑着面对挑战。因为一个真正的智者，无论在什么情况下，都应该永远保持智慧与谦和的微笑。

5. 考虑应聘细节，做到"八要八不要"

根据笔者多年工作经验的积累和对毕业生应聘行为的观察分析，除做到上述要求外，在实际应聘面试中要随机应变，努力做到"八要八不要"。

（1）不要迟到，要提前到现场。面试如果迟到，会被看作不礼貌、不会安排时间、缺乏条理；提前15分钟，似乎显得无所事事；因此提前三五分钟到达最适宜。在等待的过程中，即便是超过了预约的时间，也不宜表现出不耐烦，否则会被当作易怒暴躁的人。

（2）不要喝咖啡，要保持心情平静。咖啡虽能提神但会增加你的紧张程度，而且还易产生口臭。

（3）不要主动握手，握手要适度。当招聘者招呼你时，伸手不要过于生硬，握手不要有气无力，像个老病号。试想，一个连握手的力气都没有的人，用人单位会录用吗？

（4）不要紧张，要自然大方。面试开始时，招聘者对你实际上已经有了第一印象，假如他们的目光让你感到不自在，过分紧张是无济于事的，你可以望着对方的眉毛或鼻尖，尽可能表现得自然。

（5）不要急于问待遇，要掌握好问的时机和火候。"你们的待遇怎么样？"这样的问话很可能在招聘者头脑中留下这样的印象：工作还没干就先提条件了，何况我们还没说要不要你呢？谈论报酬，无可厚非。只是要看时机和火候，一般是在双方已有意向时才委婉地提出。

（6）不要套近乎，要有自信心。招聘者对于过于自信或过分随意的人都不信任，某些毕业生在面试时对招聘者说："我认识你们单位某某"，"某某经理和我关系不错"

等。这种话招聘者听了会反感，如果招聘者与你所说的那个人关系不怎么好，甚至有矛盾，这种拉关系、套近乎的话引出的结果可能会更糟。

（7）话不要说得太多，但要说得得体、有分量。不要过分咨询工作时间的长短，或随意批评你的某一位同学或竞争对手。不宜开玩笑、不宜反复强调自己的应聘动机，也不要让招聘者感到无论什么条件你都要获得这个职位，这些都不利于成功。

（8）不要灰心丧气，要善于表达愿望。这一点很重要，结束面试时，别忘记向招聘者表达你希望能够被录用的愿望，在握手告辞之前，不妨问一句招聘的下一步内容是什么。

求职面试是用人单位通过当面交谈对应聘者进行考核挑选的一种方式，是应届生求职择业的必经阶段。面试在求职活动过程中，对于求职者而言，是压力最大的一个环节，因为能否成功面试这关非常关键，应届生想要在求职面试中应付自如，只有做好充分准备，努力提高求职面试技巧，最终才能走向成功。

（六）面试心理训练

但凡不善于在众人面前讲话的人，在其诸多原因之中，最主要、最根本的原因是存在心理上的障碍。下面就为大家介绍一套简单易行的训练方法。

第一步：站立不语练习（练心）。

练习者可请家人、同学、朋友做自己的观众，本人站在高于听众之处，目视听众而不开口。此时练习者要进入讲话的心理感受之中，进行心理体验。这一步是练心不练口。每次站立5~10分钟，直到练习者不觉得十分紧张为止。

第二步：随便说话练习（练口）。

练习者在人前站立心理上已适应之后，即可进入说话训练。这时的讲话从内容和形式上，不要给予任何规定和限制。练习者要随心所欲，讲自己最熟悉的话。这时的练习者虽然心理上已初步适应，但开口讲话还缺乏适应性锻炼，此时大脑或紧张或混沌一片，所以这一步练习只要求练习者能开口讲话就可以了，至于内容则可非常随意。这一步是在练"心"的基础上练"口"，讲话时间以3~5分钟为宜。练习者和听众可现场交流对话，轮流演练，直到练习者能在人前自如流利地讲话为止。

第三步：命题演讲练习（表达练习）。

在前两步训练的基础上，练习者即可进入命题演讲练习。练习者和听众之间要反复交流，推敲练习者的有声语言，态势语言的力度、速度、表情等。此步练习以练习者在"台"上让听众听不出练习者是在背讲稿，也不是在"演"为目的，要求练习者达到能够真实自如、从容不迫地讲自己的心里话的地步。

第四步：即兴演讲练习（全面练习）。

练习者的临场心理和讲话能力都有了一定的提高后，便可进行较高层次的即兴演讲练习。练习者以抽签来确定演讲的题目和内容，抽签决定后给予10分钟时间打腹稿。此时练习者的思维处于调整运转状态，这对于提高练习者的谋篇布局、遣词造句能力都是很必要的。

以上四步练习法侧重于实践，初学者如果再辅以一定的理论指导，效果将会更好。

（七）面试语言训练

口语表达与思维智能是紧密相连的。在生活中，有许多人在很多时间与场合只能"知"其然而不能"表"其然。这是一种"口拙于外"的语言表达障碍，可通过语智训练求得语言的机智与表达的巧妙。

以下是几种口语表达与思维智能的训练方式：

1. 词语速接

词语速接的方式有很多，最常见的是成语速接。首字接，由一人先说一句成语，这个成语的第一个字必须是下一个人说出的成语的首起字。如，当第一个人说："一马当先"时，接下来便是"一步登天""以一当十""一败涂地""一本正经""一唱一和""一刀两断""一分为二"等。尾字接，后面的接话者必须从前一人话语的末尾字连下去，可以用同音字。如"胸怀天下""下不为例""力不从心""心想事成"等。

2. 句子连接

两三个人即可进行，主持人先说一句话，然后每人接上与之意思相承的话，要求简洁生动，表义准确。比如，主持人说："今天天气很好"接下去"是春游的好时光""我们将打点行装，八点出发""我们坐上汽车，一路欢歌一路笑""我们来到向往已久的中山公园"……

3. 属对训练

属对，即对对联，这是我国传统语言教育中的基础训练方法。口头形式的交际联，由甲出句，乙对句，合作完成。甲、乙可以是个人，也可以是集体。一字对：如"虎"对"龙"或"山"对"海"；二字对：如"如烟"对"似火"；易字对：由甲出示一副现成的对联，有意改去上联中一字或数字，要求乙改动下联中相对应的一字或数字。增字对：由甲出上联，由一字增为二字、三字、四字、多字，乙对下联时也一一增字。如：甲：黄鹤楼，乙：黑龙江。甲：朝游黄鹤楼，乙：夜渡黑龙江。甲：三朋四友朝游黄鹤楼，乙：千军万马夜渡黑龙江。

要求做到字数相等、词性相同、结构相应、句式相似、内容相关、平仄相对。属对是对语音、词汇、语法、修辞和逻辑的综合训练，是一种针对性、适应性、敏捷性较为严格的语言的听辨、理解、构思和表达的训练，使练习者能"急中生智"，很好地培养练习者的适应性和敏捷择语的反应能力。

（八）面试记忆训练

要具备好口才，除了思维敏捷、灵活之外，还必须做好充分的准备工作，而充分准备主要是指对说话内容的熟悉，这就不可避免地涉及记忆，不仅要记忆讲话的素材、语言，还要记忆你精心设计的讲话结构。只有从内容到形式都记熟了，才能有条不紊、脉络分明地表达出来。

在面试中，有讲稿的演讲毕竟是不多的，无讲稿的即兴回答倒是常有。面对这种情况，怎么办？可将大脑中储存的有关知识，随手拿来，稍加组织，为其所用。只要平时记住了大量至理名言、作家作品、科学术语、成语典故、寓言故事、史地常识、奇闻逸事等素材知识，表达时就能得心应手，挥洒自如。

因此，好口才无疑是借助于记忆得以实现的。因为记忆是人脑的一种功能，是经历过的事物在人脑中的反映和再现。通过记忆，可以储存信息，把有准备的讲话材料和无准备的素材知识铭刻在脑子里，即使没有稿子或抛开稿子上讲坛，说话都能如行云流水，滔滔不绝。以下介绍几种常用的记忆方法。

1. 诵读法

记忆讲稿时，一遍一遍地念，大声地读，直至倒背如流，烂熟于胸。人们接受外界信息时，由于接收的感觉器官不同，记忆的保持率也不同。

专家试验证明：在接受知识时，如果用眼耳结合的"视听法"，三小时后，能保持85%；三日后，可保持65%。可见，诵读法能明显提高记忆力。

2. 纲目法

发表长篇讲话，可从主题和结构入手，列出讲稿纲目，即首先抓住主题，然后围绕主题，列出有逻辑联系的内容纲目，并用简明扼要的语言按顺序标出来，使之一目了然，以便进行提纲挈领的记忆。

3. 机械法

事物缺乏内在联系，靠简单重复和强行记忆的方法，叫机械记忆法。在一般情况下，记忆人名、地名、书名、日期、电话号码、门牌号码、数学公式等，都运用此法。在机械记忆中，也可以自创一些办法，借以提高记忆的效果，如对照法、顺序法、抓特点法等。还可以运用谐音、押韵、会意等方法，缩小记忆对象的信息量，灵活巧妙地进行记忆。

4. 口诀法

把本身联系很少的材料，根据其内容要点，编成整齐对称、偶句押韵、朗朗上口、便于记忆的语句，使之富于趣味性。这种记忆方法称为口诀记忆法。

口诀记忆法应用广泛，如许多农谚、节气谚语、珠算口诀、九九乘法表等，都是采用此法，使人们能快速、方便地记忆，又不易忘记。

5. 重复法

遗忘使记忆痕迹不断淡漠或消失，采用重复记忆法，可以加深大脑皮层的痕迹。复习不仅有修补、巩固记忆的作用，还可以深化对知识的理解。通过重复能逐渐达到知识的条理化、系统化。总之，记忆的方法很多，要提高口语的表达能力，就要不断加强增强记忆力的训练。

（九）面试口才训练方法

假如在上千份简历中，你幸运地接到了面试通知，不要怀疑自己，这就是企业对你的初步肯定，你接下来需要考虑的就是如何才能赢得面试官的青睐，不管你的专业能力和行业经验是否达标，你需要拥有一副好口才，让你更加自信地进行面试。要知道，一旦进入面试环节，你需要通过口才来描述你的成绩，展示你的优势和潜力。因此，在面试前，你需要做好面试口才训练，练习说话的技巧，同时多掌握一些面试技巧，提升面试的成功率。面试前如何做好口才训练？做好面试口才训练应注意以下几点：

（1）语言习惯：不犯语法错误、表达流利、用词得当、言之有物。

（2）准确地选用词语、措词：尽量简明扼要，避免口头禅，不要滥用术语，避免使用粗俗的词，同样的言词不可用得太频繁，用语不要过多重叠。

（3）恰当地运用语句：适当运用短句，交错运用长短句，适当运用假设复句，适当运用修辞手法。要做到准确、精炼、通俗。

（4）说话方式：发音清晰，声音自然，语速适宜，语调得体，音量适中。

（5）切忌在双方热切讨论某一问题时突然将对话结束，否则就会很失礼。

（6）不要勉强把话拖长。

（7）小心留意对方的暗示。如果"身体语言"有如看表、游目四顾、心神不安、频繁地改变坐姿等就表示其有结束暗示。

（8）要把时间掌握得恰到好处。在准备结束前，先预定一段短时间。

（9）笑容是结束谈话的最佳句号。

（10）在有些交谈结束时，说一些名言、哲理或祝愿往往会产生好效果。

如果你不能很好地展示自己的观点，那你只是一个被动的问答机器而已。想要面试成功，你必须得学会得体地展示观点。当企业向你发出面试通知的时候，就已经考核过了你的基本信息，只要接到面试通知，就证明你已经满足了入围的条件。在进行面试口才训练过程中，要注意词语是造句的基本单位，词语选用得好，句子就会造得严谨而优美。所以，在面试过程中，要特别讲究和注意词语的运用，词语运用得好能够有效体现效果，让你的口才成为面试成功的关键。

面试考什么？你的专业能力还是行业经验？都不是！在企业对你发出面试通知的时候，已经是对你做出肯定的一种表现，那么在面试时，怎样才能赢得考官的青睐呢？答案就是——口才，面试口才训练，能让你更加自信地进行面试。

一旦进入了面试环节，你所有的成绩、优势和潜力，都只能通过口才展示出来。如果你做好面试口才训练，训练自己的说话技巧，多学点应聘技巧，那么你的竞争力就会比别人强，你成功的机会也会比别人大。面试口才训练的要点有很多，起决定性作用的有五点：

1. 心态自信

你是如此优秀，为什么一面试就发慌呢？

曾经遇到过一位先生，专业一流，有机会跳槽到行业里最好的企业，可是面试的时候紧张得一塌糊涂，因此丧失了一次绝佳的机会。

如果你都不自信，怎么能让面试官对你有信心呢？自信，才能赢得信任。

2. 听众分析

大部分求职者都有一个错觉：面试官就是"挑错官"，是专门和求职者作对的。而实际上大部分面试官的心态并不是这样的。

企业对面试官的要求是：为企业找到合适的人！

如果你是合适的人，或者你相信你是合适的人，那么，你必须要明白：面试官和你是站在一起的，因为他要找的就是你这样的人。对于让你入职这件事，面试官比你更着急，这是他的职责。

很多人为什么以为面试官是"挑错官"？一是因为误解，二是因为他对自己没信心。

3. 自我介绍

你是否能在三分钟之内，做个精彩的自我介绍？非常遗憾，80%的面试者只会枯燥无味地背简历！浪费时间，更浪费了在面试官心里建立良好第一印象的机会。

看一个案例：王女士，清华大学毕业，研究生期间参与了六项大型的科研课题，还先后担任了学校三个社团的负责人，可是每次在面试中，她自我介绍之后，面试官都只是面无表情地说一个字:"嗯!"

你想面试成功吗?那你一定要做个精彩的自我介绍!

4. 问答应对

面试的过程中,80%的时间都是问答。你通过回答问题来向面试官展示自己的综合素质和发展潜力,是不是能够得体地应答,直接决定了面试的结果。

你该怎么办?背"标准答案",然后一个个地回答给面试官,这只会证明你的平庸。问答应对要得体、要符合企业要求,但也要符合自己的个人特点。大多数面试官都想找到既能符合企业要求、有团队精神,还能有点自己特点的人。

问答应对的思路是:符合企业要求,展示个人特色。

面试结尾的时候,面试官都会给你时间,让你提问题或者说点感受。而在"无领导小组讨论"的时候,你发表看法的机会会更多。

在这些时刻,你也许担心说太多反而不好,所以很小心地说上几句,就作罢。其实,观点可以是建议、想法,也可以是一种思维方式、人生态度。适当话把自己的观点展示出来,就能赢得更多的加分机会。

最后提醒,面试口才训练中,词语是造句的基本单位。词语选用得好,句子就会造得严谨而优美。因此,在面试答辩中要特别讲究词语的运用,词语运用得好,就会增强答辩的表达效果,让你的口才成为面试取胜的关键。

本章知识拓展

【面试礼仪一　时间观念是第一道题】

守时是职业道德的一个基本要求,提前10~15分钟到达面试地点效果最佳,可熟悉一下环境,稳定一下心神。提前半小时以上到达会被视为没有时间观念,但在面试时迟到或是匆匆忙忙赶到却是致命的,如果你面试迟到,那么不管你有什么理由,也会被视为缺乏自我管理和约束能力,即缺乏职业能力,给面试者留下非常不好的印象。不管什么理由,迟到会影响自身的形象,这是一个对人、对自己尊重的问题。而且大公司的面试往往一次要安排很多人,迟到了几分钟,就很可能永远与这家公司失之交臂了。

如果路程较远,宁可早到30分钟,甚至一个小时。因为城市很大,路上堵车的情形很普遍,对于不熟悉的地方也难免迷路。但早到后不宜提早进入办公室,最好不要提前10分钟以上出现在面谈地点,否则聘用者很可能因为手头的事情没处理完而觉得很不方便。外企的老板往往是说几点就是几点，一般绝不提前。当然，如果事先通知了许多人来面试，早到者可提早面试或是在空闲的会议室等候，那就另当别论。对面试地点比较远，地理位置也比较复杂的，不妨先跑一趟，熟悉交通线路、地形，甚至事先搞清洗手间的位置，这样你就知道面试的具体地点，同时也了解路上所需的时间。

但招聘人员是允许迟到的，这一点一定要清楚，对招聘人员迟到千万不要太介意，也不要太介意面试人员的礼仪、素养。如果他们有不妥之处，你应尽量表现得大度开朗一些，这样往往能使坏事变好事。否则，招聘人员一迟到，你的不满情绪就流于言表，面露愠色，那么招聘人员对你的第一印象就会大打折扣，甚至导致满盘皆输。因为面试也是一种人际磨合能力的考察，你得体、周到的表现，自然是有百利而无一害的。

【面试礼仪二　进入面试单位的第一形象】

到了办公区，最好径直走到面试单位，而不要四处张望，甚至被保安盯上；走进公司之前，口香糖和香烟都收起来，因为大多数的面试官都无法忍受你在公司嚼口香糖或吸烟；手机坚决不要开，避免面试时造成尴尬局面，同时也分散你的精力，影响你的成绩。一进面试单位，若有前台，则开门见山说明来意，经指导到指定区域落座；若无前台，则找工作人员求助。这时要注意用语文明，开始的"你好"和被指导后的"谢谢"是必说的，这代表你的教养；一些小企业没有等候室，就在面试办公室的门外等候；当办公室门打开时应有礼貌地说声："打扰了。"然后向室内考官表明自己是来面试的，绝不可贸然闯入；假如有工作人员告诉你面试地点及时间，应当表示感谢；不要询问单位情况或向其索要材料，且无权对单位作以品评；不要驻足观看其他工作人员的工作，或在落座后对工作人员所讨论的事情或接听的电话发表意见或评论，以免给人肤浅嘴快的印象。

【面试礼仪三　等待面试时表现不容忽视】

进入公司前台，要把访问的主题、有无约定、访问者的名字和自己名字报上。到达面试地点后应在等候室耐心等候，并保持安静及正确的坐姿。如果此时有的单位为使面试能尽可能多地略过单位情况介绍步骤，尽快进入实质性阶段，准备了公司的介绍材料，应该仔细阅读以先期了解其情况，也可自带一些试题重温，而不要来回走动显示浮躁不安，也不要与别的接受面试者聊天，因为这可能是你未来的同事，甚至是决定你能否称职的人，你的谈话对周围的影响是你难以把握的，这也许会导致你应聘的失败。更要坚决制止的是：在接待室恰巧遇到朋友或熟人，就旁若无人地大声说话或笑闹；吃口香糖，抽香烟，接手机。

【面试礼仪四　与面试官的第一个照面】

如果没有人通知，即使前面一个人已经面试结束，也应该在门外耐心等待，不要擅自走进面试房间。自己的名字被喊到，要有力地答一声"是"，然后再敲门进入，敲两三下是较为标准的。敲门时千万不可敲得太用劲，以里面听得见的力度即可。听到里面说："请进"后，要回答："打扰了"再进入房间。开门关门尽量要轻，进门后不要用后手随手将门关上，应转过身去正对着门，用手轻轻将门合上。回过身来将上半身前倾30度左右，向面试官鞠躬行礼，面带微笑称呼一声"你好"，不要过分殷勤、拘谨或过分谦让。

【面试礼仪五　怎样让面试官重视你】

面试时，招聘单位对你的第一印象最重要。你要仪态大方得体，举止温文尔雅，要想树立起自己的良好形象，就肯定要借助各种公关手段和方法。各种公关手段主要有言词语言公关、态势语言公关和素养公关。这些公关手段又包括数种方法，如：幽默法、委婉法等。还应掌握一些公关的基本技巧。只有在了解有关公关的常规知识之后，才能顺利地、成功地树立起自己良好的形象。如果你能使一个人对你有好感，那么也就可能使你周围的每一个人甚至是更多的人都对你有好感。往往是风度翩翩者稳操胜券，仪态平平者则屈居人后。

语言艺术是一门综合艺术，包含着丰富的内涵。一个语言艺术造诣较深的人需要多方面的素质，如具有较高理论水平，广博的知识，扎扎实实的语言功底。如果说外部形象是面试的第一张名片，那么语言就是第二张名片，它客观反映了一个人的文化素质和内涵修养。谦虚、诚恳、自然、亲和、自信的谈话态度会让你在任何场合都受到欢迎，动人的公关语言、艺术性的口才将帮助你获得成功。面试时要在现有的语言水平上，尽可能地发挥口才作用。对所提出的问题对答如流，恰到好处，妙语连珠，耐人寻味又不夸夸其谈，夸大其词。自我介绍是很好的表现机会，应把握以下几个要点：首先，要突出个人的优点和特长，并要有相当的可信度。特别是具有实际管理经验的要突出自己在管理方面的优势，最好是通过自己做过什么项目这样的方式来叙述一下，语言要概括、简洁、有力，不要拖泥带水，轻重不分。重复的语言虽然有其强调的作用，但也可能使考官产生厌烦情绪。因此重申的内容，第一，应该是浓缩的精华，要突出你与众不同的个性和特长，给考官留下几许难忘的记忆。第二，要展示个性，使个人形象鲜明，可以适当引用别人的言论，如老师、朋友等的评论来支持自己的描述。第三，坚持以事实说话，少用虚词、感叹词之类。第四，要符合常规，介绍的内容和层次应合理、有序地展开。要注意语言逻辑，介绍时应层次分明、重点突出，使自己的优势很自然地逐步显露。第五，尽量不要用简称、方言、土语和口头语，以免对方难以听懂。当不能回答某一问题时，应如实告诉对方，含糊其辞和胡吹乱侃会导致失败。

二、教学案例

案例一：你可以走了[①]

身为某外企市场总监的李先生，提起八年前大学毕业的第一次面试，还让他记忆犹新。

当时的就业压力并不大，但李先生还是早早为面试做好了充足的准备。无论是求职信、简历，还是自己的着装，可以说是几乎完美。而且，他事先还做了充分的心理调试，所以心态上也很放松。

面试的时候，无论是说自己的经历还是谈技术，从主考官的表情来看，都对他非常满意。40分钟的面试就要接近尾声，突然主考官问："李先生，我看您事先做了很充分的准备，说明您对我们公司和这份工作很重视，那你知道我们公司具体从事什么内容的工作吗？"李先生被这突如其来的一问给弄懵了，对呀，具体工作岗位是干什么的？半晌，李先生一脸尴尬地说："对不起，这点我没来得及进行足够的关注……"主考官手一挥："好了，李先生，你可以走了。"

思考

1. 李先生为何会在此次面试中失利？

2. 李先生的面试经历告诉我们，面试前不仅要总结自己各方面的情况，还需要做哪些准备工作？

【分析与点评】

当前，在大学生求职择业的过程中，往往有一些毕业生由于缺乏面试、笔试的方法和技巧以及必要的准备，在这些重要环节中失利。因此，学习和掌握面试、笔试的

---

① 作者不详. 大学生求职——真实案例解读［EB/OL］.［2013-03-11］http：//career.eol.cn/mou_lue_4351/20130311/t20130311_914143.shtml.

方法和技巧，做好充分准备，对于成功就业非常重要。

案例二：笔试失败案例[①]

近几年来，全国公安招警考试异常火爆，与其他考试同样，笔试依然是进入面试的门坎，它直接决定着自己理想和个人价值的实现，同时也决定了面试的信心和努力的大小，一般来讲，笔试的成绩好，尤其是名列前茅的成绩，往往能增强个人信心，被录取的概率相对较大，而笔试的成绩相对较差，往往需要在面试环节下很大功夫，才能把成绩拉平或者说总成绩赶上来。在《公安基础知识》考试中，很多学生认为考题出得较死，题目较简单，政策性较强，但他们得高分的比例却不大，原因有以下几个方面：

（一）审题不细，走马观花

有的考生看考题一目十行，不求精确，只求模糊，似是而非，导致大量的失分，令人可惜。

（二）法规不熟，白白丢分

《公安基础知识》考试的法规题主要来自于"公安刑事司法和行政执法"以及"公安执法监督"。这是很重要的两个部分，在试卷中占有很重要的地位。很多学生对基本的法条不懂，导致失分。

（三）死记硬背，不知变通

目前在考生中有一种不良的想法，认为对《公安基础知识》死记硬背，就能考高分，这是大错特错的。其实在历年的考卷中有不少活题，它没有僵硬地考一些法条，而是考查考生运用法条的能力和掌握知识的程度，这类题通常在试卷中占 10 分左右，也是拉开距离的题目，同学们要高度重视。

（四）重点不清，思路不明

主要表现为：

1. 死记硬背，平均用力

大家手中如果有教材，各个部分平均用力是大忌，其结果也会事倍功半。

2. 不抓重点，囫囵吞枣

辅导教材：每章都有重点和难点，而这些被作为考题的几率非常高。有些法条几乎年年都考，因此是重点掌握的。比如：公安刑事司法的主要措施：①侦查措施；②刑事强制措施。

[①] 作者不详. 笔试失败案例分析 [EB/OL]. [2008-05-22] http://www.jobcn.com/hr/detail.xhtml?id=133431.

3. 敏感性差，关键字漏

敏感性差指的是政治敏锐性不强，公安机关的性质决定《公安基础知识》考试带有很强的政治性，有关公安工作的一些政治理念、观点、方针每年都要考。主要涉及公安机关的性质、职能和宗旨，公安机关的任务，公安机关的内容，公安机关工作的基本原则和根本路线，基本方针和基本政策等。这些政治理念、观点、方针都是固定的，比如公安机关工作的宗旨和方法等，而有些考生却没抓住。

（五）心态不稳，紧张兮兮

各地的公安招警考试，考生报名基本都是招考计划的10~15倍。激烈的竞争让很多考生在临考前很焦虑，这反映的是心理素质的问题，也就是心态问题。华图公务员考试研究中心专家组也对此做过分析，分析结果表明：一是临考前极度焦虑，休息不好，就业竞争大，父母的期待无形增加了压力。二是由于紧张，生怕做不完，考试时追求的是速度，而不是质量和正确率。三是在时间上没合理安排，行政职业能力测验，主要测查报考者从事公务员职业必须具备的潜能。试卷主要包括言语理解与表达、数量关系、判断推理、常识判断和资料分析五个部分，全部为四选一的客观性试题。考试时间为90分钟，满分为100分。一个半小时的时间要求完成五大模块的题目回答，这个对考生安排时间的要求就非常高了。有些考生在有些题目上花费的时间太多，这都是大忌。

【分析与点评】

笔试成绩的高低，不仅与自己的实际水平、考前复习有关，还与自己的答题技巧有关。应聘者要想取得笔试较好的成绩，首先要有良好的心理状态，其次要了解各类考试的特点，掌握解答各类题目的方法。这样应聘者通过笔试环节才能充分反映自己的知识能力，才能充分发挥自己的真实水平。

【经典名言】

初步印象和最后印象。最初和最后的五分钟是面试中最关键的，这段时间决定了你留给人的第一印象和临别印象以及主考人是否欣赏你。最初的五分钟内应当主动沟通，离开的时候，要确定你已经被记住了。

面试的积极因素是：信心、诚实、价值和礼貌。

案例三：面试"过招"中"两败俱伤"的现象[1]

毕业生就业中也曾经出现过国内某著名企业和一所名牌高校的大学生在面试"过招"中"两败俱伤"的现象。

北方某重点工科大学热门专业的应届毕业生小A，接到国内一所大型企业研发部门应聘系统工程师职位的面试通知。小A大学四年成绩优秀，并且在国内有影响的学术刊物上发表过论文，动手操作能力较强，很适合从事研发工作。尽管如此，由于竞争者众多，小A对面试并没有十足的把握。

公司人力资源部的两位主管先问小A是否了解这家公司，然后就问小A身高多少、有无女朋友等与职位无关的问题。出身名校且略显孤傲的小A，态度由尊敬转化为轻视，并在神情中不觉流露出来。

随着面试过程的深入，小A逐渐放松下来，他习惯性地撸起袖管，嘎吱嘎吱地捏着手中的塑料水杯，双腿不停抖动，好几次碰响了桌子。两位考官似乎略有分工，人事主管问完后，由招聘专员单独与小A交流。

突然，那位人事主管暂时离场，小A认为主管对他失去了兴趣，心思有点乱了，注意力开始不集中，好几次需要对方重复提问。轮到小A提问了，小A问了一些与系统工程师职位有关的问题，考官似乎不太了解，用略显厌烦的语气敷衍小A。

整个面试过程，小A一直低着头，回答问题时，才偶尔抬一下头。

之后，小A又参加了商务英语笔试。小A没学过商务英语，看了3分钟以后，什么也没写，便交了试卷，脸色阴沉沉的，也没有和考官道别。

面试后，考官对小A的面试评价是："……有较强的专业研究能力和较大的发展潜力……面对压力心理素质较差，在人际交往方面有较大缺陷，……对公司不够重视……"

用人单位"求贤若渴"，毕业生"心仪已久"，理应一拍即合，却两败俱伤，原因何在？

【分析与点评】

从案例中我们不难看出，面试中小A和考官各自的非语言行为对面试的结果产生了直接而重大的负面影响。所谓面试中的非语言行为，是指面试双方由于各自心理活动或习惯行为而体现在面部、肢体上的有意识或无意识动作。

---

[1] 作者不详. 优秀毕业生面试败因？——求职故事 [EB/OL]. [2012-03-02] http：//www. yjbys. com/Qiuzhizhinan/show-120754. html.

相关调查表明：在影响面试结果的诸多因素中，有声部分的影响低于35%，无声部分的影响高于65%；面试的非语言行为，如积极的眼睛接触、笑容、倾听的姿态、较小的人际距离等，都有利于面试评价。

借鉴小A的经验，毕业生面试时应该注意：

第一，注意与考官面部信息的沟通与交流。注视考官的时间应占谈话时间的50%~70%。小A在面试时总是低着头，除了对考官不尊重以外，还表现出自己紧张、缺乏人际交往能力。

据一些心理学家研究，面谈时，注视对方时间在三分之一以下，即表示不诚实，恐慌；而时间在三分之二以上，即表示真诚，友好。另外，在面试中注视考官，也是给考官一个信号——对他的谈话很感兴趣。但是，若直直地瞪着对方，会让对方不自在。

第二，严格自律，以职业化的行为模式要求自己。在面试中，毕业生应该表现出严谨、自律的工作态度，避免出现各种散漫的动作，以免给考官留下轻浮、轻视交谈者等不好的印象。

第三，对面试过程中遇到的压力，不管是考官有意或无意为之，都应从容应对，切忌采取对抗性措施。面试过程中，被面试者时常会遇到各种各样的难题，能否妥善处理，将会影响自己的心态以及考官的评价。随着压力面试在面试中的广泛应用，能否处理好压力问题，越来越成为面试者能否成功的关键因素。

第四，面试过程中，要严格控制心理活动对外在行为的影响，尤其是悲观心理活动的影响。毕业生应避免过多的心理活动，以免影响面试成绩。小A在面试过程中，由于对考官离场做出错误判断，导致漏听、错听考官的提问，给考官留下了"轻视公司"的印象。小A两次消极的心理活动，都通过外在行为展现出来，导致面试失败。

面试的失败，考官一方同样负有不可推卸的责任。仅从非语言行为这一角度来看，考官存在诸多处理不当之处：考官没有准备面试提纲、临时退场，缺乏与被试者平等对话的心态。

同时，考官知识结构单一，专业化程度低，并且缺乏专业知识、技能与经历，造成双方信息交流障碍。总之，考官缺乏职业化行为模式，违反了面试官一切服务于面试、服务于被面试者的行为原则。企业人力资源部门应在面试培训时，加强对面试人员职业化行为模式的培养与约束。

【案例思考】

1. 大学生应如何准备面试？
2. 大学生应如何准备笔试？

三、实训活动

（一）实训目标

1. 通过熟记应聘笔试技巧要点，为学生今后就业应聘提供参考，奠定成功就业的基础。
2. 通过进行面试实训活动，让学生参与其中，感受自己作为应聘者应如何去做。

（二）实训活动

实训活动一：熟记应聘笔试技巧四要点

1. 复习知识

对大学专业知识进行必要复习是笔试准备的重要方式。一般说来笔试都有大体的范围，可围绕这个范围翻阅一些有关图书资料，复习巩固所学过的课程内容，温故知新，做到心中有底。

2. 增强信心

笔试怯场，大多是缺乏信心所致。要客观冷静地对自己进行正确评估，克服自卑心理，增强信心。临考前，一要适当减轻思想负担，二要保证充足的睡眠，三要适当参加一些文体活动，从而使高度紧张的大脑得到放松休息，以充沛的精神去参加考试。

3. 临场准备

提前熟悉考场环境，有利于消除应试时的紧张心理。还应仔细看看考场注意事项，尽量按要求做好。除携带必备的证件外，一些考试必备的文具（钢笔、橡皮等）也要准备齐全。

4. 科学答卷

拿到试卷后,首先应通览一遍,了解题目的多少和难易的程度,以便掌握答题的速度,然后根据先易后难的原则排出答题的顺序,先攻相对简单的题,后攻难题。这样就不会因为攻难题而浪费太多时间,而没有时间做会答的题,遇到较大的综合题或论述题,则应先列出提纲,再逐条论述。在答完试卷后,要进行一次全面复查,特别注意不要漏题,跑题。要纠正错别字,语法不通,词不达意等错误。值得特别注意的是卷面必须做到字迹端正,卷面整洁。因为招聘单位往往会从卷面上联想应聘者的思想、品质、作风,字迹潦草,卷面不整的人,招聘单位先不看你答的内容,单从你的卷面就觉得你不可靠;而那些字迹端正,答题一丝不苟的人,招聘单位会认为你态度认真,作风细致,对你更加青睐。

实训活动二:面试

1. 训练方法

团队构成:两个人组队。

团队角色:一个人模拟面试官,另一个模拟应聘者。面试官从给定的题目中抽取指定数目,指定题目类型问应聘者,应聘者回答完问题后,面试官点评面试者的表现(从表情、动作、体态、内容、时间五方面)。

练习方式:轮流模拟2~3轮,每个应聘者面试的时间控制在10~20分钟,面试官点评控制在五分钟以内,练习时如果条件允许的话,可以摄像,便于练习者纠正自己。

练习环境:建议在有桌椅的地方进行。

练习时间:每天练习时长为2~3小时,练习周期为一个星期。

练习准备:在开始练习前,对回答问题的材料先进行准备。

练习注意事项:练习时完全脱稿,扮演面试官角色的也尽量模拟出面试官在面试时的状态,面试官也可以适当进行追问。每轮选取的问题尽量不要重复。

2. 训练内容

(1) 自我介绍;

(2) 开场白;

(3) 不同类型的测试题:心理能量测试题、人性素质测试题、心理能量测试题、思维能力与学习能力测试题、语言能力与人格魅力测试题、人性素质测试题、执行与领导能力测试题、企业职务能力测试题。

3. 实训所需材料

(1) 开场白题型

①你今天为什么来这里?(建议答案:行业特点+企业特色+自身特点)

②你为什么选择这所学校的这个专业？

③你今天是怎么到这里来的？花了多长时间，还有没有其他的路线？

④你为什么来应聘我们公司的这个岗位？

⑤你开始投入找工作的时间有多久了？

⑥你为什么选择一毕业就工作呢？你以后还会读研吗？

⑦你以前了解过我们公司吗？

（2）心灵能量测试核心题型

①你有几个理想？你为这些理想做了哪些准备？这份工作和你的理想的契合点在哪？

②你身边的人怎么评价你呢？

③你大学期间碰到的最困难的时候是什么时候？当时你是怎么处理的？

④你有崇拜的人吗？是谁？你为什么崇拜他？

⑤你平时有些什么爱好？

⑥压力大的时候，你是怎么调节自己的？

⑦现在成功学很受推崇，你怎么看待这个问题？

⑧如果你的团队里有你非常不喜欢，不认同的人存在，你会怎么办？

⑨你大学期间最成功的经历是什么？为什么会成功？

⑩你大学期间最失败的经历是什么？失败后你做了哪些事情？

（3）人性素质测试核心题型

①请用三个词语来形容你的优点。

②请用三个词语来形容你的缺点。

③你对工作地域有限制吗？在选择时你会考虑你父母的感受吗？

④你怎么看待新出台的法律规定"常回家看看"？

⑤你怎么看待大学里面很多人沉迷于游戏、小说这个现象？

⑥你觉得自己大学期间足够努力、足够勤奋吗？

⑦你大学期间有做过志愿者吗？为什么去做或不去做？

⑧你喜欢"吃亏"吗？

⑨你平时关注社会新闻吗？

（4）思维能力与学习能力测试核心题型

①你平时喜欢阅读吗？阅读的范围主要是哪些？列举一本对你影响最大的书。

②请平时除了你的专业领域外，你还关注哪个领域？为什么关注？

③请谈谈你印象最深的一段历史。

④请谈谈你对"社会"的看法。

⑤请谈谈你的专业。

⑥请谈谈你对"政治"的看法。

⑦你的学习成绩怎么样？你怎样看待这个成绩？

⑧请举例说明你的自学能力。

（5）语言能力与人格魅力测试核心题型

即兴演讲题目：理想、路、攀缘、权利、幸福、职场。

①假如在公众场合中，有一个人有意当众揭您的短处或您的隐私，您怎样去理？

②如果你和你领导看待问题的角度差距很大，你会怎么处理？

③进入一个新环境，你会怎么引起别人的注意力？

④你是个乐于助人的人吗？

⑤你平时会赞扬别人吗？被赞扬人听到你的赞扬后会怎么样？你赞扬的频率怎么样？

（6）执行与领导能力测试核心题型

①举例说明，你如何制定了一个很高的目标，并且最终实现了它。

②请举例说明你在一项团队活动中如何采取主动性，并且起到领导者的作用，最终获得你所希望的结果。

③请详细描述一个情景，在这个情景中你必须搜集相关信息，划定关键点，并且决定依照哪些步骤能够达到所期望的结果。

④举例说明你是怎样用事实促使他人与你达成一致意见的。

⑤举例证明你可以和他人合作，共同实现一个重要目标。

⑥举例证明你的一个创意曾经对一个项目的成功起到至关重要的作用。

⑦请举例，你是怎样评估一种情况，并将注意力集中在关键问题的解决。

⑧举例说明你怎样获得一种技能，并将其转化为实践。

⑨请举例说明你曾经是怎么激励你的团队的？

⑩请举例说明你是怎么给你的团队成员分配任务的？

（7）企业职务能力测试核心题型

①请解释一下"市场营销"。

②你听说过"矩阵管理"吗？

③你怎样看待宝洁的多品牌化战略？

④请模拟完成以下销售任务：在电影院卖鸡毛或在南非卖羽绒服。

⑤如何使跨国公司实现本土化？

⑥企业中是平时不怎么做事儿，但在关键时刻可以解决问题的员工重要还是平时很努力工作，但关键问题不能胜任的重要？

⑦如果你是360公关部的,你会怎么处理"360,315广告的尴尬事件"?

⑧透过好声音,你怎么看待公司导师制?

四、 深度思考

对可能谈论到的面试问题的准备[①]

在面试的时候应如何回答好考官的问题?在竞争激烈的人才招聘会上,紧张,准备不充分,都可能影响个人的面试表现,因此,不妨在面试前通过以下求职案例分析,借鉴他人的面试经验技巧,应对面试问题的回答。

如何回答考验诚信的面试问题?

案例:小林应聘某知名媒体,面试当天,小林的女朋友陪他去面试,在远处静静等他。面试中,考官问他:"现在有没有女朋友?"小林顿了一秒,记起师兄师姐说过,遇到此类男女朋友问题时,不管有没有都要一口咬定"无",但小林觉得女朋友无私地帮助了自己,回答"无"有违良心,于是他非常自信地说:"有!不过恋爱才一个月。"小林恰如其分的补充让面试官面露微笑。

技巧:对于"有没有男女朋友"这一问题,其实面试官的初衷是希望了解你以后工作的稳定性。一般来说,如果企业真的想录用你,不会因为你有没有男女朋友来作为判断的标准的。

如何回答显示智慧的面试问题?

案例:刚毕业的小王在招聘会连续参加了三场面试,发现几乎每一个单位都会问她希望的待遇是多少。刚开始时,她说3 000元,后来,看见别人所要的薪水并不高,她就把期望的薪水数目减半。由于心里没底,她常常在面试官面前显得被动。

技巧:薪水问题是面试中绕不过的问题。如果对薪酬要求太低,那显然贬低自己的能力;如果对薪酬要求太高,那又会显得自己自视过高,公司用不起。许多毕业生于是避实就虚:不做正面回答,强调自己最感兴趣的是工作的机会。然而这样中性的回答往往不能让面试官满意。职场专家建议,求职者最好多方了解一下相关资料,配合个人的经验、能力等条件,做出最基本的薪资底限。

---

① 作者不详. 案例分析如何回答面试问题 [EB/OL]. [2012-12-03] http://www.bjbys.net.cn/zd/msjq/255185.shtml.

如何回答面试的"最后一问"？

案例：知名大学的研究生小吴，应聘某房地产公司。面试采用无领导小组讨论的形式进行，优秀的论辩能力使小吴在讨论中显露优势，但在即将结束的时候，面试官让他们这组推荐一个人出来，提出一个他们想问的问题。小吴没有想到还有这"面试最后一问"，之前也没有作相关准备，于是，只能拱手把机会让给别人。

技巧：面试中，许多面试官在最后都会问："你还有什么问题吗？"如何回答这道面试问题，建议求职者可以提前准备，通过翻阅公司的资料，提出有价值的问题并不难。但如果你轻率地说"没有"，那么你将失去一次美好的机会。

一问一答是面试的经典沟通模式，想要赢得考官的青睐，求职者势必要在如何回答面试问题上多下功夫，可以分析以上案例，结合自己曾经的面试经历、经验，来总结面试答题技巧，以巧妙地回答好各类型面试题。

以下是挑选的一个到咨询公司应聘的毕业生的面试对答，希望大家能够从中得到启发并举一反三地运用。

面试官：你为什么想进本公司？

毕业生：咨询业在国内是一个比较新的行业，发展前景很是广阔。而且贵公司早在10年前就独具慧眼，在上海建立了分公司，现在已经是最著名的咨询公司之一。如果我有幸加入贵公司，也是对我个人能力的一种肯定。另一方面我也曾经听一位前辈介绍说现在在上海咨询业竞争很激烈，我是一个喜欢接受挑战的人，所以很想进贵公司。

面试官：那么你具体对哪一个工作最感兴趣？

毕业生：我最想进的是咨询服务部。这个部门很富有挑战性，也可以学到很多东西。现在国内很多企业都不是很景气，如果能帮助他们走出困境，也是一件很好的事情。

（点评：以上是面试中最常见的两个问题。一定要精心准备。该同学明确地表达了对公司以及具体岗位的兴趣。不详细了解公司的情况是无法从容地回答这样的问题的。）

面试官：如果其他公司和本公司都录用你时，你怎么办？

毕业生：对我而言，能同时被几家公司录用，是一件让我高兴的事。我想，对公司而言，希望招聘到优秀而且合适的学生，同样对我而言，也希望自己能做出一个正确的选择，我会仔细比较各公司的特点包括公司的待遇、工作环境等，并结合我的兴趣和专业，努力找到一个最佳结合点，做出最优化的选择。但说实话，这确实是一件比较难办的事情。不知道您能不能给我一点建议。

（点评：这个问题是公司在试探你加入的意愿是否很强烈，一定要给出明确的回答。该同学的回答显得玲珑有余而主见不够。）

面试官：你觉得你的哪些方面可以在本公司得到发挥？

毕业生：我想每一个求知者都希望能发挥自己的所有潜能，而并不仅仅是使用学校里所学到的专业知识。如果我的潜能得不到发挥的话，对公司而言是一个损失，对我个人也是损失。潜能包括对工作的热情、自信，对现代公司理念的理解和实践，人际关系能力，高效率的工作，处理危机的能力等，这是我的理解。就我来讲，如果有幸加入贵公司，会努力锻炼自己，发展自己，为公司发展做出贡献。另一方面，也希望公司能提供这样一个环境。我在大学里担任校团委宣传部长，负责过一些大型活动的宣传工作，在公共关系方面积累了一些经验。

面试官：请具体谈一谈。

毕业生：去年我参加了八届全运会组委会与校团委举办的八运自愿者校园招募活动。我们首先利用海报、校园广播做了宣传，然后开了一个情况介绍会，邀请组委会领导和校领导出席，又由以前的志愿者介绍了经验。效果很好，出色地完成了任务。

（点评：以上两个问题是了解你的能力和工作兴趣的问题，应实事求是地回答，注意充分表现自己的信心和能力，但千万不要夸大其词，否则可能自食其果。）

面试官：你准备怎样把大学里学到的知识用到工作中去？

毕业生：大学里学到的知识主要是书本知识，当然也有一部分实践知识，主要是课堂讲述的知识以及自学的知识。这些运用到工作中去，一定要结合公司的实际，每个公司都有它自己的特点，譬如说会计，我相信每个公司都有自己的内部会计制度，所以在工作中也要不断学习。事实上我自己认为我在大学里学到的书本知识并不是我最大的收获，而是自学能力的培养和分析问题的方法，这个对我很重要，我想在工作中也是如此。

（点评：这是个可以自由发挥的问题，阐述自己的看法并以令人信服的理由说明就可以。注意言简意赅，条理清楚。）

面试官：一个人工作与团体合作，你喜欢哪一种？

毕业生：这个问题我想没有固定的答案，要看工作的具体内容而定。如果是简单的、一个人可以做的工作，大家一起做的话，反而会增加工作的复杂性，在这种情况下，我倾向于一个人工作；反之，在大多数情况下，我愿意团体合作。这个世界的变化很大、很快，也很复杂，而一个人的工作能力有限，团体合作将更有助于有效地实现一个目标。

（点评：无论用什么样的方法回答这个问题，一定要记住一点：缺乏团体合作及集体精神的人是不能被企业或公司接受的。）

面试官：你以前在学校里有没有团体合作的经历？

毕业生：我曾经在学校里参加过戏剧节里边的一个戏剧的具体节目。一个节目首先要有创意，同时也要由校方提供条件，这就有个协调和合作的过程。我的具体职务就是协调人。创意要由编剧化为剧本，然后有一个挑选演员的过程，进而是角色的分配。这里往往也有矛盾。譬如说谁演主角，谁演配角。只有大家一起团结协作，才能使角色之间达到平衡。编剧和演员之间更要合作，因为每一个人对剧本都有他自己的理解，只有当大家对剧本有一个统一的理解以后，才能把戏真正演好。

面试官：你对自己在出主意、提建议方面有信心吗？

毕业生：一般来说，没有信心我是不会轻易出主意或提建议的，一个人如果对他自己的主意或建议都没有信心的话，是不可能做好这个工作的。我会尽力把主意和建议阐述清楚，同时听取意见。如果是好的，会坚持；不好，就放弃。但不好不等于没有信心。

（点评：一个有信心的人在竞争中始终是能够占据上风的，但是要注意：自信不等于自大。）

面试成功与否，归根结底还是取决于一个人的综合素质。面试技巧只能帮助同学们少走弯路，更好地展现自己的优势，以便更顺利地找到适合自己的工作。

"群面"[①]

说到"群面"，很多求职者都心有余悸，所谓"群面"，是指将数名应聘者召集在一起，以分析案例或者讨论问题的形式进行竞争，发挥出色者方能进入下一轮。这种面试方式可以节约大量的时间，同时也可以选拔到优秀的人才，因而受到招聘方欢迎。

对于不少求职者来说，这种面试方式无疑要承受竞争的巨大压力。如果不能适当地掌握技巧，可能会弄巧成拙。

群面技巧需要训练
肯（Ken）35岁 人力资源专家

在群面中，通常有形或无形地存在三个角色：引领人、群众、汇报人。引领人，是群面过程中所有人都想扮演的角色，但大家往往为了引领整个讨论会而激烈争执，甚至给面试官留下不好的印象。而群众则是根据引领者的思维发表观点的求职者，一旦能够提出自己的看法，甚至反驳之前引领者的思路，那么也很可能在群面中脱颖而

[①] 作者不详. "群面"要有技巧［EB/OL］.［2009-04-28］http：//www.138job.com/shtml/Article/08904/42811.shtml.

出。汇报人的职责则是做总结陈词，通常也能够引起面试官的注意。

　　10年前我刚刚开始求职，就发现"群面"有一个这样的规律：不是发言越多越好，如果没有独到、深刻的观点，那么发言太多反而会被扣分。而认真倾听他人观点、不紧不慢表现从容的发言者，往往会获得较高的评价。

　　群面这种无领导小组讨论的方式是求职竞争者之间的"短兵相接"，各个求职者都是公平竞争。如果能够大胆开口，并提出充分的论证，体现语言能力、思维能力及业务能力，那么势必将赢得面试官的好评。

　　在面试小组中，每个人最直接的印象就是别人的风度、教养和见识。这三者都要靠个人的长期修养才能得来。我们常常说，语不在多而在于精，这在群面中尤其重要。另外，很多求职者在群面中，由于急于表达自己的观点，往往会对同组中不同的意见恶语相加，这也是大忌。因为在团队合作中，尊重队友观点、重视合作、具有团队意识，也是公司选拔人才的基础。

　　此外，如果能够准备纸笔，记录要点，就能够在讨论结束前，将各成员交谈要点一一归纳，分析优劣，点评不足，如果能够适时提出令人信服的观点，并将最后讨论纪要整理成文，上交主考官，则也能展示流畅的文字功底，给面试官留下精明能干的印象。

以情动人适得其反

丽莎（Lisa）27岁 外企品牌经理

　　我现在是外企的白领，当初大学第一次"群面"时，我曾经犯过一个超级低级的错误，与最心仪的公司擦肩而过，现在想来还是懊悔不已。

　　那时候，同学中盛行在面试中以情打动考官，所以纷纷练就准专业的演技，动不动就是一番声泪俱下地感谢父母、感谢老师的动人故事。在收到心仪公司的面试通知之后，我甚至还参加了一个求职讲座，进行了这方面的系统培训。

　　我有一个好朋友也进入了面试名单，我很了解她的工作能力，也曾经看过她的简历，从一些细节可以看出很用心地修改过多次，已经很专业，很完善了。平心而论，她可能比我更适合那个公司。当时，她知道我"走火入魔"，想要靠编造感人的故事在面试中走捷径，就善意地向我提了一些小建议。但也许是嫉妒，也许是偏执，我反而认为她是在故意阻止我采用"最合适"的面试技巧。

　　面试当天，我和她被分到了同一个小组进行群面。在个人介绍的环节，我就使出全身气力，开始讲述自己的"奋斗史"，足足把规定的3分钟介绍讲到了10分钟。虽然被面试官强行打断，但我当时竟然觉得自己泪光闪闪的动人陈述，一定能赚得不少同情分。而在小组讨论的环节，我更是在陈述自身观点时处处加进自己实习的经验，并添油加醋地表示自己曾经参与负责过很多重要的项目。当时，小组的气氛就显得有些奇怪，大家似乎完全不理会我的意见，而且仿佛全体把我剔除出了团队的讨论，反而是我的好朋友以一番朴实无华但切中要害的陈述主导了整个过程。

结果显而易见，我的好友获得了我梦寐以求的职位，而我名落孙山，连最终一轮面试的机会都没有获得。如今再回想起来，还是十分惭愧。

隐形领导不好做
刘昶 25 岁 应届硕士毕业生

我不是什么名校毕业生，算有一些"群面"的经历。

面试那天上午我一大早就起来，换上应聘的行头就上路了。提前一个小时到达面试地点后，我居然碰见了同校的一个本科学妹。因为我们是第二批面试的，所以陆陆续续有复旦、上海交大、上海财大、上海外国语大学的好几轮求职者面试结束。

我们这一场一共有10个人，除了我和学妹之外，其他基本都是华东师大的学生。我本来想自己是个硕士生，好歹在学历上还有竞争力，但没想到我们当中居然还有一个工商管理硕士（MBA）！大家简单介绍了自己的基本情况之后，就开始了群面。大家你一言我一语，个个口若悬河，就连身边的小学妹也一改以往羞涩的模样。整个过程中只有那个工商管理硕士话不太多，但却每句切中要领，几乎成为了整个组的中心人物。我几乎就在一言不发和简单的"嗯""啊"中，潦草地结束了第一次群面。

走出公司的时候，学妹跟我讲那个工商管理硕士成功地扮演了群面中的"隐形领导"，肯定会被录取。这番话让我茅塞顿开："原来群面是要这样的！"趁着一起吃午饭的机会，我又向学妹讨教了一些群面的经验，感觉收获颇丰。

下午我又参加了房地产公司面试，一组8个人。拿到题目时，我一看到"作为一个项目管理人员，什么素质最重要？"的问题就有点慌，因为我在这方面完全没有任何知识储备。讨论中，组员们各持己见，谁都想当整个团队中的领导者。眼看着讨论就会以失败告终，我在剩下最后5分钟时，抓住冷场的瞬间，主动提议大家按照过程重要还是开头重要的标准来划分，才取得一致性结论，真是捏了一把汗！

群面是无领导讨论，所以好的领导者当然要隐形。人人都想成为团队的领导者，因此都会比较积极地表现。不过真要做到说话大家都听从，还真是不容易啊！

图书在版编目(CIP)数据

创业与就业/彭萍主编. —成都:西南财经大学出版社,2014.11
ISBN 978-7-5504-1617-8

Ⅰ.①创… Ⅱ.①彭… Ⅲ.①大学生—职业选择
Ⅳ.①G647.38

中国版本图书馆 CIP 数据核字(2014)第 241734 号

创业与就业

主　编:彭　萍
副主编:张　燕　张　锋　曹　冰

责任编辑:汪涌波
助理编辑:高小田
封面设计:何东琳设计工作室
责任印制:封俊川

出版发行	西南财经大学出版社(四川省成都市光华村街55号)
网　　址	http://www.bookcj.com
电子邮件	bookcj@foxmail.com
邮政编码	610074
电　　话	028-87353785　87352368
照　　排	四川胜翔数码印务设计有限公司
印　　刷	四川森林印务有限责任公司
成品尺寸	185mm×260mm
印　　张	12.75
字　　数	290 千字
版　　次	2014 年 11 月第 1 版
印　　次	2014 年 11 月第 1 次印刷
印　　数	1—2000 册
书　　号	ISBN 978-7-5504-1617-8
定　　价	28.00 元

1. 版权所有,翻印必究。
2. 如有印刷、装订等差错,可向本社营销部调换。
3. 本书封底无本社数码防伪标志,不得销售。